# 이규보
# 시선

## 관인 활동 시기 2

# 이규보 시선

## 관인 활동 시기 2

이희영 역주

학자원

## 책머리에

이규보李奎報, 1168~1164는 1207년 40세의 나이에 관직 생활을 시작한다. 관직 생활은 30년 동안 지속하였으며, 1237년 70세의 나이에 치사致仕한다. 그의 관직 생활은 순탄하지만은 않았다. 1219년에는 계양 군수라는 외직으로 좌천당하고, 1230년에는 위도猬島로 유배를 당한다. 이러한 좌천과 유배라는 굴곡의 과정을 겪으면서, 이규보는 1234년 67세의 나이에 재상을 한다.

이규보는 무신 정권의 전횡과 몽고의 침략이라는 엄혹한 상황 속에서 관직 생활을 한다. 그의 시는, 당대의 현실에 대하여 있는 그대로 드러내기보다는 동료들과의 교류 및 개인의 일상을 주제로 하는 경우가 많다. 이러한 시의 주제는 불의不義한 시대적 상황과 전쟁에 힘겨워하는 백성들의 삶을 도외시했다는 측면에서 비판을 받았다. 그러나 그가 문장으로써 외교적 역량을 발휘하고, 적은 숫자이기는 하지만, 농민의 삶에 관심을 드러내거나 강화도 천도 이후 백성들의 실상을 드러낸 시는 주목할 필요가 있다. 이러한 시는 무신 정권 이전의 귀족과 구분할 수 있는 시의 내용이기 때문이다.

이규보는 관직 생활을 하면서 454제 659수의 시를 지었다. 그가 30년이라는 기간 동안 관직 생활을 했다는 점을 고려해 보면, 다른 시기보다 많다고 볼 수는 없다. 그 이유는 관직 생활을 하면서 겪는 생활의 전환과 시간의 부족, 몽고의 침략과 유배 등 다양하다고 할 수 있다. 그러나 그의 시를 통하여 고려 시대 조정에서 문인들이 생활하는 일상을 다채롭게 확인할 수 있다.

이 책에서는 관직 생활을 하면서 지었던 한시 가운데, 250여 수의 시를 선택하였으며, 11개의 주제로 구분하여 수록하였다. 여기에는 분주한 관인의 삶을 포함하여 여가를 즐기는 모습, 가족과의 일상, 백성들의 생업에 대한 관심 등, 그가 시를 통하여 보여주려고 하는 내용을 망라하고자 하였다. 아무쪼록 이 책을 통하여 고려의 가장 힘겨운 시대를 살아갔던 관인이자 지식인으로서, 이규보를 기억하는 기회가 되었으면 한다.

끝으로 이규보 한시를 시기별로 정리하는 작업을 계속 진행할 예정이다. 이미 구관求官 활동 시기의 시를 정리한 『이규보 시선』(학자원, 2022)을 출간한 바 있다. 이 책은 중간 과정이라고 할 수 있다. 그리고 이 책을 출간해주신 학자원 김병환 사장님을 비롯한 편집진 여러분께 감사의 인사를 전하고 싶다. 아울러 꼼꼼한 교정을 통하여 책 출간에 도움을 주었던 제자 김나형에게도 감사의 말을 전한다.

2024년 2월

안서동 연구실에서

## Ⅱ 죽림고회竹林高會와의 인연



## Ⅲ 지난날의 추억



## Ⅳ 분주한 삶에서의 여유

## V 유제시留題詩 _시 · 공간을 넘어선 소통

## Ⅵ 중국 문인의 시를 읽고 차운함

## VII 영물시詠物詩 _계절과 사물을 노래함

## Ⅷ 한가한 일상

## IX 백성들의 생업生業에 대한 관심



## X 가족과의 일상



## XI 시詩에 대한 생각

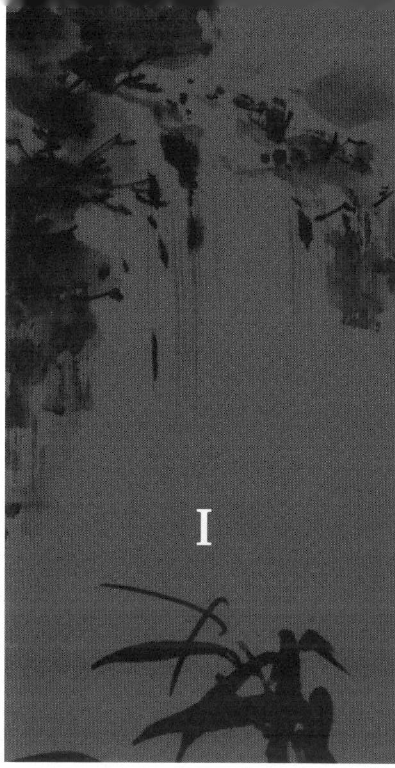

# I

# 분주한 관인官人의 삶

## 정묘년 십이월에 처음으로 한림원에 들어가 밤에 숙직하다가 시를 지어 금중의 여러 사람에게 보이다

丁卯十二月初, 入翰林夜直有作, 示禁中諸公

| | |
|---|---|
| 晩承恩遇出平沈, | 뒤늦게 은혜를 받아 미천함을 면하였지만, |
| 猶被人呼李翰林. | 여전히 사람들은 이한림李翰林이라 부르네. |
| 玉署金坡名信美, | 옥서玉署와 금파金坡의 이름은 참으로 아름다우나, |
| 象床綺食事難尋. | 상상象床에 좋은 음식 찾을 일 없네. |
| 依俙堪畫葫蘆樣, | 비슷하게 호로葫蘆의 모양을 그릴 수 있을 뿐이니, |
| 潦倒無心芍藥吟. | 늙고 힘없어 작약 읊을 마음 없네. |
| 宮漏添籌寒夜永, | 궁중의 물시계 물 더해져 차가운 밤 깊어지니, |
| 詞頭草罷擁孤衾. | 사두詞頭 다 쓴 뒤 혼자서 이불 끌어안고 누웠네. |

---

**은우恩遇** 임금에게 인정을 받아 등용되다.

**금파金坡** 옛날에 황궁의 정전正殿을 금란전金鑾殿이라 하였으며, 그 곁에 있는 언덕을 금란파金鑾坡라고 하였다. 이 금란파가 한림원翰林院과 잇닿아 가까이 있었기 때문에 한림원을 금파金坡 또는 금란이라 하며, 이곳에 근무하는 것을 매우 영광으로 여겼다.

**옥서玉署** 한림원의 다른 이름

**상상象床** 상아로 장식한 상床

**호로葫蘆** 단순히 다른 사람의 것을 베끼는 것을 말한다. 송宋나라 도곡陶穀이 자신의 재주를 과시하면서, 한편으로는 낮은 지위에 대한 불만이 있었다. 송나라 태조는 도곡의 글이 옛사람의 글을, 말만 바꾼 것에 불과하다고 하면서, '공중에 매달려 있는 조롱박을 본떠서 그린 것이다[依樣畵葫蘆]'라고 하였다.

작약음芍藥吟 임금에게 인정받는 것을 말한다. 당 현종이 침향정沈香亭에서 양귀비와 함께 목작약木芍藥을 완상하다가 이백을 불러 시를 짓게 했다. 이백이 「청평조사淸平調詞」를 지어 올렸다는 이야기가 있다.

사두詞頭 조정에서 사신詞臣에게 조서를 작성하게 할 적에 전달하는 공문의 요지

## 명예 구함을 풍자하다

釣名諷

| | |
|---|---|
| 釣魚利其肉, | 물고기 낚음은 고기의 이로움 때문이고, |
| 釣名何所利. | 이름을 낚음은 무슨 이익 있어서인가. |
| 名乃實之賓, | 이름은 바로 실상實相의 손님이니, |
| 有主賓自至. | 주인이 있으면 손님은 스스로 이르네. |
| 無實享虛名, | 실상 없이 허명虛名만 누리면, |
| 適爲名所累. | 이름에 잘못만 끼치게 될 뿐이네. |
| 龍伯釣六鼇, | 용백국龍伯國 거인이 자라 여섯 마리를 낚았으니, |
| 此釣眞壯矣. | 이 낚시질 참으로 장하네. |
| 太公釣文王, | 강태공은 문왕을 낚았으니, |
| 其釣本無餌. | 그 낚시질 본래 미끼 없었네. |
| 釣名異於是, | 이름을 낚음은 이와 다르니, |
| 僥倖一時耳. | 한때의 요행일 뿐이네. |
| 有如無鑑女, | 거울 없는 여자가, |
| 塗飾暫容媚. | 화장하여 잠시 용모가 아름다워진 것과 같네. |
| 粉落露其眞, | 화장이 지워져 그 참모습 드러나면, |
| 見者嘔而避. | 보는 사람은 토하고 피하네. |
| 釣名作賢人, | 이름 낚아 현인賢人이 된다면, |
| 何代無顔氏. | 어느 시대인들 안연顔淵이 없겠는가. |
| 釣名作循吏, | 이름 낚아 좋은 관리가 된다면, |

| | |
|---|---|
| 何邑非龔遂. | 어느 고을인들 공수龔遂가 없겠는가. |
| 鄙哉公孫弘, | 어리석구나! 공손홍公孫弘은, |
| 爲相乃布被. | 재상이 되어 바로 베 이불 덮었네. |
| 小矣虎昌守, | 소심하구나! 무창武昌의 태수는, |
| 投錢飮井水. | 돈을 챙겨주면서 우물을 마셨네. |
| 淸畏人之知, | 청백함은 다른 이가 아는 것을 두려워하는 것이니, |
| 楊震眞君子. | 양진楊震은 참으로 군자네. |
| 吾作釣名篇, | 나는 「조명편釣名篇」을 지어, |
| 以諷好名士. | 헛된 명예 좋아하는 선비를 풍자하네. |

---

**용백龍伯** 『열자列子·탕문湯問』에, 용백국龍伯國 거인이 자라 6마리를 낚아서 방호·영주·봉래 세 산만 남았다는 고사가 있다. 남아男兒의 큰 기개와 포부를 말한다.

**공수龔遂** 한나라 때 고을을 잘 다스린 태수로서, 법을 지키고 이치에 따라 다스린 대표적인 인물이다.

**공손홍公孫弘** 한나라 무제武帝 때의 신하. 신하들이 절약을 실천하게 하려고, 몸소 베 이불을 사용하고 식사 때는 두 가지 이상의 고기를 먹지 않았다고 한다. 급암汲黯은 공손홍이 재상의 지위에 있으면서 녹봉이 많은데, 베 이불을 사용한 것은 속임수라고 하였다. 공손홍은 급암이 자신을 잘 아는 사람이라고 하면서, 자신이 베 이불을 사용한 것은 속임수로 명예를 낚으려고 한 것이라고 하였다. —『사기史記』권112, 「평진후열전平津侯列傳」

**호창수虎昌守** 무창武昌지역 태수였던 하원何遠을 말한다. 하원은 여름에 마실 물이 좋지 않아서 민가에 차가운 물을 길어다 마시려고 하였다. 그런데 하원이 물값으로 돈을 주니, 주인이 받지 않았다. 그래서 그 물을 길어다 먹지 않겠다고 하였다. —『남사南史』,「순리전循吏傳」

양진楊震 양진은 후한 때의 학자이다. 그는 동래태수東萊太守로 부임하던 도중에 왕밀王密을 수재로 천거한 적이 있었다. 왕밀은 그에게 황금 10근을 바쳤다. 양진은 친구인 왕밀이 자신을 알지 못하는 것을 안타까워하였다. 왕밀이 이러한 일은 밤중이라서 아무도 모를 것이라고 하였다. 양진은 왕밀에게, 이일은 하늘·땅·귀신·왕밀·나 자신이 안다고 하면서, 황금을 물리쳤다고 한다. —『후한서後漢書』권54,「양진열전楊震列傳」

## 설날 조회를 마친 뒤, 물러 나와 느낌이 있어서 짓다

元日朝會, 退來有感

[時爲千牛參軍. 이때 천우참군千牛參軍이 되었다.]

| | |
|---|---|
| 久貪名利夢方酣, | 오랫동안 명리名利를 좇다 꿈에 바로 취해서, |
| 未去田園面自慙. | 아직 전원으로 가지 못한 자신이 부끄럽네. |
| 白首猶居百寮尾, | 백수白首에도 오히려 백관들 뒤에 자리하고 있으니, |
| 藍衫木板趁朝參. | 미관의 몸으로 청삼靑衫에 목홀木笏 차림으로 조회에 참석하네. |
| 冷鞍敲鐙着鞭忙, | 차가운 안장에 등자 두드리고 채찍질하면서 급히 가며, |
| 雙闕相望尙杳茫. | 대궐을 바라보니 여전히 하늘은 아득하기만 하네. |
| 長嘯歸田應不餒, | 길게 휘파람 불면서 전원에 돌아가도 굶지 않으리니, |
| 一年耕得一年糧. | 일 년 농사지어 일 년 양식 얻을 수 있겠네. |

---

청삼靑衫 8·9품의 문관이 입었던 옷을 말한다.

목홀木笏 조정에 들어갈 때, 손에 쥐는 것을 말한다. 5품 이하는 나무로 만든다.

## 예성강 강가에서 우연히 읊다(2수)

禮成江上偶吟(二首)

[予以千牛參軍, 課漕舡. 나는 천우참군으로 세곡 운반선을 점검했다.]

| | |
|---|---|
| 行繞淸江課漕船, | 맑은 강 돌아가는 조운선을 점검하니, |
| 篙工羅拜白沙邊. | 뱃사공 모래사장 가에서 나열하여 고개 숙이네. |
| 海軍擁後猶吹角, | 해군은 뒤를 옹위하며 여전히 나팔 불어대니, |
| 鷗鷺驚飛不自前. | 갈매기 놀라서 날더니 앞서지 못하네. |
| | |
| 江鷺飛時吟正快, | 강가에서 해오라기 날 때 시 읊으니 때마침 상쾌하고, |
| 海潮來後語還雄. | 조수가 들어온 뒤로 말은 다시 웅장해지네. |
| 偶然傳寫江湖景, | 우연히 강호江湖의 경치를 묘사하니, |
| 錯認年來狀物工. | 요사이 사물을 그리는 솜씨 늘었는지 착각하였네. |

---

조선漕船 물건을 실어나르는 배

고공篙工 뱃사공

나배羅拜 나열하여 고개 숙이다.

상물狀物 사물을 그리다.

전사傳寫 글씨나 그림을 그대로 옮겨 놓는 것

## 다시 옥당에 들어가 시를 짓고, 벽 위에 쓰다

再入玉堂有作, 書壁上

| | |
|---|---|
| 玉堂本爲待賢開, | 옥당玉堂은 본래 현인賢人을 위해 열려 있는 곳인데, |
| 重玷仙班愧不才. | 다시 선반仙班을 더럽히니 재주 없음이 부끄럽네. |
| 院吏寮員仍舊在, | 한림원의 아전과 동료들 예전 그대로이니, |
| 依然如入故鄕來. | 전과 같이 고향에 들어온 듯하네. |

---

옥당玉堂 여기에서는 한림원을 말한다.

선반仙班 천상 신선의 반열

## 상원일 등석 행사에서 「문기장자」와 「등롱」 시를 한림원에서 지어 삼가 드리다

上元燈夕, 文機障子·燈籠詩, 翰林奏呈

### 문기장자文機障子

| | |
|---|---|
| 夜勑金門九扇開, | 한밤중 금문金門에 조서를 내려 대궐 문 열게 하였고, |
| 玉簫聲裡宴瑤臺. | 옥퉁소 소리 가운데 요대瑤臺에서 잔치를 연 듯하였네. |
| 百枝燈影搖宸仗, | 수백의 등불 그림자에 임금의 의장 흔들리고, |
| 萬歲山光入壽杯. | 만세萬世의 산 빛에 장수 기원하는 잔 들이네. |
| 踏席腰輕仙妓舞, | 돗자리 위에서 가녀린 선기仙妓 춤추고, |
| 緣橦踉絓侲童才. | 장대 위에서 뛰고 거는 진동侲童 재주부리네. |
| 太平多暇宜同樂, | 태평한 시절 한가한 날 많아 함께 즐기는 일 마땅하니, |
| 恩許千官徹曉陪. | 모든 관원 밤새도록 함께 하는 은혜를 내리셨네. |

### 등롱시燈籠詩

| | |
|---|---|
| 煌煌列燄花齊綻, | 반짝이며 늘어선 불빛 꽃봉오리가 가지런히 펼쳐진 듯하고, |
| 薄薄輕紗水正澄. | 길게 이어진 가벼운 비단 물처럼 깨끗하네. |
| 炤却萬人同一影, | 만인萬人을 밝게 비추니 하나의 그림자 되어, |
| 始知眞箇大王燈. | 참으로 대왕大王의 등燈임을 비로소 알겠네. |

상원上元　정월 대보름

등석燈夕　등불을 켜 놓고 밤을 밝히는 제등의식을 말한다.

금문金門　한나라 때 금마문金馬門을 말하며, 이곳에서 조서詔書를 기다렸다. 여기에서는 한림원을 말한다.

구선九扇　천상에 있는 문을 말한다. 황제가 있는 대궐의 문을 가리킨다.

요대瑤臺　아름다운 옥으로 장식한 누대樓臺, 혹은 전설 속의 신선들이 사는 곳을 말한다.

백장百枝　등불과 촛불이 많은 것을 말한다.

신장宸仗　임금의 의장儀仗

수배壽杯　장수를 기원하는 술잔

답석踏席　다양한 물건으로 만든 돗자리

연동緣橦　긴 장대나 사다리 위에서 재주 부리는 일을 말한다.

진동侲童　어린아이

선기仙妓　노래와 춤을 잘하는 기생에 대한 미칭美稱

등롱燈籠　바구니를 만들고 종이 혹은 비단으로 둘러싼 뒤, 그 안에 초를 넣어서 불을 켜는 것

황황煌煌　밝게 빛나는 모습

박박薄薄　길게 이어져 있는 모습

진개眞箇　참으로, 확실히

## 처음 정언을 제수받고 짓다

初拜正言有作

| | |
|---|---|
| 八載花甎沐帝恩, | 8년 동안 한림원에서 임금의 은혜를 받다가, |
| 白頭方始直西垣. | 백두白頭가 되어 처음으로 서원西垣에서 일하게 되었네. |
| 平生口訥如囊括, | 평생 말이 느려 묶어 놓은 주둥이와 같았으니, |
| 人導無言老正言. | 사람들은 말 없는 늙은 정언正言이라고 하네. |
| | |
| 拾遺班秩要而清, | 습유拾遺의 자리는 청요직清要職이니, |
| 大副書生宿昔情. | 서생書生으로 오랜 뜻을 이룬 것이네. |
| 白首青衫人莫笑, | 백수白首와 청삼青衫을 입었다고 비웃지 말게, |
| 金衣前導足爲榮. | 금의金衣를 입은 사람 앞에서 인도하니 너무 자랑스럽네. |

---

**화전花甎** 꽃무늬 벽돌. 당나라 때 한림원 앞길이 화전花甎으로 되어 있었다고 한다.

**서원西垣** 당·송 때 중서성中書省의 별칭

**구눌口訥** 목소리가 낮고 느린 것을 말한다.

**낭괄囊括** 입을 다물고 조심하여 주머니의 주둥이를 묶어 매듯이 했다는 것을 말한다.

**습유拾遺** 중서문하성의 직책. 간관직諫官職이며, 1161년 정언正言으로 고쳤음

반질班秩 관리의 등급

청삼靑衫 8·9품의 문관이 입었던 옷을 말한다.

금의金衣 귀관貴官의 옷

청요직淸要職 중요한 직분을 갖는 지위로, 간관諫官도 포함한다.

## 처음 사간의 직책을 제수받고, 금자를 받았기에, 김정언에게 희작하여 주다

初除司諫, 兼受金紫, 戲贈金正言

舊着靑衫人不避, 예전 청삼靑衫 입었을 때는 사람들 피하지 않다가,
新披紫袖衆爭趨. 새로이 자수紫袖를 입으니 사람들 다투어 따라오네.
形容班品猶依舊, 겉모습과 등급은 여전히 그대로인데,
사간司諫과 정언은 모두 6품이다. [司諫正言皆六品]
都爲身章貴賤殊. 모두 옷차림에 따라 귀천貴賤이 달라서이네.

綠衣方脫紫衣披, 녹의綠衣를 막 벗고 자의紫衣를 입었으나,
白鬢黎顔尙未移. 흰 귀밑털 검은 얼굴은 오히려 달라지지 않았네.
腰彈金魚微意在, 허리에 달린 금어金魚 깃든 의미 있으리니,
自今張目少眠時. 지금부터 눈에 힘주고 잠을 줄여야겠네.

---

자수紫袖 귀관貴官의 옷

반품班品 관리의 등급

신장身章 옷의 구분을 통하여 귀천貴賤이 드러나는 것을 말한다. 옷의 색채와 무늬를 달리하는 것을 말한다.

녹의綠衣 낮은 관리의 옷

금어金魚 금으로 만든 물고기 모양의 장식을 단 주머니. 당나라 때, 5품 이하

의 관리들은 은으로 물고기를 달았다. 3품 이상의 관리들은 금으로 만들었다.

장목張目　눈에 힘을 주고 크게 뜨다.

## 봄날 내성에서 짓다

春日內省有作

| | |
|---|---|
| 禁省春深白日長, | 금성禁省에 봄 깊고 한낮은 길어지는데, |
| 珠簾微動好風涼. | 주렴珠簾은 살살 움직이고 서늘한 바람 좋네. |
| 忽聞承相嚴呵喝, | 순간 재상의 엄하게 꾸짖는 소리에, |
| 整頓冠巾下砌忙. | 관건冠巾 정돈하고 섬돌을 바삐 내려가네. |

---

**내성內省** 중서문하성中書門下省을 말한다.

**금성禁省** 궁궐과 그 관청(중서문하성)

**주렴珠簾** 옥구슬을 꿰어 만든 발

**가갈呵喝** 큰소리로 호통을 치다.

**관건冠巾** 벼슬하는 사람이 쓰는 모자와 두건頭巾

## 관군이 오랑캐와 싸워서 승리했다는 소식을 듣다

### 聞官軍與虜戰捷

[與契丹戰. 거란과 싸웠다.]

| | |
|---|---|
| 虜氣日披猖, | 오랑캐의 기운 날로 미친 듯 날뛰니, |
| 殺人如刈草. | 풀 베듯 사람을 죽이네. |
| 虎吻流饞涎, | 침을 줄줄 흘리는 굶주린 호랑이처럼, |
| 呑噬無幼老. | 어린아이 늙은이 할 것 없이 삼켜버리네. |
| 婦女愼勿憂, | 부녀婦女는 참으로 근심하지 말라, |
| 腥穢行可掃. | 더럽고 비린 오랑캐를 쓸어 버릴 것이네. |
| 國業未遽央, | 나랏일 아직 다하지 못하였으나, |
| 廟謀亦云妙. | 조정의 계책 또한 절묘하다고 할 만하네. |
| 行且自就誅, | 움직이면 또한 스스로 죽게 될 것이니, |
| 焉得避天討. | 어찌 하늘의 징벌을 피하겠는가. |
| 吾言豈妄云, | 내 말이 어찌 믿기 어렵다고 하겠는가, |
| 今日聞捷報. | 오늘 승리했다는 소식 들었네. |

다시 짓다[又]

| | |
|---|---|
| 胡騎猶未殲, | 오랑캐 군대 아직 섬멸하지 못했으니, |
| 夜臥難交睫. | 밤중에 누워 선잠 자기도 어려웠네. |
| 郵筒疾似飛, | 파발은 나는 듯이 빨라서, |
| 報導官軍捷. | 관군의 승리 소식을 알리네. |
| 一國喜濃濃, | 온 나라의 기쁨 끝이 없으니, |

簇賀如雲合. 축하하는 사람들 구름처럼 모여드네.

---

| | |
|---|---|
| 피창披猖 | 미쳐 날뛰다. |
| 참연饞涎 | 식욕으로 인하여 침 흘리는 것 |
| 탄서呑噬 | 삼키고 씹다. |
| 성예腥穢 | 비리고 더럽다. |
| 거앙遽央 | 완전히 마치다. |
| 묘묘廟謨 | 조정의 계책 |
| 천토天討 | 하늘의 징벌 |
| 첩보捷報 | 전쟁의 승리를 알리는 문서 혹은 소식 |
| 교첩交睫 | 선잠 자다. 졸다. |
| 우통郵筒 | 말과 사람을 통하여 문서를 전달할 때 사용하는 대나무 통을 말한다. |
| 농롱濃濃 | 매우 깊다. 끝이 없다. |

## 밤에 만보전에서 초제를 지내면서 짓다

萬寶殿醮夜

| | |
|---|---|
| 星斗森芒璧月娟, | 하늘에 별 가득하고 달빛은 고운데, |
| 嬰香齊點引神仙. | 피운 향 점점이 가지런하고 신선을 맞이하네. |
| 微臣自負吭音滑, | 미천한 신하 부드러운 목소리 자부하니, |
| 欲讀淸詞徹九天. | 읽는 청사淸詞가 하늘에 닿길 바라네. |
| | |
| 聖主齋心已格天, | 임금의 가지런한 마음 이미 하늘에 이르렀으니, |
| 未斟明水福如川. | 명수明水 아직 올리지 않았으나 복은 냇물과 같네. |
| 玉壇禮罷迴宸仗, | 옥단玉壇에 예를 끝내고 궁궐로 돌아가니, |
| 拜受黃封雨露宣. | 임금께서 예로서 술을 내려주시며 은택을 베푸시네. |

---

초제醮祭 별에 지내는 제사로 도교道敎의 행사이다.

만보전萬寶殿 고려시대 연경궁延慶宮에 있던 건물로, 원래의 이름은 현덕전玄德殿이다.

성두星斗 하늘의 별들 혹은 북두성을 가리킨다. 문장을 비유할 때는 아름다운 문장을 말한다.

삼망森芒 나뭇잎이 빽빽한 모습

벽월璧月 아름다운 달빛

영향嬰香 향을 피워 향내가 가득한 것을 말한다.

제점齊點　제연구점齊煙九點 혹은 구점연九點煙을 말한다. 정상에 올라서 세상을 바라보면 아홉 점의 연기(운무 덩어리)처럼 보인다는 것이다. 여기에서는 피운 향이 점점이 가지런하다는 말이다.

청사淸詞　초제醮祭에 올리는 축문祝文

명수明水　제사 지낼 때 사용하는 맑은 물

신장宸仗　임금의 의장儀仗

옥단玉壇　도단道壇 혹은 선경仙境을 말한다. 도교에서 법사法事를 치르는 장소

배수拜受　술 마실 때, 나이와 지위에 따라 예절에 의하여 술을 주고받는 것

황봉黃封　임금이 내려주신 술

우로雨露　은택恩澤

## 내직에서 느낌이 있어 지은 뒤에, 우습유 수구원에게 보이다

內直有感, 示右拾遺水丘源

| | |
|---|---|
| 鏡中絲鬢日紛紛, | 거울 속 머리털 날마다 어지럽게 흐트러져 있고, |
| 五載遷延直掖垣. | 5년 동안 액원掖垣에 몸담으며 머물러 있네. |
| 歲暮松筠猶有節, | 송균松筠은 한해의 끝자락에도 여전히 절개 있고, |
| 春來桃李又無言. | 도리桃李는 봄이 왔는데도 다시 말이 없네. |
| 仰看天上高鴻擧, | 우러러 하늘 위로 높이 날아오르는 기러기를 바라보고, |
| 自笑池邊老鳳蹲. | 스스로 연못 가에 늙은 봉황 웅크린 모습을 비웃네. |
| 胡羯腥涎流宇內, | 오랑캐 비린내 나는 침 천하에 흐르고 있으니, |
| 一樽何處得眉軒. | 한 잔 술 어느 곳에서 즐겁게 마시겠는가. |

---

**분분紛紛** 어지러운 모습

**천연遷延** 배회하다. 머물며 앞으로 나아가지 않다.

**액원掖垣** 중서문하성

**송균松筠** 소나무와 대나무

**고홍거高鴻擧** 기러기가 높이 멀리 나는 것으로, 분발해서 일한다는 말이다.

**노봉준老鳳蹲** 늙은 봉황이 웅크리고 있다는 것으로, 늙고 힘없는 모습을 말한다.

**우내宇內** 천하天下

**미헌眉軒** 눈썹을 높게 올리다. 기쁨을 표현

## 오랑캐(거란)가 강동성에 들어가 지키고 있다는 소식을 듣고, 성중에 있으면서 짓다

聞胡種入江東城自保, 在省中作

| | |
|---|---|
| 殘胡猒竄逃, | 남아 있는 오랑캐 기세에 눌려 달아나니, |
| 已入圈牢內. | 이미 우리 가운데로 들어왔네. |
| 得肉幸平分, | 고기는 다행히 고르게 나눌 수 있으니, |
| 萬人甘共膾. | 만인萬人이 모두 날고기를 달게 먹겠네. |

---

**찬도竄逃** 달아나다.

**권뢰圈牢** 울타리 혹은 우리

**평분平分** 공정하고 고르게 나누다.

## 성중에 있으면서 더위를 괴로워하며 짓다

苦熱在省中作

| | |
|---|---|
| 金烏自吐炎, | 금오金烏가 스스로 열을 내뿜어, |
| 呀喘反難翥. | 숨쉬기 어려워 도리어 날기 힘겨워하네. |
| 自此日行遲, | 이제부터 일행日行이 길어지니, |
| 留作煎人火. | 남아서 사람을 볶는 불이 되었네. |
| 安得亘空扇, | 어찌하면 하늘을 가리는 부채로, |
| 搖簸遍天下. | 부채질하며 온 천하를 시원하게 할 수 있을까. |

---

금오金烏　해를 달리 부르는 말. 태양 속에 있다는 발이 세 개인 까마귀를 말한다.

하천呀喘　숨쉬기가 어려워, 숨이 가쁘다.

일행日行　태양의 운행

긍공亘空　하늘에 뻗치게 하여 가리다.

요파搖簸　위아래로 흔들다.

## 공사로 인하여 벼슬에서 물러나 한가하게 지내고 있었는데, 선달 이원주 · 장원 황보관 · 장원 김신정 · 아원 박응귀가 술을 가지고 와서 위문하기에, 시를 지어 감사드리다

以公事免官閑居, 李先達元胄 · 皇甫狀元琯 · 金狀元莘鼎 · 朴亞元應貴攜酒見唁, 以詩謝之

| | |
|---|---|
| 白頭補闕本何言, | 나이 들어 간관諫官이 본래 무슨 말이었던가, |
| 忽陷風波擯掖垣. | 갑자기 어려움을 당하여 액원掖垣에서 쫓겨났네. |
| 獨與妻兒同旦暮, | 오직 처자식과 온종일 함께할 뿐이고, |
| 更無賓客問寒暄. | 다시 안부를 묻는 빈객賓客 없네. |
| 但將咄咄長書字, | 다만 허공에 돌돌咄咄 글자를 늘 쓸 뿐이고, |
| 何用規規自勒門. | 멍하니 문을 닫고 있을 뿐 어찌할 도리가 없네. |
| 多謝殷勤四君子, | 네 명의 군자께 은근히 깊이 감사드리니, |
| 共攜芳酒枉高軒. | 함께 좋은 술 가지고 높은 수레 타고 왕림枉臨해 주셨네. |

---

**보궐補闕** 임금의 잘못한 점을 바로잡아서 고치게 하는 간관諫官을 말한다.

**액원掖垣** 중서문하성

**한훤寒暄** 생활하는 데 문제는 없는지 안부를 확인하는 것을 말한다.

**돌돌咄咄** 탄식하는 소리로, 돌돌괴사咄咄怪事를 말한다. 진晉의 조정은 은호殷浩를 중용重用하였는데, 환온桓溫의 탄핵을 받고 관직에서 물러나게 되었다. 이후에 은호는 집에서 공중에 돌돌괴사咄咄怪事를 썼다고 한다.

**규규規規** 너무 놀라서 무엇을 할지 모르는 모습을 말한다.

**늑문勒門** 문을 닫다.

은근殷勤　정이 깊다.

고헌高軒　귀하고 현달顯達한 사람이 타는 수레를 말한다.

## 습유 오몽림이 시를 지어 위문하기에 차운하다(2수)

次韻吳拾遺夢林, 以詩見唁(二首)

| | |
|---|---|
| 雀羅門外無來客, | 작라문雀羅門 밖 찾아오는 손님 없고, |
| 雞樹垣前憶舊遊. | 계수雞樹 담장 앞에서 노닐던 옛일 생각하네. |
| 諫職久癏宜見擯, | 간관諫官 일 오랫동안 소홀히 하여 쫓겨나는 것 당연하니, |
| 碧霞青嶂好歸休. | 푸른 산과 놀에 둘러싸인 곳에 돌아와서 쉬니 좋네. |

| | |
|---|---|
| 失路忽從天上落, | 길을 잃어 갑자기 하늘 위로부터 떨어지니, |
| 登瀛翻似夢中遊. | 등영登瀛의 일 도리어 꿈에서 노닐던 것처럼 여겨지네. |
| 一言見訊千金重, | 안부 묻는 한마디 말 천금千金처럼 중요하게 여겨지고, |
| 三黜忘懷萬事休. | 세 번 쫓겨나니 달관하면서 온갖 일 그만두려네. |

---

**작라문雀羅門** 작라雀羅는 새를 잡는 그물을 말한다. 작라문雀羅門은 벼슬에서 물러난 뒤에, 문 앞에 새그물을 칠 정도로 사람들이 찾지 않는 모습을 말한다. 즉, 권력을 잃은 집을 뜻한다.

**계수雞樹** 중서성을 말한다.

**벽하碧霞** 푸른 구름과 노을을 말한다. 은자隱者 혹은 신선神仙이 사는 곳이라는 것으로 많이 활용한다.

**청장青嶂** 푸른 산이 병풍처럼 옆으로 계속 이어진 모습을 말한다.

등영登瀛　조정에서 총애를 받는 모습을, 신선이 사는 영주瀛洲에 오르는 것에 비유하였다.

견신見訊　안부를 묻다.

망회忘懷　마음속에 득실을 잊었다[忘懷得失]는 말이다.

삼출三黜　올곧은 도리로 일하다가 세 번 쫓겨난 것을 말한다. 『논어論語』「미자편微子篇」에, "유하혜가 감옥을 다스리는 관리가 되어 세 번 쫓겨났는데, 어떠한 사람이 말했다. '그대는 노나라를 떠나야 하지 않겠는가.' 유하혜가 말하였다. '올곧은 도道를 행하여 임금을 섬기면, 어느 나라에 간들 세 번은 내쫓기지 않겠으며, 도道를 굽혀서 사람을 섬길 것이라면 굳이 부모의 나라를 떠날 필요가 있겠는가'"라고 하였다. 여기에서는 이규보가 불평不平한 느낌을 간접적으로 드러내었다고 할 수 있다.

## 기묘년 4월 어느 날에 계양의 수령이 되어 조강을 건너면서 짓다

己卯四月日, 得桂陽守, 將渡祖江有作

| | |
|---|---|
| 晩山煙瞑水漫漫, | 해 저문 산은 안개 자욱하고 강은 드넓은데, |
| 灘險風狂得渡難. | 여울은 험하고 바람은 드세어 건너기 어렵네. |
| 命薄如今遭謫去, | 복 없는 운명 지금 좌천左遷되어 떠나니, |
| 尙難拚却望長安. | 여전히 미련 버리지 못해 도리어 장안을 바라보네. |

---

기묘년己卯年 1219년(고종 6년), 공의 나이 52세.

조강祖江 임진강과 한강이 합류하여 조강祖江이 된다. 조강 언덕에 조강원祖江院이 있었다고 한다.

연명煙瞑 해질 무렵 안개와 구름이 자욱한 곳을 말한다.

만만漫漫 드넓게 펼쳐진 모습

조적遭謫 일에 연루되어 좌천된 것을 말한다.

난변難拚 차마 떨쳐버리지 못하는 모습을 말한다.

## 승선 김양경이 안렴 진식에게 화답한 시에 차운하다(3수)

次韻金承宣良鏡和陳按廉湜(三首)

五年西掖演龍綸,　5년 동안 서액西掖에서 임금의 조서詔書를 작성하였고,
戎幕參謀又幾春.　군영에서 참모로 지낸 지 또한 몇 해인가.

공은 일찍이 병마요좌兵馬寮佐를 역임하였다. [公曾爲兵馬寮佐]

丹漢忽騰歸路坦,　단한丹漢이 갑자기 일어났으나 돌아오는 길 평탄하고,
白沙行築步堤新.　흰 모래 쌓아서 거마 통행하는 제방 길 만드니 새롭네.
功高塞北官宜貴,　공은 변방 북쪽에서 높으니 관직 마땅히 귀해지고,
身在王前道可陳.　몸은 왕 앞에 있으니 도道를 말할 수 있네.
若對天顔淸讌問,　임금을 마주한 연회 자리에서 물으신다면,
莫忘同甲一窮人.　동갑同甲인 한 명의 궁한 사람을 잊지 않길 바라네.

滿朝卿相掌絲綸,　온 조정의 경상卿相이 임금의 조서詔書 담당하지만,
窮谷誰霑雨露春.　깊은 계곡 누가 봄날에 임금의 은택을 받겠는가.
楚客謫來飡菊苦,　초객楚客은 좌천되어 고달프게 국화잎을 먹었고,
劉郎去後種桃新.　유랑劉郎이 떠난 뒤 새롭게 복숭아나무 심었네.
情深戀闕難歸潁,　대궐을 그리워하는 정 깊어 영수潁水로 돌아가기 어렵고,
官號專城實在陳.　한 성을 다스리는 관직이라 부르지만 실제로 어렵기 그지없네.
不有靑雲知己在,　높은 직책의 지기知己가 있지 않았다면,
如今已作碧山人.　지금 이미 벽산인碧山人이 되었을 것이네.

| | |
|---|---|
| 公退蕭然一白綸, | 일을 마친 뒤 쓸쓸히 흰 두건을 쓰고 있으니, |
| 窮鄕寒日永於春. | 외진 고을의 차가운 날 봄보다 길게 느껴지네. |
| 世情官況秋雲薄, | 세상과 조정의 인심 가을 구름처럼 얇고, |
| 病鬢愁髯臘雪新. | 쇠약해져 센 머리털과 수염 세밑의 눈처럼 새롭네. |
| 瘦腊若將餘喘去, | 뼈만 남은 앙상한 몸 숨쉬기도 힘든 채로 가는 듯하고, |
| 死灰那有寸心陳. | 마음은 불 꺼진 재 되었으니 어찌 조금이라도 말할 수 있겠는가. |
| 仰天痛哭形寥落, | 하늘을 바라보며 통곡하니 요락寥落한 모습이라, |
| 不似黃堂佩印人. | 황당黃堂에서 일하는 수령처럼 보이지 않네. |

---

| | |
|---|---|
| 서액西掖 | 중서문하성을 말하고, 궁성의 서쪽에 있었기 때문이다. |
| 용륜龍綸 | 제왕의 조서詔書를 말한다. |
| 융막戎幕 | 군영軍營 혹은 군부軍府를 말한다. |
| 병마요좌兵馬寮佐 | 병마兵馬를 관리하는 부에 속한 관리 |
| 단한丹漢 | 거란[契丹]과 한족漢族을 말하는 것 같다. |
| 사제沙堤 | 당나라 때 재상의 거마를 통행하기 위하여 흰 모래로 만든 제방 길을 말한다. |
| 청연淸讌 | 연회를 베푸는 것을 말한다. |
| 천안天顏 | 천자天子의 용안龍顏 |
| 사륜絲綸 | 임금의 조서詔書를 말한다. 왕의 말은 나오면 명주실과 같고, 그것이 나오면 동아줄과 같다는 것에서 유래하였다. |

우로雨露　비와 이슬을 말하고, 임금의 은혜를 가리킨다.

초객楚客　굴원屈原 혹은 정처 없이 떠돌아다니는 사람을 말한다.

찬국飡菊　국화의 꽃잎을 먹는 것이다. 굴원의 『초사楚辭』·「이소離騷」에, "아침에는 모란에서 떨어지는 이슬을 마시고, 저녁에는 가을 국화의 떨어진 꽃잎을 먹는다[朝飮木蘭之墜露兮, 夕餐秋菊之落英]"라고 하였다.

유랑劉郎　당나라 시인 유우석劉禹錫을 말한다.

종도種桃　유우석이 낭주사마朗州司馬로 좌천되어 장안을 떠났다가 10년 뒤에 돌아오니, 현도관玄都觀에 복숭아꽃이 많이 피어 있었다. 그는 「조주潮州에서 장안長安으로 돌아와 꽃을 보고 제군諸君에게 보내다」라는 시에서, "현도관 안에 천 그루의 복숭아나무, 모두 유랑이 떠난 뒤에 심은 것이네[玄都觀裏桃千樹, 盡是劉郎去後栽]"라고 하였다.

귀영歸潁　영수潁水로 돌아가는 것을 말한다. 요堯 임금이 허유許由를 초빙하여 천하를 양위讓位하려고 하였지만, 허유가 응하지 않고 더러운 말을 들었다고 하면서 영수潁水에서 귀를 씻었다고 한다.

전성專城　한 성城을 맡아서 다스린다는 뜻으로 수령守令을 말한다.

재진在陳　기아飢餓와 빈곤貧困 등 어려운 상황을 말한다. 『논어論語』·「위령공衛靈公」에, "공자가 진나라에 계실 때, 식량이 떨어져서 따르던 제자들이 굶어서 일어날 수 없었다. 자로가 화난 모습으로 공자를 뵙고 말하였다. '군자도 곤궁할 때가 있습니까.' 공자가 답하였다. '군자는 본래 궁할 때가 있지만, 소인이 곤궁하여 분수를 넘어 잘못을 저지르는 것과 같지 않을 뿐이다[在陳絕糧, 從者病, 莫能興. 子路慍, 見曰, '君子亦有窮乎' 子曰, '君子固窮, 小人窮斯濫矣']'"라고 하였다.

청운靑雲　높은 지위 혹은 높은 관리를 말한다.

벽산인碧山人　청산靑山과 백운白雲 사이를 돌아다니며 방랑하는 사람

| | |
|---|---|
| 소연蕭然 | 쓸쓸하고 초라한 모습을 말한다. |
| 백륜白綸 | 흰색의 거친 명주실로 만든 두건을 말한다. 가난하고 미천한 사람을 가리키기도 한다. |
| 관황官况 | 관직에 있는 상황이나 사람의 심정을 말한다. |
| 빈염鬢髥 | 머리털과 수염 |
| 병수病愁 | 병약하고 근심하다. |
| 납설臘雪 | 동지와 입춘 사이에 내리는 눈을 말한다. |
| 수석瘦腊 | 말린 포처럼 뼈만 앙상한 사람을 말한다. |
| 여천餘喘 | 남아 있는 숨을 말하는 것으로, 죽기 직전의 사람을 말한다. |
| 촌심寸心 | 한 치의 마음을 말한다. 슬픔으로 인하여 마음은 재가 되어 한 치도 못 된다는 것을 뜻한다. |
| 요락寥落 | 쇠락衰落하다. 쇠약하여 말라서 떨어지는 것을 말한다. |
| 황당黃堂 | 태수가 업무를 보는 장소이다. 벽을 황색 종이로 바른 데서 유래한다. |

## 황보 서기의 시에 차운하여 비 오는 가운데 혼자서 읊다

次韻皇甫書記雨中獨詠

| | |
|---|---|
| 歲儉懽聲小, | 흉년들어 즐겁게 외치는 소리 적지만, |
| 春酣睡味長. | 봄기운 한창이니 잠자는 맛 좋네. |
| 投錢空飮井, | 돈을 던져 공연히 우물물 마시지만, |
| 凝寢阻聞香. | 침실에 어려있는 향내 맡기 어렵네. |
| 僻塢花期晩, | 외진 언덕의 꽃은 늦게 피고, |
| 窮閻日色凉. | 가난한 골목의 햇빛 서늘하네. |
| 出非求岣嶁, | 출세하여 구루岣嶁를 구한 것은 아닌데, |
| 悲似謫黃崗. | 황강黃崗에 유배된 것처럼 슬프네. |
| 猒世顔慵擧, | 세상이 싫어 얼굴 드는 것도 게을리하고, |
| 嫌人口莫張. | 사람이 싫어 입 벌리지도 않았네. |
| 賴君新管記, | 그대가 새롭게 서기書記가 된 덕분에, |
| 滿邑忽生光. | 고을에 갑자기 찬란한 빛으로 가득하게 되었네. |
| 話舊情千緒, | 옛날을 이야기하니 마음은 천 갈래로 뒤엉키고, |
| 忘懷笑一場. | 마음의 득실을 잊고 한바탕 웃네. |
| 但緣官檢束, | 다만 관리의 검속檢束으로 인하여, |
| 未放酒顚狂. | 아직 술 취하여 흐트러진 모습 보이지 않았네. |
| 深巷猶纖雨, | 깊은 골목에 여전히 가는 비 내리고, |
| 踈林欲夕陽. | 드문드문 숲 사이로 해지려고 하네. |
| 以予深眷戀, | 내 깊이 애틋하게 아끼는 마음 있기에, |

知子苦思量.　　　　그대의 괴로운 마음속 생각을 안다네.

---

| | |
|---|---|
| 세검歲儉 | 흉년 |
| 춘감春酣 | 봄기운이 한창 무르익은 상태 |
| 투전投錢 | 안릉도자安陵道者에게 항중선項仲仙이 있었는데, 위수渭水에서 말에게 물을 마시게 할 때마다, 삼전三錢을 던져 값을 치렀다. |
| 벽오僻塢 | 외지고 조용한 언덕 |
| 구루岣嶁 | 구루산岣嶁山을 말한다. 전설에 의하면, 우禹 임금이 여기에서 금간옥서金簡玉書를 얻었다고 한다. 금간옥서金簡玉書는 천자의 조서詔書를 말한다. |
| 황강黃崗 | 유배지를 말한다. 소동파가 이곳으로 귀양을 갔다. |
| 안거顔擧 | 얼굴을 들다. |
| 구장口張 | 입을 벌리다. |
| 생광生光 | 찬란한 빛을 내다. |
| 천서千緖 | 천 갈래로 뒤엉켜 있다. |
| 망회忘懷 | 마음속에 득실을 잊었다[忘懷得失]는 말이다. |
| 검속檢束 | 점검하고 단속하다. |
| 전광癲狂 | 구속받지 않고 자유로운 모습을 말한다. |
| 권련眷戀 | 애틋하게 아끼는 마음을 말한다. |
| 사량思量 | 마음속 생각을 말한다. |

## 최상국께 올리다

上崔相國

[幷序. 晋康公嗣也. 서문을 붙이다. 진강공 최충헌의 아들이다.]

저는 본래 관리의 능력이 부족하여 군수의 직을 받아 나오게 되었는데, 임기가 채워지기도 전에 급하게 다른 사람을 구하는 것은 너무 이른 듯합니다. 그러나 제가 조정에 5년 동안 생활하면서 갑작스러운 무고無辜로 인하여 유사有司의 탄핵을 받았지만, 합하閣下께서 힘을 다해 선처해주신 덕분에 한산閑散한 곳에 떨어지지 않고, 이 고을을 다스리는 소임을 받았습니다. 다행히 지금은 합하閣下께서 나라의 일을 맡아서 조정과 지방 관리들의 명단에서 청렴하지 못한 자들을 이미 모두 징벌하였습니다. 청淸은 탁濁의 반대가 되고, 그 탁濁이 부딪치게 되면 반드시 청淸을 올리는 의론이 있을 것입니다. 저와 같이 절조節操를 닦고 공사公事를 사심私心 없이 하는 사람은 비록 큰 상을 받지 못하더라도 또한 어찌 삼 년을 기다린 이후에 교대할 필요가 있겠습니까. 삼가 너그럽게 헤아려 주시기 바랍니다.

[某本乏吏能, 出爲郡守, 政猶未滿, 汲汲然求見代者, 似爲大早. 然僕居省五年, 忽因非罪, 被有司所彈, 賴閣下盡力營救, 然後不落散地, 受此方州之任矣. 幸今閣下當國, 凡內外官寮之名不廉者, 旣盡懲之矣. 夫淸者濁之對, 激其濁則必有揚淸之議. 如吾礪節奉公者, 雖未蒙大賞, 亦何必三年而後見代耶. 伏惟諒之]

| | |
|---|---|
| 早沐深恩入鳳池, | 일찍 깊은 은혜를 입어 봉지鳳池에 들어갔다가, |
| 忽因橫議落江陲. | 갑자기 비난으로 강가에 떨어졌네. |
| 謫因非罪公曾識, | 무고無辜로 인한 탄핵이라는 것을 공은 일찍이 알았고, |
| 力欲扶顚世亦知. | 부전扶顚 하려 힘쓰신 일을 세상이 또한 알고 있네. |
| 蓬艾蒙籠同鹿處, | 풀 우거진 시골 땅에서 사슴과 함께 살고, |

| | |
|---|---|
| 園墻踈漏任狼窺. | 낡고 비 새는 동산의 담벼락으로 이리가 멋대로 살피네. |
| 訟庭愁見飢民色, | 송정訟庭에서 굶주린 백성의 모습을 근심스럽게 보고, |
| 公席慵看黠吏姿. | 공석公席에서 교활한 향리의 행동을 게으르게 보네. |
| 邑俸近從刪省少, | 고을의 봉급은 요즘 들어 깎고 줄여서 적으며, |
| 田租未免負駄移. | 전답의 세금은 면하지 못하여 나귀에 실어 옮기네. |
| 尙難周補經年粒, | 오히려 한 해 지낼 쌀을 다 채우기도 어려운데, |
| 况可能營禦臘絲. | 하물며 섣달 추위 막을 옷 만들 수 있겠는가. |
| 舊踏藥階天忽遠, | 옛날에 밟았던 약계藥階는 하늘처럼 홀연 멀어졌고, |
| 與遊蘭友驥難追. | 함께 노닐던 난우蘭友는 준마駿馬와 같아서 따라잡기 어렵겠네. |
| 苦遭簿領長纏縛, | 고단한 문서 처리에 늘 매여 있으니, |
| 無奈詩情大減衰. | 시정詩情이 크게 줄어드는 것 어찌할 도리가 없네. |
| 參秩五年仍六品, | 관인官人에 들어선 지 5년인데도 이제 6품이고, |
| 殘鄕一日敵三期. | 잔향殘鄕에서 하루가 3년과도 같네. |
| 鈞軒若採氷淸節, | 상국께서 만일 얼음과 같이 맑은 절조節操 찾으신다면, |
| 瓜代何須要及期. | 기한이 될 때까지 기다려 사람을 교체할 필요가 없겠네. |

이듬해에 기거주起居注로 부름을 받았다. [明年以起居注見召]

---

**급급연汲汲然** 마음이 급한 모습

**무고無辜** 잘못이나 허물이 없다.

**영구營救** 구원하다.

**산지散地** 한가한 곳. 한가한 벼슬을 말하기도 한다.

| | |
|---|---|
| 여절礪節 | 절조節操를 닦다. |
| 봉공奉公 | 공적인 일을 신중히 행하면서 개인적으로 얽매이지 않는 것을 말한다. |
| 봉지鳳池 | 봉황지鳳皇池를 가리킨다. 중국의 중서성中書省에 봉황지가 있었기 때문이며, 중서성의 또 다른 이름이다. |
| 횡의橫議 | 사람의 비난을 말한다. |
| 부전扶顚 | 위태롭고 넘어지는 상황에서 잡아주고 부축하는 것을 말한다. |
| 몽롱蒙籠 | 나무와 풀이 무성한 것을 말한다. |
| 소루踈漏 | 낡아서 부서지고 물이 새는 것을 말한다. |
| 송정訟庭 | 송사訟事를 처리하는 마당 |
| 공석公席 | 공무를 보는 좌석 |
| 힐리黠吏 | 간사하고 교활한 관리 |
| 산생刪省 | 깎고 줄이는 것을 말한다. |
| 부태負馱 | 당나귀나 말에 물건을 싣는 것을 말한다. |
| 어랍禦臘 | 겨울의 추위를 막다. |
| 약계藥階 | 약藥은 작약芍藥 혹은 홍약紅藥을 말하며, 중서성中書省을 가리킨다. 사조謝朓의 「직중서성直中書省」에서, "붉은 작약은 계단에서 반짝이고, 푸른 이끼는 섬돌에 기대어 올라오네[紅藥當階翻, 蒼苔依砌上]"라고 한다. |
| 난우蘭友 | 뜻이 잘 맞는 벗을 말한다. |
| 전박纏縛 | 얽어매다. |
| 잔향殘鄕 | 쇠잔한 고을을 말한다. |
| 균헌鈞軒 | 균鈞은 도자기 빚는 물레이고, 나라 다스리는 대신을 비유한다. 헌軒은 대부大夫 이상이 타는 수레를 말한다. 여기에서는 최상국崔相國을 말한다. |
| 과대瓜代 | 다음 해에 오이가 익을 때, 사람을 파견하여 교체하는 것이다. 관리의 임기가 다 되면 교대하는 것을 말한다. |

기거주起居注　중서문하성中書門下省 정5품의 관직. 사관史官과 간관諫官의 역할을 하였다.

## 우연히 읊은 것을 관료에게 보이다

偶吟示官寮

| | |
|---|---|
| 龔黃非異人, | 공황龔黃은 보통 사람과 다르지 않으니, |
| 力學行可到. | 행실과 학문에 힘쓰면 도달할 수 있네. |
| 但緣天性踈, | 다만 타고난 성품이 좋지 않기에, |
| 稜角久未露. | 모난 행동이 오랫동안 드러나지 않았네. |
| 甘食與安眠, | 맛있는 음식을 먹고 편안하게 잠을 자고, |
| 民訟任鴉噪. | 백성의 송사訟事는 까마귀 울음소리로 여기네. |
| 不曾罰其頑, | 일찍이 그 우매함을 벌하지 않았고, |
| 亦不詰其盜. | 또한 그 도둑도 잘못을 따지지 않았네. |
| 臥閣自逍遙, | 누각에 누워서 스스로 한가롭게 다니면서, |
| 有酒卽醉倒. | 술이 있으면 바로 술 취하여 쓰러졌네. |
| 人情各不同, | 인정人情이 각각 다르니, |
| 莫道老而耄. | 나이 많은 늙은이라 말하지 말라. |
| 殘民難急理, | 잔혹殘酷한 백성 급하게 다스리기 어려우니, |
| 可撫不可暴. | 어루만질 뿐 사납게 대할 수 없네. |

---

**공황龔黃** 한漢나라 때 공무를 중히 여기고 선량한 관리였던 공수龔遂와 황패黃霸를 말한다.

| | |
|---|---|
| 능각稜角 | 물체의 뾰족한 모서리를 말하며, 모가 난 사람의 행동을 비유한다. |
| 아조鴉噪 | 까마귀 울음소리 |
| 완頑 | 우매하고 완고함 |
| 노모老耄 | 80세 이상의 늙은이 |
| 잔민殘民 | 피해를 주는 백성 |

## 조정으로 오라는 명을 받고, 다시 동료들과 함께 모정에서 노닐며 주필로 시를 짓다

臨上闕, 復與寮友遊茅亭走筆

[典郡第二年季夏, 以起居注見徵. 군을 다스린 후 2년 여름에 기거주起居注로 부름을 받았다.]

| | |
|---|---|
| 安石在東山, | 사안謝安은 동산東山에 있으면서, |
| 遊賞必携妓. | 유상遊賞 할 때면 반드시 기녀와 함께하였네. |
| 雅意在蒼生, | 평소의 뜻 창생蒼生에게 있었으니, |
| 終爲蒼生起. | 끝내는 창생蒼生을 위해 일어났네. |
| 我無謝公才, | 나는 사안謝安의 재주 없으니, |
| 但愛山與水. | 다만 산과 물을 좋아할 뿐이네. |
| 經綸安敢期, | 경륜經綸을 어찌 감히 기약하겠는가, |
| 到處窮樂事. | 가는 곳마다 좋은 일 다하였네. |
| 有妓不敢麾, | 기녀가 있어도 감히 부르지 못하였으나, |
| 有酒不詞醉. | 술이 있으면 취하는 것을 사양하지 않았네. |
| 桂陽何處佳, | 계양桂陽은 어느 곳이 좋은가, |
| 獨此茅亭耳. | 오직 이 모정茅亭뿐이네. |
| 水從亭下過, | 물은 정자 아래로부터 지나가고, |
| 映檻搖蒼翠. | 난간에 비치는 푸른 산 일렁이네. |
| 飄如一畵舫, | 그림 속 배가 나는 듯하니, |
| 浮在烟波裏. | 안개 물결 속에 떠 있는 듯하네. |
| 三伏正流金, | 무더위에 바로 쇠가 녹아 흐를 듯하고, |
| 寒漿凍人齒. | 차가운 물에 이가 시리네. |
| 此境尙懸心, | 이곳에 여전히 마음이 걸리는데, |

| | |
|---|---|
| 徵詔從天至. | 조서詔書가 조정으로부터 왔네. |
| 去時百迴頭, | 떠날 때 백 번이나 머리를 돌리지만, |
| 歸馬那忍箠. | 돌아가는 말 어찌 차마 채찍질을 하겠는가. |
| 他日復遊無, | 다른 날 다시 노닐지 못할 것이지만, |
| 儻作輶軒使. | 혹시 사신이 되어 수레를 타고 올지 모르겠네. |

---

**안석재동산安石在東山** 안석安石은 진晉나라 사안謝安의 자字이다. 사안은 회계會稽의 동산東山에 있으면서, 노래와 춤을 잘하는 기녀들과 유유자적하는 삶을 살았고, 조정의 부름에도 응하지 않았다. 사람들이 "안석이 나오려고 하지 않으니, 창생蒼生은 어찌할 것인가[安石不肯出, 將如蒼生何]"라고 하였다. 사안은 40세 이후에 관인으로 진출하여 벼슬이 태보太保에 이르렀다.

**유상遊賞** 유람하고 감상한다.

**창생蒼生** 백성百姓을 말한다.

**경륜經綸** 국가를 다스리는 포부와 재능

**모정茅亭** 띠로 이엉을 엮어 지붕을 만든 정자

**창취蒼翠** 푸른 숲 혹은 산을 말하는 듯하다.

**유금流金** 쇠를 녹일 정도로 매우 덥다.

**한장寒漿** 맑고 차가운 물

**현심懸心** 마음에 걸리다.

**징조徵詔** 임금의 부름을 담은 조서

**유헌輶軒** 사신이 타는 수레

## 고을을 출발하면서 시를 짓고, 전별해 주는 객에게 보여 주다

發州有作, 示餞客

| | |
|---|---|
| 太守初來時, | 태수太守가 처음 왔을 때, |
| 父老夾道邊. | 부로父老들 길가 양옆으로 서 있었네. |
| 其間婦與女, | 그 사이로 부녀자들은, |
| 駢首窺籬偏. | 머리를 나란히 하며 울타리 한쪽에서 살펴보았네. |
| 非欲苟觀貌, | 진실로 나의 모습을 보려고 하는 것이 아니라, |
| 庶幾沐恩憐. | 은혜를 베풀었으면 하는 바람이었을 것이네. |
| 到郡若酷暴, | 고을에 와서 잔혹하고 포학했다면, |
| 其眼願洗湔. | 그 눈에서 더러운 것을 씻고자 하였을 것이네. |
| 我今理無狀, | 나는 지금 잘 다스리지 못했다고 생각하여, |
| 欲去畏懷甎. | 떠나면서 가슴에 벽돌을 품지 않았나 두렵네. |
| 胡爲尙遮擁, | 어찌하여 여전히 가는 행차를 둘러싸 못가게 하는가, |
| 似欲臥轍前. | 앞으로 가는 수레에 누우려고 하는 듯하네. |
| 好去莫遠來, | 잘 가니 멀리 나오지 마시길, |
| 我行疾奔川. | 나의 행차 내달리는 물처럼 빠를 것이네. |
| 爾邑誠困我, | 너희들 고을 참으로 나를 괴롭혔으니, |
| 二年如百年. | 두 해가 백 년 같았다네. |

은련恩憐 불쌍히 여겨서 은혜를 베풀다.

혹포酷暴 잔혹하고 포학하다.

세전洗湔 더러운 것을 말끔히 제거하다.

무상無狀 잘한 것이 없다고 하는 겸사謙辭이다.

회전懷甎 풍속이 각박한 곳의 백성이 고을의 수령을 맞이하는 모습을 말하고, 민심의 방향은 예측할 수 없으니 주의하라는 것이다. 『낙양가람기洛陽伽藍記·진태상군사秦太上君寺』에는, 이연실李延實이라는 사람이 청주자사靑州刺史로 부임하러 가는 가운데, 장제莊帝가 회전懷甎의 풍속을 말하였다고 한다. 제나라 백성들은 태수가 부임하러 올 때, 벽돌을 가슴에 품었다가 돌아갈 때, 벽돌을 던졌다는 내용이다.

차옹遮擁 가는 행차를 둘러싸서 못 가게 하다.

호거好去 송별의 상황에서 쓰는 말이다.

## 개경에 들어와서 짓다

入京有作

| | |
|---|---|
| 南州左宦稍堪嗟, | 계양에 좌천되어 조금 아쉬웠는데, |
| 西掖重來尙可誇. | 서액西掖에 다시 오니 오히려 자랑할 만하네. |
| 好事人人皆說道, | 사람마다 좋은 일이라고 모두 기쁘게 말하니, |
| 中書門下是君家. | 중서문하성이 바로 그대의 집이라네. |

---

**좌환左宦** 좌천하다.

**서액西掖** 중서문하성을 말하고, 궁성의 서쪽에 있었기 때문에 이름한 것이다.

## 경진년 8월 내가 계양으로부터 기거주 예부낭중으로 부름을 받고, 서성에 입직하며 짓다

庚辰八月, 予自桂陽, 以起居注禮部郎中被召, 入直西省有作

| | |
|---|---|
| 右史官淸帶禮曹, | 우사右史의 청렴한 직책에 예조禮曹를 겸임하니, |
| 足償江郡二年勞. | 계양에서 두 해 동안의 고생을 보상하기에 충분하네. |
| 禁池瀲灩猶依舊, | 금지禁池에 잔잔한 물결 여전히 예전과 같고, |
| 老鳳重來浴羽毛. | 늙은 봉황이 다시 와서 깃털을 씻네. |

| | |
|---|---|
| 桂陽謫去方瀕死, | 계양에 좌천되어 죽을 지경이었는데, |
| 藥省重廻似更生. | 약성藥省에 다시 돌아오니 다시 살아난 듯하네. |
| 圓案前陳官醞釃, | 둥근 소반 앞에 차린 관온官醞이 진하니, |
| 猶勝百里强專城. | 오히려 백리百里의 태수로 애쓰는 것보다 낫네. |

---

기거주起居注 고려시대 중서문하성에 설치한 5품의 관원이며, 왕의 주변에서 일어난 일들을 일별로 기록하였다. 기거랑起居郞 혹은 기거사인起居舍人이라고도 부른다.

우사右史 기거사인起居舍人의 다른 이름으로, 기거주起居注를 가리킨다.

관청官淸 공정하고 청렴한 관리

금지禁池 궁궐에 있는 연못, 중서문하성을 가리킨다.

염염瀲灩 물결이 잔잔한 모습을 말한다.

약성藥省　　약藥은 작약芍藥을 말하고, 중서문하성을 가리킨다.

관온官醞　　술 만드는 관청에서 만든 술을 말한다.

전성專城　　한 성城을 맡아서 다스린다는 뜻으로 수령守令을 말한다.

원안員案　　둥근 소반

## 아침에 대궐로 들어가다

朝闕

| | |
|---|---|
| 朝天猶恐後, | 아침에 입궐入闕 늦을까 걱정되어, |
| 劫劫着鞭催. | 급한 마음에 채찍을 잡고 길을 재촉하였네. |
| 雪路無人跡, | 눈 내린 도로에 사람의 흔적 없으니, |
| 方欣第一來. | 이제야 첫 번째로 온 것이 기쁘네. |

---

**조천朝天** 아침에 입궐하여 임금을 뵙는 것을 말한다.

**겁겁劫劫** 매우 바쁘고 절박한 모습을 말한다.

**착편着鞭** 채찍을 잡고 말을 타다.

## 대궐에 들어가서 시연하다

入闕侍宴

| | |
|---|---|
| 蓬艾二年尋鹿徑, | 계양에서 두 해 동안 녹경鹿徑만을 찾다가, |
| 雲霄今日侍龍墀. | 조정에 있는 지금 임금을 모시고 있네. |
| 江城薄酒猶曾飮, | 강성江城의 박주薄酒 오히려 마신 적 있는데, |
| 如此宣杯得可辭. | 이 같은 선배宣杯를 어찌 사양하겠는가. |

---

시연侍宴 잔치에서 임금을 모시다.

봉예蓬艾 잡초가 무성한 것을 말하고, 초야草野나 민간民間을 가리킨다.

녹경鹿徑 사슴이 다니는 좁은 오솔길

운소雲霄 높은 하늘을 말하고, 대궐 혹은 조정을 가리킨다.

용지龍墀 대궐의 붉은 섬돌을 말하고, 임금을 가리킨다.

강성江城 강가의 성을 말하는데, 여기에서는 계양을 가리킨다.

박주薄酒 좋지 않은 술

선배宣杯 임금이 내려주는 술을 말한다.

## 등석에 대간 유충기와 함께 시연에 나란히 가서 시를 짓다

燈夕, 與劉大諫冲祺, 聯行侍宴有作

| | |
|---|---|
| 盤桓雖滯亞卿聯, | 비록 아경亞卿의 직책에 오랫동안 머물러 있으나, |
| 宴席同陪王座前. | 잔치에서는 왕좌王座 앞에서 함께 모셨네. |
| 法從參登無幾輩, | 법종法從에 참여하는 이 몇 사람이나 되는가, |

법종法從은 모시는 신하 중에서 높은 품계의 신하만이 임금을 모시는 것이다. [法從中唯上階侍臣侍宴]

| | |
|---|---|
| 微官忝赴愧諸賢. | 미관微官에 외람되게 참여하여 제현諸賢께 부끄럽네. |

나는 대제待制의 직책으로 임금을 모셨다. [予以待制侍宴]

| | |
|---|---|
| 袖中仙橘天香洩, | 소매 속 선귤仙橘은 천향天香이 배어 있고, |
| 頭上宣花國色姸. | 머리 위 어사화御賜花는 국색國色이 곱네. |
| 御手斟杯還賜語, | 황제께서 직접 술을 주시고 다시 말씀하시니, |
| 感深雙淚瀉如泉. | 깊은 감동에 두 줄기 눈물이 샘솟는 듯하네. |

---

| | |
|---|---|
| 등석燈夕 | 등불을 켜 놓고 밤을 밝히는 제등의식을 말한다. |
| 시연侍宴 | 잔치에서 임금을 모시다. |
| 반환盤桓 | 배회하거나 서성이다. |
| 동배同陪 | 활동을 함께하다. |
| 법종法從 | 임금을 좌우에서 따르며 모시는 것을 말한다. |

대제待制　　당나라 때 5품 이상의 관직으로 중서성과 문하성에 숙직하면서 천자의 조서를 작성하였다.

천향天香　　궁궐에서 사용하는 향초의 향으로 어향御香을 가리킨다.

국색國色　　아름다운 꽃인데, 보통 모란을 가리킨다.

## 왕태후의 만사

王大后挽詞

[大上皇母, 受勑述. 태상황의 어머니이다. 왕의 명을 받아 짓다.]

| | |
|---|---|
| 沙麓曾膺慶, | 왕태후王太后 일찍이 은택을 받았고, |
| 銀潢早毓源. | 천상에서 일찍 자손을 낳아 길렀네. |
| 孫爲王后貴, | 자손은 귀한 왕후가 되었고, |
| 子作上皇尊. | 아들은 지존인 상황上皇이네. |
| 白日璇宮鎖, | 대낮인데도 선궁璇宮은 잠겼고, |
| 彤床玉璽存. | 단상彤床의 옥새는 그대로 있네. |
| 國人懷舊德, | 나라 사람들 옛날의 덕을 기억하니, |
| 痛哭送鸞軒. | 통곡하면서 예헌鸞軒을 보내네. |

| | |
|---|---|
| 曾闢東朝母萬民, | 일찍이 동조東朝를 열어 온 백성을 보살폈으며, |
| 別開閑館攝精神. | 별도로 한관閑館을 열어 정신精神을 보존하였네. |

태상황太上皇의 어머니로서 동조東朝를 그만두었기에 말한 것이다. [以大上皇母罷東朝故云]

| | |
|---|---|
| 軒星掩彩天無色, | 헌성軒星이 빛 가려지니 하늘도 빛을 잃고, |
| 蘭殿銷芳草不春. | 난전蘭殿에 향기 사라지니 풀도 생기를 잃었네. |
| 內範已書彤管手, | 내범內範은 이미 여사女史 손으로 기록하였고, |
| 後宮猶認玉衣身. | 후궁後宮들 여전히 왕태후를 기억하네. |
| 仙遊謁帝應差樂, | 천상에 노닐면서 상제를 알현하며 아마도 즐거울 것이니, |
| 抆淚哀號世上人. | 슬퍼서 통곡하는 세상 사람들 눈물 닦길 바라네. |

---

사록沙麓　사록沙鹿이라고도 한다. 진晉나라에 있었던 산 이름이다. 『한서漢書』·「원후전元后傳」에는, 진晉나라 사관史官이 산이 무너진 일을 두고, "645년 뒤에 성녀聖女가 태어날 것이다"라고 하였다. 이후에 황태후皇太后 혹은 왕후皇后를 송양頌揚하는 말로 사용하였다.

응경膺慶　은택을 받다.

은황銀潢　은하수

육원毓源　근본을 기르다.

선궁璇宮　옥으로 장식한 궁전으로 후비后妃의 궁을 가리킨다.

단상彤床　황후의 상床

예헌翳軒　관을 싣는 수레이다.

동조東朝　태후太后를 말한다.

한관閑館　넓은 관사를 말한다.

헌성軒星　황후를 상징하는 헌원성軒轅星을 말한다.

난전蘭殿　황후의 궁전을 말한다.

내범內範　규중의 예의범절을 말한다.

동관彤管　붉은 붓대를 말하고, 궁중에서 여사女史를 두어 붉은 붓대의 붓으로 황후의 행실을 기록하였다.

옥의玉衣　황제 및 후비의 옷을 말한다.

차락差樂　즐거울 만하다.

애호哀號　슬퍼서 통곡痛哭하다.

문루抆淚　눈물을 닦다.

## 다시 누각 위에서 조수를 보고 시를 지었는데, 동료 김군에게 주다

### 又樓上觀潮, 贈同寮金君

[予以公事往來數月. 나는 공사公事로 인하여 몇 개월 동안 왕래하였다.]

| | |
|---|---|
| 海潮勢壯何狂顚, | 바다의 조수潮水 기세 웅장하니 어찌 그리 격렬히 출렁이는가, |
| 組練千軍倍道爭相前. | 조련한 수천의 군사 먼 길을 서로 앞다투어 나가려는 듯하네. |
| 行人步步生塵處, | 지나는 사람 걸음마다 먼지 일어난 곳, |
| 須臾漫汗成河淵. | 순식간에 끝을 알 수 없는 연못이 되네. |
| 忽復卷去作平地, | 갑자기 다시 걷어 나가며 평평한 땅이 되니, |
| 却疑蒼海一旦變桑田. | 도리어 푸른 바다가 하루아침에 뽕나무밭으로 변한 것 같네. |
| 浦口我誇呑浩浩, | 포구浦口는 나에게 수많은 물 삼키는 것을 자랑하고, |
| 吐了更作坑難塡. | 토해내면 다시 웅덩이 만드니 메우기 어렵네. |
| 不獨水中變態如此耳, | 물속의 변화하는 모습 이와 같을 뿐만 아니라, |
| 天上日月猶虧全. | 하늘의 해와 달도 오히려 차고 기우네. |
| 物之盈縮固常理, | 일월日月의 변화는 본래 일반적인 이치가 있고, |
| 此是天數非玆偏. | 이것은 바로 천수天數이니 기준에서 벗어나지 않네. |
| 潮來復潮去, | 바닷물이 밀려왔다가 다시 나가니, |
| 來船去舶首尾銜相連. | 오가는 배의 머리와 꼬리가 서로 붙어서 이어졌네. |
| 朝發此樓底, | 아침에 이 누樓 밑을 출발하면, |
| 未午棹入南蠻天. | 한낮이 못 되어 배는 남만南蠻으로 들어가네. |

人言舟是水上驛, 사람들 배는 물 위의 역마驛馬라고 하고,
我導追風駿足較此猶遷延. 나는 추풍追風처럼 좋은 말도 배에 비하면 오히려 늦다고 하였네.
若使孤帆一似風中去, 한 척의 배가 바람을 속을 가는 듯하다면,
倏忽想到蓬萊仙. 별안간 봉래蓬萊의 선경仙境에 닿으리라 생각하네.
何況區區蠻觸界, 구구區區하게 만촉蠻觸의 경계를 다툴 필요 있겠는가,
假此木道何處不洄沿. 이 배를 빌린다면 어느 곳이나 오갈 수 있다네.

---

광전狂顚 격렬하게 출렁이는 모습을 말한다.

조련組練 끈으로 엮은 갑옷과 비단으로 엮은 갑옷을 말한다. 대체로 정예화된 군대 혹은 무장한 군사들의 모습을 가리킨다.

배도倍道 이틀 길을 하루에 걷는 것을 말한다.

만한漫汗 막연하여 끝을 알 수 없는 모습

권거卷去 걷어 가다.

호호浩浩 헤아릴 수 없이 물이 가득한 모습을 말한다.

휴전虧全 줄어들었다가 차는 변화의 모습을 말한다.

영축盈縮 해와 달의 운행이 빨라지기도 하고 느려지기도 하는 현상을 말한다. 사물의 현상이 주기적으로 새롭게 교대하는 현상을 말하기도 한다.

천수天數 계절의 변화와 같은 하늘의 일을 가리킨다.

추풍追風 잘 달리는 말의 이름을 가리킨다.

준족駿足 좋은 말을 가리킨다.

천연遷延 머물면서 앞으로 나아가지 못하는 모습을 말한다.

**구구區區** 국한局限하다.

**만촉蠻觸** 달팽이 왼쪽 뿔에 있는 촉觸이라는 나라와 오른쪽에 있는 만蠻이라는 나라가 영토 싸움으로 다투는 것을 말한다. 아무리 큰 나라라도 무한한 우주에서 볼 때는 하나의 점에 불과하다는 것으로 하찮은 다툼을 가리킨다.

**목도木道** 나무로 만든 뗏목으로 뱃길을 의미한다.

**회연洄沿** 물을 타고 거슬러 오르거나 내려가는 것을 말한다.

## 초겨울 강 위에서 짓다

初冬江上

| | |
|---|---|
| 黃蘆折脛垂, | 황로黃蘆는 줄기가 꺾인 채로 드리웠고, |
| 彩鴨揷頭睡. | 청둥오리는 고개 숙이고 잠을 자네. |
| 乾雪響漁蓑, | 마른 눈 어부의 도롱이에 내려앉고, |
| 灣口孤舟艤. | 나루터 배 한 척 정박해 있네. |
| 閑騎果下駒, | 작은 말 한가롭게 타고, |
| 獨往江邊寺. | 강변의 절을 혼자서 가네. |
| 海風忽吹沙, | 해풍海風은 갑자기 모래에 불고, |
| 淅淅衝面起. | 바람에 날려 얼굴에 부딪치네. |
| 水國天早寒, | 수국水國은 일찍 추워지고, |
| 初冬已裂耳. | 초겨울인데도 벌써 귀가 찢길 듯하네. |
| 往來不須嗔, | 오가면서 화낼 필요 없으니, |
| 官事安可避. | 관사官事를 어찌 피할 수 있겠는가. |

---

**황로黃蘆** 말라서 누렇게 변한 갈대를 말한다.

**채압彩鴨** 채색 오리, 즉 청둥오리를 가리킨다.

**건설乾雪** 음력 섣달 그믐에 내리는 마른 눈을 말한다. 잘 녹지 않는다고 한다.

**과하후果下駒** 과일나무 밑을 지나갈 수 있을 정도의 작은 말을 가리킨다.

절절淅淅　　바람 소리 혹은 바람이 불어서 사물에 부딪히는 소리를 나타낸다.

수국水國　　강이나 호수가 많은 지역을 말한다.

관사官事　　관청에서 하는 일 혹은 공적인 일을 말한다.

## 승제 최정빈에게 드리다

呈崔承制正份

| | |
|---|---|
| 十分宣勸豈敢辭, | 특별히 임금께서 술을 권하니 어찌 사양하겠는가, |
| 量淺杯深未易支. | 주량은 작고 잔은 깊으니 버티기 쉽지 않았네. |
| 宴席醉欹元不省, | 잔치 자리 술 취해 기댄 것도 애초에 알지 못하였고, |
| 危階扶下亦何知. | 높은 계단 부축받아 내려온 것도 또한 어찌 알겠는가. |
| 不思法從英游貴, | 생각지 못한 법종法從에 영귀英貴한 사람들과 노닐었고, |
| 猶作狂奴舊日姿. | 여전히 광노狂奴한 옛날의 모습 그대로였네. |
| 夜半夢醒方闇記, | 한밤중 술에서 깨니 바로 어렴풋이 생각났고, |
| 朝來顔厚自難施. | 아침에 아무렇지 않은 얼굴로 스스로 생활하기 어려웠네. |
| 柏臺彈糾誠磨骨, | 백대柏臺에서 잘못을 따지니 참으로 뼈를 갈 듯 아프고, |
| 藥省論評甚剝肌. | 약성藥省에서 잘잘못을 가리니 살갗을 도려내듯 심하네. |
| 如此波瀾能免陷, | 이 같은 물의를 일으켰는데도 모함을 피할 수 있었던 것은, |
| 都緣喉舌善爲辭. | 모두 대신하여 잘 말해주었기 때문이네. |
| 仁風已簸枯灰熘, | 인풍仁風을 이미 흔드니 꺼진 재도 불이 왕성해지고, |
| 恩露還霑病樹滋. | 은혜를 다시 입으니 병든 나무도 소생하네. |
| 睇疾彌旬稽造謝, | 눈이 불편한 지 열흘이나 되어 감사 인사 늦었지만, |
| 恃親兼恃大人慈. | 친함을 믿고 또한 대인의 인자함을 믿네. |

선권宣勸　임금의 명으로 권하다.

취의醉欹　술에 취하여 기대다.

위계危階　높은 계단

법종法從　임금을 좌우에서 따르며 모시는 것을 말한다.

영귀英貴　재주가 뛰어나고 신분이 높은 것을 말한다.

광노狂奴　자유분방한 태도를 말한다. 광노고태狂奴故態라는 말이 있는데, "자유분방한 태도가 옛날 그대로다"라는 뜻이다. 거리낌 없이 자유로운 삶의 태도를 가리킨다.

암기闇記　어렴풋이 기억하다.

백대柏臺　어사대御史臺를 말하고, 잣나무를 주변에 많이 심었기 때문에 이름한 것이다.

탄규彈糾　잘못을 밝혀내고 따지다.

마골磨骨　뼈를 갈다. 매우 고통스러운 것을 말한다.

약성藥省　약藥은 작약芍藥을 말하고, 중서문하성을 가리킨다.

박기剝肌　살갗을 도려내다.

후설喉舌　대신 말하다.

인풍仁風　부채를 말한다.

은로恩露　조정에서 신하에게 베풀어 준 은혜를 말한다.

조사造謝　찾아가서 감사의 인사를 하다.

시친恃親　친함을 믿다.

## 대간 유경현이 동료들을 초대하여 술을 마셨고, 소장한 수정배를 꺼내고서는 나에게 시를 지어달라고 요청하였다

庾大諫敬玄邀飮同寮, 出所蓄水精杯, 請予賦之

[時予爲左諫議, 庾爲右. 당시에 나는 좌간의左諫議였고, 유경현은 우간의였다.]

| | |
|---|---|
| 庾公好客傾一時, | 유공庾公이 객客을 좋아하는 것이 당대의 제일이고, |
| 邀致郎官自鳳池. | 봉지鳳池로부터 맞이한 낭관郎官 도착하였네. |
| 初將小爵淺淺斟, | 처음은 작은 잔으로 조금씩 따랐고, |
| 半酣呼出水精巵. | 술에 반쯤 취하자 수정치水精巵 꺼내오라고 하네. |
| 中有鵝黃全透體, | 술잔 속 아황주鵝黃酒 담기니 투명한 모습 그대로이고, |
| 見之不似在杯底. | 술잔을 보니 잔 밑에 아무것도 없는 듯하네. |
| 炯如仙掌零露盈, | 선장仙掌에 떨어진 이슬 가득 찬 것처럼 반짝이고, |
| 淨若方諸明水貯. | 방제方諸에 맑은 물 가득한 것처럼 깨끗하네. |
| 又如溪上氷微拆, | 또한 계곡 위 얼음이 가늘게 벌어진 것 같고, |
| 漾漾波紋搖翠色. | 일렁이는 작은 물결 푸른 빛을 띠며 흔들리네. |
| 自疑在手易消融, | 스스로 손에서 쉽게 녹아서 사라지지 않을까 하여, |
| 提挈不敢留頃刻. | 잔을 집어 들고 잠시도 지체할 수 없네. |
| 我恐海若馮夷日千戲, | 나는 해약海若과 풍이馮夷 천일을 희롱하는 것인가 생각했고, |
| 水中幻怪眞駭矣. | 물속의 괴이怪異함으로 인하여 참으로 놀랐네. |
| 忽掬霜濤蹙作團, | 문득 상도霜濤를 움켜쥐고 둥글게 만드니, |
| 須臾凝成玉肌理. | 순간 엉기어 옥과 같이 희고 윤택한 무늬 되었네. |
| 狂風吹出落江沙, | 광풍狂風이 불어서 강의 모래사장에 떨어지니, |

一堆片雪委青莎. 한바탕 쌓인 조각 눈 청사青莎에 버려졌네.
海客一見袖而歸, 해객海客이 한 번 보고 손매에 넣고 돌아가서,
日謀備用宜如何. 날마다 어떻게 사용해야 좋을지 생각하였네.
碎作數珠眞可惜, 부수면 몇 개의 옥구슬이 되니 참으로 아깝고,
琢爲睡枕猶未適. 쪼면 잠자는 베개 되니 오히려 적당하지 않네.
千磨百鍊作爲杯, 천백 번 갈고 단련하여 술잔 만드니,
瑩滑尤堪酌香碧. 영활瑩滑하여 더욱 좋은 술 따르기 적당하네.
靈物那宜俗所蓄, 신령한 물건 속세에서 간직하는 것이 어찌 마땅하겠는가,
苟非其人秪自瀆. 진실로 감당할 사람이 아니면 다만 스스로 더럽힐 뿐이네.
六丁奪向君家餉, 육정六丁이 빼앗아 그대의 집으로 보내니,
除却君賢安所屬. 그대가 어질지 않았다면 어찌 소유했겠는가.
又恐洞天王府琉璃觴, 또한 아마도 동천洞天의 창고에 있던 유리잔일 것이니,
貯以千年不死之瓊漿. 천년 동안 죽지 않을 좋은 술 담는 것이네.
天欲令君壽與天地畢, 하늘이 그대를 장수시켜 천지와 함께 마치게 하려고,
勑遣仙娥來勸嘗. 선아仙娥를 내려보내서 술맛을 보게 권하는 것이네.
餘膏又及同舍翁, 남은 술 다시 동사同舍의 늙은이에게 이르게 하니,
欲共我輩顔還童. 우리 함께 얼굴이 다시 동안童顔이 되려고 하네.
王烈胡爲獨啜石中髓不與嵇康同, 왕렬王烈은 어찌하여 석수石髓를 혜강嵇康과 함께 마시지 않았던가,
公乎公乎善自保. 유공庾公이여 유공庾公이여 스스로 잘 보전하시게.
有酒常將此杯倒, 술이 있어서 항상 이 술잔을 기울이게 되면,
日月安能使我老. 세월이 어찌 우리를 늙게 할 수 있겠는가.

---

수정배水精杯 수정으로 만든 술잔이다.

경일시傾一時 한 시대를 기울일 정도로 뛰어나다.

호객好客 손님을 맞이하고 접대하는 것을 좋아하다.

낭관郞官 정5품 이하의 관리를 말한다.

봉지鳳池 봉황지鳳皇池를 가리킨다. 중국의 중서성中書省에 봉황지가 있었기 때문이며, 중서성의 또 다른 이름이다.

천천淺淺 물이 깊지 않은 모습 혹은 작은 양을 말한다.

수정치水精巵 수정배水精杯

반감半酣 술에 반쯤 취하다.

아황鵝黃 아황주鵝黃酒를 말하고, 좋은 술이다.

투체透體 투명한 술잔의 외형을 말한다.

선장仙掌 신선의 손바닥으로 승로반承露盤을 말한다. 한漢나라 무제武帝가 손바닥으로 받치고 있는 쟁반에 이슬을 받아서 마셨는데, 그것을 감로甘露라고 하였다.

방제方諸 달 아래에서 이슬을 받아서 물을 얻었던 기구를 말한다.

미탁微拆 미세하게 갈라지는 것을 말한다.

양양漾漾 물결이 출렁이는 모습을 말한다.

파문波紋 아주 작은 물결의 무늬를 말한다.

소융消融 녹아서 사라지다.

제설提挈 손으로 들다.

해약海若 바다의 신을 말한다.

풍이馮夷 강의 신 하백河伯을 말한다.

환괴幻怪 괴이怪異하다.

상도霜濤 눈처럼 흰 파도

옥기리玉肌理 옥과 같이 희고 윤택한 무늬

청사靑莎 푸른 잔디와 비슷한 풀의 한 종류이다.

영활瑩滑 밝고 투명하며 부드럽다.

향벽香碧 벽향碧香이다. 좋은 술 이름이다.

육정六丁 도교道敎의 신이다. 물건이나 사람을 갖다 놓거나 길흉을 알 수 있다고 한다.

제각除却 제외하다.

소속所屬 자신의 안에 두다.

동천洞天 도교道敎에서 신선이 사는 곳이다. 천하의 명승名勝을 말한다.

왕부王府 제왕帝王의 재화나 문서를 보관하는 창고를 말한다.

경장瓊漿 좋은 술을 비유한다.

선아仙娥 선녀를 말한다.

석중수石中髓 석수石髓를 말한다. 돌에서 나오는 진액으로 먹으면 신선이 된다고 한다. 진晉나라 왕렬王烈이 산속에 갔다가 바위가 벌어지면서 진액이 나왔는데, 집으로 가져와서 환약을 만들어 복용하여 장수했다고 한다. 이후에 왕렬이 혜강嵇康에게 건네주니 돌로 변하여 복용할 수 없었다고 한다.

## 자신을 꾸짖다

自責

[有所憤作. 분한 일이 있어서 짓다.]

| | |
|---|---|
| 三入諫垣無一語, | 세 번 간원諫垣 들어왔으나 한마디도 하지 않으니, |
| 得言舌在誰鉗錮. | 말하는 혀는 있는데 누가 있어서 못하도록 막았던가. |
| 泚毫草制十六祀, | 붓을 적셔 조서詔書를 작성한 지 16년, |
| 思涸心枯空自苦. | 생각과 마음은 메말라 헛되이 스스로 힘들어하네. |
| 青山有路不汝遮, | 청산青山에 길 있어서 너를 막지 못하는데, |
| 胡不歸休早爲所. | 어찌하여 일찍 자리를 정하여 돌아가 쉬지 않았는가. |
| 人或妄以台輔期, | 사람들 간혹 생각 없이 정승이 되리라 기대하지만, |
| 此特誑言愼勿取. | 이는 특별히 사람을 속이는 말이니 삼가 취하지 말라. |

---

간원諫垣 간관諫官이 있는 관청을 말한다.

겸고鉗錮 입을 다물게 하고, 말하지 못하도록 막다.

초제草制 초안을 작성하다.

귀휴歸休 관직에서 물러나 은거하다.

위소爲所 자리를 정하다.

대보台輔 재상의 자리를 말한다.

광언誑言 다른 사람을 속이는 말이다.

## 경인년 12월 21일, 위도로 유배 가다가 도중에 부안현에서 친구인 자복사 주지 종직상인의 방장에서 잠을 자고, 다음날 두 수의 시를 지어 보여주었다

庚寅十一月二十一日, 將流猬島, 路次扶寧郡, 寓宿故人資福寺堂頭宗誼上人方丈, 明日作詩二首示之

[時尙書左丞宋恂, 知御史臺事王猷等, 皆同流于各島. 당시에 상서좌승尙書左丞 송순宋恂과 지어사대사知御史臺事 왕유王猷 등 모두 각자 섬에 유배되었다.]

| | |
|---|---|
| 十年親對赭袍光, | 10년 동안 친히 임금님의 광명을 마주하다가, |
| 忽落蠻天萬里長. | 갑자기 만리萬里나 먼 남쪽으로 떨어지게 되었네. |
| 已信升沈都是夢, | 이미 승침升沈은 모두 한바탕 꿈이니, |
| 從今不復算行藏. | 지금부터 다시는 행장行藏을 고민하지 않겠네. |

| | |
|---|---|
| 驛人驅逼不容留, | 역참의 서리胥吏 길을 재촉하여 머무르는 것 용납하지 않으니, |
| 身是吾身未自由. | 몸은 내 몸이지만 자유롭지 못하네. |
| 管記昔年遊歷地, | 지난날 관기管記로 다니면서 둘러보던 곳인데, |
| 如今反作白頭囚. | 지금은 도리어 흰 머리의 죄수가 되었네. |

부령扶寧은 전주全州 관할 아래에 있는 고을인데, 나는 예전에 전주서기全州書記로 있었다.
[扶寧乃全州屬邑. 予曾爲全州書記]

---

경인년庚寅年 1230년(고종 17년), 공의 나이 63세.

위도猬島　　전라도 부안에 있는 섬

저포赭袍　　임금의 곤룡포를 말한다.

만천蠻天　　남쪽 지방을 말한다.

승침升沈　　세상의 좋은 일과 나쁜 일을 말한다.

행장行藏　　출사出仕와 은둔隱遁을 말한다. 『논어論語』·「술이편述而篇」에, "등용하면 도를 행하고, 버리면 은둔한다[用之則行, 捨之則藏]"라고 하였다.

구핍驅逼　　유배지로 가는 길을 계속해서 재촉하는 모습이다.

관기管記　　서기書記의 직책을 말한다. 이규보는 1200년 전주사록全州司錄 겸 서기書記로 근무하면서 부안현을 방문한 적이 있었다.

## 12월 보안현 진사 이한재의 집으로 옮겨서 묵게 되었는데, 향교의 제생이 술을 가지고 와서 위로해 주기에 감사하며, 자리에서 바로 짓다

十二月, 移寓保安縣李進士翰材家, 謝鄕校諸生携酒來慰, 坐上作

| | |
|---|---|
| 孤身一間屋, | 몸 하나에 한 칸집, |
| 方寸萬端愁. | 마음 한 구석 만 가지 근심이네. |
| 無人肯相顧, | 봐주는 사람 하나도 없고, |
| 園鹿以爲儔. | 동산의 사슴과 함께할 뿐이네. |
| 不意青衿生, | 뜻하지 않게 청금青衿의 유생들, |
| 憐我白首囚. | 나 같은 백수白首의 죄인을 가엾게 여기네. |
| 各挈一壺酒, | 각자 한 병의 술을 들고 오니, |
| 其酒旨且柔. | 그 술이 맛 좋고 잘 넘어가네. |
| 老儒飮量淺, | 늙은 선비는 주량이 얼마 되지 않으나, |
| 爲子覆瓊舟. | 그대들을 위해 술 그릇을 뒤집네. |
| 始知同門生, | 처음 동문同文의 유생을 알게 되었고, |
| 恩義亮綢繆. | 은혜와 의리 참으로 똘똘 뭉쳐있네. |
| 感之不可道, | 고마움을 다 말할 수 없으니, |
| 唯有涕如流. | 눈물만 계속 흘릴 뿐이네. |
| 百世庇弟子, | 긴 세월 제자弟子를 도와주시니, |
| 遙感吾師丘. | 아득히 우리 스승인 공자孔子께 감사드리네. |

방촌方寸 마음속 한구석을 말한다.

청금靑衿 학자 혹은 과거에 합격한 수재秀才가 입는 일상복을 말한다. 여기에서는 이한재李翰材와 제생諸生을 가리킨다.

설挈 손에 들다.

경주瓊舟 술 그릇을 말한다.

* 술 그릇을 뒤집다. 술을 다 마신 것을 말한다.

동문생同門生 같은 스승을 모시고 공부하는 사람을 가리킨다.

은의恩義 은혜와 의리를 말한다.

주무綢繆 똘똘 뭉쳐져 있는 모습을 말한다.

체류涕流 눈물을 길게 흘리는 것을 말한다.

백세百世 오랜 세월, 대대손손

## 고부태수가 천침과 좋은 술, 그리고 살아있는 꿩과 시를 보내준 것에 감사하며 차운하다(2수)

次韻謝古阜大守送薦枕及美酒生雉兼詩(二首)

| | |
|---|---|
| 飲腸雖愧與君饒, | 주량酒量이 비록 그대와 함께 넉넉하게 하기에는 부끄럽지만, |
| 嗜酒仍貪束素腰. | 술은 즐기니 바로 가냘픈 허리를 찾는다네. |
| 獨有同年知我意, | 오직 동년同年이 내 뜻을 알 뿐이니, |
| 一壺兼送玉人嬌. | 한 병 술과 어여쁜 옥인玉人을 보냈네. |

| | |
|---|---|
| 雄州獵士氣豪饒, | 웅주雄州의 사냥꾼 호기豪氣 넘쳐나니, |
| 射落靑鶖箭脫腰. | 청추靑鶖를 허리의 화살로 쏘아 떨어트렸네. |
| 不待如皐能坐致, | 고택皐澤과 같은 곳에 가지 않아도 쉽게 얻을 수 있었으니, |
| 何須更挑笑顔嬌. | 다시 미인을 웃게 할 필요가 있겠는가. |

---

**고부古阜** 전북 정읍시 일원과 부안군 일부를 포함한 지역의 옛 이름이다.

**천침薦枕** 시침侍寢하는 기녀를 말한다.

**음장飮腸** 마실 수 있는 양

**속소束素** 한 다발의 비단을 말하고, 여성의 가는 허리를 비유한다.

**기주嗜酒** 술을 즐기다.

**동년同年** 같은 시기에 과거시험에 합격한 사람을 말한다.

옥인玉人　아름다운 여성을 말한다.

웅주雄州　함경북도 길주군吉州郡 지역에 있었던 고려 시대의 고을이다.

청추靑鞦　꿩 꼬리의 사이에 있는 청색 깃털을 말한다.

전요箭腰　허리의 화살

여고如皐　『춘추좌씨전春秋左氏傳』·「노소공魯昭公」 28년 기사에 다음과 같은 내용이 있다. 옛날 가국賈國의 대부는 얼굴이 못생겼는데, 아내는 미인이었다. 그 아내는 3년 동안 말도 하지 않고 웃지도 않았지만, 가대부가 그녀를 수레에 태우고 고택皐澤으로 가서 활로 꿩을 잡고 나서야 웃었다고 한다.

좌치坐致　손쉽게 얻다.

안교顔嬌　아름다운 얼굴을 말한다.

도소挑笑　웃게 만들다.

## 12월 26일 위도에 들어가려고 배를 띄우다[병서]

### 十二月二十六日, 將入猬島泛舟[幷序]

이날 섬에 들어가려고 하였는데, 보안현保安縣 제공諸公이 전송하는 술자리를 크게 열어 주었다. 나는 취해서 쓰러졌고, 배에 탄지도 모르고 있었다. 한밤중 물 한가운데 이르러서야 잠에서 깨어나 뱃사람들이 떠드는 말을 희미하게 들었는데, '배가 뒤집힌다, 배가 뒤집힌다'는 것이었다. 바로 놀라 일어나 술을 따르고 하늘에 기도하며, 크게 한바탕 곡哭을 하니 얼마 되지 않아서 풍랑은 잦아들어 바람이 돌고, 바람은 다시 매우 순조로웠다. 순간 갑군대甲君臺에 이르렀고, 섬과는 거리가 얼마 안 되는 곳이었다. 이로부터 뱃사공 등은 나를 지목하여 말하길, '이 늙은이는 하늘이 보살피고 보호하니 가볍게 볼 수 없다'고 하였다.

[是日將入島, 以保安諸公大設祖筵. 予醉倒, 不覺乘舟. 半夜至中流, 睡中微聞舟人喧言, '舟將覆舟將覆.' 卽驚起, 酌酒祈天, 因大哭一聲, 未幾, 浪息風回, 風又極順. 俄頃至甲君臺, 距島無幾里. 自此篙工等目予曰, '此翁天所扶護, 不可輕也.'云]

| | |
|---|---|
| 半夜舟人久困風, | 한밤중 뱃사람이 오랫동안 바람에 힘들어하여, |
| 醉中驚起訴天公. | 취중醉中에 놀라 일어나 하늘에 빌었네. |
| 靈胥有意今方驗, | 세찬 바람 뜻이 있음을 지금 막 겪었으니, |
| 退却孤臣一哭中. | 외로운 신하의 한바탕 곡소리로 물리쳤네. |

| | |
|---|---|
| 조연祖筵 | 전송하기 위하여 마련한 술자리를 말한다. |
| 취도醉倒 | 술 취하여 쓰러지다. |
| 아경俄頃 | 잠깐, 잠시 동안을 말한다. |
| 부호扶護 | 보살피고 보호하다. |
| 천공天公 | 하늘을 의인화하여 부르는 말이다. |
| 영서靈胥 | 춘추春秋시대 오자서伍子胥를 말하고, 죽은 이후에 도신濤神이 되었다. 세찬 파도를 비유한다. |
| 퇴각退却 | 물리치다. |

## 신묘년 정월 9일의 꿈을 기록하다

辛卯正月九日記夢

| | |
|---|---|
| 耿介人必非, | 정직하고 아첨하지 않으면 사람들이 반드시 비난하고, |
| 剛正世皆斥. | 강직하고 바르면 세상이 모두 배척하네. |
| 凡事貴依違, | 일이라는 것은 머뭇거리는 것을 귀하게 여기니, |
| 不欲大明白. | 아주 명백明白하게 하지 않으려 하였네. |
| 我早銘斯言, | 나는 일찍 이 말을 새겼으나, |
| 性方不自克. | 성품이 모가 나서 스스로 극복하지 못했네. |
| 果然蹈危機, | 결과적으로는 위험한 상황을 맞았으니, |
| 受此萬里謫. | 여기 만리萬里나 떨어진 곳에 유배流配를 당했네. |
| 伊昔弔屈賈, | 이전에 굴원屈原과 가의賈誼를 조상弔喪하면서, |
| 兼責彼方直. | 아울러 그 방직方直을 지적하였었네. |
| 今夜夢二子, | 오늘 밤 두 사람의 꿈을 꾸었고, |
| 來理前所責. | 꿈에 나타나 앞서 지적한 것을 따졌네. |
| 寧獨我輩歟, | 어찌 유독 우리뿐인가, |
| 方直汝尤劇. | 방직方直에 있어서는 네가 더 심하네. |
| 我輩負所蓄, | 우리는 쌓은 지식을 내세우며, |
| 陳義圖經國. | 진의陳義로 나라를 다스리려고 생각했네. |
| 時君不能用, | 당시의 군주가 쓸 수 없었기에, |
| 所以爲逐客. | 쫓겨난 신세가 된 것이네. |
| 而子抗何辭, | 그대는 무슨 말로 저지하다가, |

| | |
|---|---|
| 乃落大困阨. | 바로 큰 곤액困阨에 빠졌는가. |
| 爾所責於吾, | 그대가 우리를 지적하는 것은, |
| 反爲子所得. | 도리어 그대가 얻는 것이 되었네. |
| 忍飢坐窮鄕, | 배고픔을 참고 외진 시골에 앉아서, |
| 魚鼈同窟宅. | 어별魚鼈과 같은 공간에 있네. |
| 勿復責我爲, | 다시는 내가 한 일에 대해서 지적하지 말고, |
| 改轍思爾適. | 전철을 밟지 말고 그대에게 꼭 맞는 생각을 해야 하네. |
| 我慙未遽答, | 나는 부끄러워 바로 답하지 못하고, |
| 咋指空大息. | 손가락 피 내어 맹세하고 헛되이 크게 한숨 짓네. |

---

| | |
|---|---|
| 신묘년辛卯年 | 1231년(고종 18년), 공의 나이 64세. |
| 경개耿介 | 정직하고 아첨하지 않다. |
| 강정剛正 | 강직하고 바르다. |
| 의위依違 | 주저하다. |
| 명백明白 | 변명하다. |
| 성방性方 | 성격이 모나다. |
| 이석伊昔 | 이전 |
| 굴가屈賈 | 굴원屈原과 가의賈誼를 말한다. |
| 방직方直 | 사람의 품성이 단정하고 정직하다. |
| 진의陳義 | 큰 뜻을 진술陳述하다. |
| 곤액困阨 | 곤궁하여 고통스럽다. 위험과 재난을 말한다. |
| 궁향窮鄕 | 황량하고 아득한 시골을 말한다. |

어별魚鼈　　물고기와 자라

굴택窟宅　　동물이 머무는 공간

개철改轍　　운행하는 수레의 길을 바꾸는 것이다.

색지咋指　　손가락을 깨물어 피를 내고 맹세하다.

## 4월 7일 다시 짓다

四月七日又吟

| | |
|---|---|
| 杌座無言又落暉, | 말없이 그루터기에 앉았으니 다시 하루가 가고, |
| 自驚腰帶漸寬圍. | 허리띠 점점 여유 생기는 것에 스스로 놀라네. |
| 猒聞林雀窺蛇噪, | 숲에서 참새가 뱀을 보고 지저귀는 소리 듣기 귀찮고, |
| 默見菁蟲化蝶飛. | 무 벌레 나비 되어 날아가는 것을 조용히 보네. |
| 度日唯應書咄咄, | 하루하루 지내며 오직 돌돌咄咄 글자만 쓸 뿐이고, |
| 向人終不道非非. | 사람들에게 끝내 잘못된 것을 잘못되었다 말하지 않네. |
| 此生已是知幾晩, | 이번 생에 이미 거의 늦었음을 알고 있으니, |
| 何悔青山不早歸. | 어찌 청산青山에 일찍 돌아가지 못함을 후회하겠는가. |

---

| | |
|---|---|
| 낙휘落暉 | 석양夕陽을 말한다. |
| 관위寬圍 | 둘레가 남는 것을 말한다. 허리띠의 여유가 남는 것을 말한다. |
| 염猒聞 | 듣고 싶지 않다. |
| 청충菁蟲 | 무 벌레 |
| 돌돌咄咄 | 탄식하는 소리로, 돌돌괴사咄咄怪事를 말한다. 진晉의 조정은 은호殷浩를 중용重用하였는데, 환온桓溫의 탄핵을 받고 관직에서 물러나게 되었다. 이후에 은호는 집에서 공중에 돌돌괴사咄咄怪事를 썼다고 한다. |

## 신묘년 7월, 개경에 돌아온 이후에 짓다

辛卯七月, 復京後有題

| | |
|---|---|
| 昔年慣踏洛京塵, | 옛날 일상적으로 개경의 먼지를 밟았었는데, |
| 今日重看特地新. | 오늘은 다시 보니 특별히 새롭네. |
| 若更牽連仍舊職, | 만약 다시 끌어주어 이에 옛 직책을 수행한다면, |
| 此身應似換他身. | 이 몸 아마도 다른 몸으로 바뀌는 것과 같겠네. |

---

**신묘년辛卯年** 1231년(고종 18년), 공의 나이 64세.

**견련牽連** 서로 연결하여 회복하는 것을 말한다.

**특지特地** 특별히

## 신묘년 9월, 호병을 막기 위하여 준비하고 있었기 때문에, 백의의 신분으로 보정문을 수비하면서 짓다

是年九月, 因備禦胡兵, 以白衣守保定門

| | |
|---|---|
| 白衣來作守門人, | 백의白衣로 와서 보정문 지키는 사람이 되었으니, |
| 不憚長城晝夜巡. | 장성長城을 밤낮으로 순찰하는 것도 꺼리지 않네. |
| 猶勝炎州嵐瘴地, | 다만 남쪽 고을의 덥고 습한 곳에서, |
| 折腰甘向海村民. | 허리 굽혀 바닷가 마을의 사람 대하는 것보다 낫네. |

---

**호병胡兵** 몽고군을 말한다. 1231년 9월 최우崔瑀는 몽고군의 공격에 대비하여 대책을 의논했다는 기록이 있고, 12월에는 몽고군이 개경까지 진군하였다.

**보정문保定門** 고려 도성의 동남쪽 문을 가리킨다.

**염주炎州** 남쪽의 넓은 지역을 말한다.

**남장嵐瘴** 산속의 덥고 습한 기운을 말한다.

## 임진년 4월, 판비서겸학사지제고를 제수받고, 희롱하여 짓다

壬辰四月, 拜判祕書兼學士知制誥, 戲作

| | |
|---|---|
| 莫言官未峻, | 관직이 높지 않다고 말하지 말라, |
| 飛上木天高. | 날아올라 목천木天의 높은 곳에 있네. |
| 其奈詞源涸, | 사원詞源이 말라도 어찌할 도리가 없으니, |
| 重提演誥毫. | 다시 연고演誥 하는 붓을 잡았네. |

---

임진년壬辰年 1232년(고종20년), 공의 나이 65세, 6월에 도읍을 옮김. 4월에 귀양에서 풀려나 정의대부正議大夫 판비서성사 보문각학사 경성부우첨사 지제고判祕書省事寶文閣學士慶成府右詹事知制誥에 제수되었다.

**판비서겸학사지제고判祕書兼學士知制誥** 연보에 있는 직책의 이름은 판비서성사 보문각학사 경성부우첨사 지제고判祕書省事寶文閣學士慶成府右詹事知制誥이다. 판비서성사判祕書省事는 정3품에 해당한다.

목천木天 비서성祕書省을 말한다. 중국에서는 비서각祕書閣이며, 그 건물이 가장 높고 커서 그렇게 불렀다고 한다.

사원詞源 큰 물줄기처럼 끊김 없이 나오는 문장을 말한다.

연고演誥 조서詔書의 초안을 잡다.

## 장혜왕후의 만사

莊惠王后挽詞

| | |
|---|---|
| 一星中極配, | 하나의 별이 북극성과 짝이 되었으니, |
| 四德後宮規. | 사덕四德은 후궁後宮의 모범이 되었네. |
| 金屋恩方洽, | 궁궐에 은택이 두루 미쳤고, |
| 瑤臺路莫追. | 요대瑤臺로 가는 길 따르지 못하네. |
| 雲蹤雖縹緲, | 운종雲蹤은 비록 아득하지만, |
| 蘭葉尙繁滋. | 난엽蘭葉은 오히려 번성하였네. |
| 萬世重泉下, | 만세萬世에 다시 저세상에서, |
| 行崇國母儀. | 국모國母 예의로 숭상하리라. |

원자元子가 태자太子가 되었다. [元子爲儲副]

---

**장혜왕후莊惠王后** 고종의 왕비 왕씨. 희종의 딸이며, 6월에 죽음

**중극中極** 북극성을 말하고, 황제를 가리킨다.

**사덕四德** 부녀자가 갖추어야 할 덕목을 가리킨다. 덕목은 부덕婦德, 부언婦言, 부용婦容, 부공婦功이다. 부덕婦德은 말을 잘 듣고 따르는 것이며, 부언婦言은 좋은 말투이며, 부용婦容은 고운 용모, 부공婦功은 바느질을 배워서 옷을 만드는 것이다.

**금옥金屋** 화려한 집으로 궁궐을 말한다.

| | |
|---|---|
| 요대瑤臺 | 신선이 사는 거처를 말한다. |
| 표묘縹緲 | 아득하다. |
| 운종雲蹤 | 우적운종雨蹟雲蹤, 남녀 간의 관계를 말한다. |
| 난엽蘭葉 | 난초 잎을 말한다. 지란芝蘭과 같은 우수한 자제를 말하는 것 같다. |
| 번자繁滋 | 번성하다. |
| 천하泉下 | 저세상을 말한다. |
| 행숭行崇 | 받들다. |
| 원자元子 | 적장자嫡長子를 말한다. |
| 저부儲副 | 태자太子를 말한다. |

## 대장경과 소재도량 음찬시를 응제하다

### 大藏經及消災道場音讚詩, 應制

[自正言至三品所製摠附. 정언正言부터 삼품三品에 이르기까지 지은 것을 모두 붙인 것이다.]

### 대장경大藏經 도량道場 음찬시音讚詩[大藏經道場音讚詩]

[1]

| | |
|---|---|
| 殘寇虛張菜色軍, | 잔혹한 도적 허세 부리지만 굶주리고 힘없는 군대이고, |
| 吾皇專倚玉毫尊. | 우리 황제 오로지 옥호玉毫의 존엄함에 의지하시네. |
| 若教梵唱如龍吼, | 범창梵唱을 용과 같이 큰소리 높여 울게 한다면, |
| 寧有胡兒不鹿奔. | 어찌 오랑캐가 사슴처럼 빠르게 도망가지 않겠는가. |
| 藏海微言融乳酪, | 대장경大藏經의 깊고 미묘한 말 유락乳酪과 같고, |
| 叢林深旨辨風幡. | 총림叢林의 깊은 뜻 풍번風幡과 같네. |
| 法筵未罷狼煙散, | 법연法筵이 끝나지 않았는데 봉화烽火가 흩어지니, |
| 萬戶安眠亦佛恩. | 만백성 편히 자는 것도 부처님의 은혜이네. |

[14]

| | |
|---|---|
| 形勝新開白玉京, | 형세가 뛰어난 곳에 백옥경白玉京이 새로 열리고, |
| 江山王氣擁明堂. | 강산江山의 왕기王氣 명당明堂을 에워싸네. |
| 更憑佛力金城固, | 다시 부처의 힘에 기대어 금성金城이 견고하니, |
| 寧畏胡雛鐵騎強. | 어찌 오랑캐의 강한 철기鐵騎를 두려워하겠는가. |
| 龍手捧來三藏寶, | 용수보살 삼장三藏의 보물을 들고 왔으며, |
| 祖心傳續百燈光. | 조사의 마음 수많은 등불로 계속 전하네. |
| 頑戎自却蒼生活, | 흉악한 오랑캐 알아서 물러나니 백성이 살아가고, |

都在吾皇一瓣香. 　　모두 우리 황제의 한결같은 노력 덕분이네.

이 한 수는 도읍을 옮긴 해에 지은 것이다. [此一首. 移都年所著]

## 소재도량消災道場 앞의 시와 같다[消災道場同前詩]

[2]

虜吻流涎已足懲, 　　군침 흘리는 오랑캐 이미 충분히 징벌하였는데,
乾文見謫又何徵. 　　하늘이 벌 내리는 것을 보니 또한 무슨 징조인가.
天心似水雖難測, 　　천심天心은 물과 같아서 비록 헤아리기 어렵지만,
佛力如山信可憑. 　　불력佛力은 산과 같아서 참으로 기댈만하네.
神呪光明增熾盛, 　　주문呪文은 빛처럼 밝아 더욱 성대하고,
胡兵氣勢旋摧崩. 　　오랑캐 군의 기세 도리어 빠르게 무너지네.
太平自古先多難, 　　태평太平은 예부터 많은 어려움 먼저 겪게 하니,
感變吾君道復興. 　　신명神明이 감응하여 우리 임금의 도道가 다시 흥할 것이리라.

[5]

沙羅密藏足威光, 　　부처의 말씀 위광威光이 넘치고,
一粒靈丹勝萬兵. 　　한 알의 영단靈丹으로 만 명의 군대를 이기네.
火焰像前宣梵呪, 　　불꽃처럼 선명한 불상 앞에 불법의 주문 펼치니,
金剛拳下服魔精. 　　금강여래의 주먹 아래에 마왕魔王을 굴복시키네.
高山共峙熏功就, 　　높은 산은 성취한 훈공熏功과 함께 우뚝 솟았고,
朗月同懸慧鑑明. 　　선명한 달은 밝은 혜감慧鑑과 함께 걸려 있네.
彈指未終災旋散, 　　손가락 한번 튕기기도 전에 재앙이 도리어 사라지고,
羶戎掃地立澄淸. 　　오랑캐 쓸어버리니 천하가 깨끗해졌네.

음찬시音讚詩　부처님의 덕을 찬미하는 시를 말한다. 『보한집』에, 매년 봄가을에 《대장경》을 전경轉經하고 소재도량消災道場을 열 때마다 모두 고원誥院의 사신詞臣에게 4운韻으로 된 부처의 공덕을 찬양하는 시를 짓도록 명하였다.

소재도량消災道場　국난이 있을 때, 이를 극복하기 위하여 만든 장소를 말한다.

채색菜色　굶주리고 힘없는 안색을 말한다.

허장虛張　실속 없이 허세를 부리다.

옥호玉毫　부처의 두 눈썹 사이에 있는 흰 털로, 불교에서는 부처 혹은 거대한 신력神力을 가리킨다.

용후龍吼　큰 소리로 소리 높여 울다.

범창梵唱　부처의 공덕을 찬미하는 불교의식에 쓰는 노래를 말한다.

장해藏海　큰 바다의 용궁에 소장한 보물을 말한다. 여기에서는 대장경大藏經을 말한다.

미언微言　깊고 미묘微妙한 말을 뜻한다.

유락乳酪　소나 양 등에서 짜낸 유즙乳汁을 말한다. 불교에서는 우유를 가공하는 과정으로 불교의 경지를 비유하기도 한다. 경문經文은 유乳를 말하고 락酪은 조복調伏을 가리킨다.

총림叢林　여러 승려가 모여서 공부하는 곳을 말한다.

풍번風幡　바람에 나부끼는 깃발을 말하는데, 바람과 깃발의 움직임은 보는 사람의 마음에 달려 있다는 것이다.

법연法筵　불법을 강의하는 자리를 말한다.

낭연狼煙　봉화烽火를 말하고, 전쟁을 비유한다.

형승形勝　지리적으로 뛰어나 방어하기에 쉽고 공격하기에 어려운 공간을 말한다.

백옥경白玉京 옥황상제가 산다고 하는 천상의 도읍을 말한다.

금성金城 수도의 성城을 말하고, 강화도를 가리킨다. 견고한 성城이라는 의미도 있다.

호추胡雛 오랑캐를 말한다.

철기鐵騎 철갑을 두른 군대의 말을 뜻하고, 정예精銳 기병騎兵을 가리킨다.

용수龍手 용수보살을 말한다. 인도의 고승 용수龍樹가 용궁龍宮에 들어가서 『화엄경華嚴經』을 가지고 왔다는 데서 온 말이다.

삼장三藏 불교의 경전은 경장經藏, 율장律藏, 논장論藏으로 구분하는데, 이를 삼장이라고 한다. 이 삼장을 통달한 승려를 삼장법사三藏法師라고 부른다.

조심祖心 조사祖師의 마음을 뜻한다. 조사祖師는 불교의 명맥을 이은 스님들을 말하고, 한편으로는 불교를 가리키기도 한다.

등광燈光 불법의 묘리를 깨닫는 것을 비유한다.

완융頑戎 흉악한 오랑캐를 말한다.

일판향一瓣香 화판花瓣 모양의 향香으로, 존경하는 어른을 존경하고 사모할 때 사용한다.

유연流涎 침을 흘리다.

건문乾文 천체의 현상으로 하늘의 무늬, 즉 천문天文을 가리킨다.

치성熾盛 불길이 왕성한 것을 말하고, 번창하고 번성한 것을 가리킨다.

신주神呪 스님이 액을 막기 위하여 외우는 주문을 말한다.

최붕摧崩 꺾이고 무너지다. 멸망하다.

감변感變 사람의 정성에 따라서 그에 대응한 신명神明의 변화를 말한다.

사라沙羅 사라쌍수娑羅雙樹를 가리키는 것 같다. 석가모니가 사라수 숲에서 열반에 들 때, 중생들에게 이익을 주기 위하여 말을 전했다고 한다. 『동국이상국전집』18권의 주석에는 부처님의 위력을 뜻한다고 하였다.

| | |
|---|---|
| 밀장密藏 | 불교의 경전 |
| 영단靈丹 | 기사회생起死回生할 수 있는 좋은 약을 말한다. |
| 화염상火焰像 | 불꽃같이 강렬하고 선명한 불상佛像 |
| 범주梵呪 | 총지總持를 가리킨다. 선善을 굳게 지키고 악惡을 멀리한다는 말이다. 주문呪文을 가리키기도 한다. |
| 금강권金剛拳 | 금강여래金剛如來의 주먹을 말한다. 엄지손가락을 손바닥에 넣고 네 손가락을 꽉 쥐어 주먹 모양을 만들며, 견고하다. |
| 마정魔精 | 일체의 심신心身을 어지럽게 하여 수행을 방해하는 마왕魔王을 가리킨다. |
| 훈공熏功 | 불가佛家의 용어로 훈습熏習과 같다. 《대승기신론大乘起信論》에, "훈습熏習이란 뜻은 이를테면 세간의 의복이 실상 향기와 아무런 관계가 없는데, 만약 사람이 향으로써 쬐면 향내가 나는 것과 같다"라고 하였다. |
| 혜감慧鑑 | 지혜의 거울 |
| 탄지彈指 | 손가락을 한번 튕겨서 나는 소리로, 불교에서는 짧은 시간을 의미한다. |
| 전융氈戎 | 오랑캐를 말한다. |
| 소지掃地 | 땅바닥을 쓸다. 모두 없애버리는 것을 말한다. |

## 최상국께 올리다(2수)[병서]

### 上崔相國(二首)[幷序]

[今晉陽侯也. 지금 진양후晉陽候이다.]

나는 어제 진양후의 배려를 받아 양부兩府가 함께 모이는 화연華筵에 참석할 수 있었는데, 바로 반서정대斑犀鞓帶 한 벌을 내려받았다. 그것을 허리에 차라고 하시고, 직접 그것을 살펴보시니, 마르고 여윈 모습에 화려한 광채가 생기니, 참으로 분수에 넘치는 영광이었다. 또한 나는 오랫동안 있으면서, 별도의 월봉月捧을 나누어 주게 하셨으니, 죽음에 이를 지경의 목숨을 구해주셨다. 물러 나와 후하게 돌봐주신 것을 생각하니 고마운 마음을 이길 수 없어서 삼가 잘 짓지 못한 시 두 수로 조금이라도 받들어 감사하는 마음을 전한다.

[某昨蒙鈞慈許參兩府一會華筵, 仍賜斑犀鞓帶一腰. 令帶之. 親臨觀焉, 枯瘦之姿, 爛生光彩, 眞分外之榮也. 又僕在陳久矣, 兼令別頒月捧, 以救垂死之命. 退思厚眷, 不勝感荷, 謹成惡詩二首, 奉謝萬一云]

| | |
|---|---|
| 三公聯席預華筵, | 삼공三公과 자리를 나란히 하여 화연華筵에 참석하였고, |
| 更受文犀直萬錢. | 다시 문서文犀를 받으니 일만 냥의 가치이네. |
| 較日初生光更爛, | 해가 처음 떠오를 때 빛이 또한 찬란한 것과 같고, |
| 譬金方鍊色逾鮮. | 금을 막 정련하여 모습이 더욱 선명한 듯하네. |
| 初疑蟹脚徘徊去, | 처음에는 서성이면서 가는 게의 다리처럼 보였고, |
| 還認龜跟躑躅旋. | 또한 머뭇거리면서 도는 거북이의 발인 줄 알았네. |
| 但恐微官輕帶著, | 다만 미관微官으로 가볍게 정대鞓帶 찼다고 하여, |
| 却招外謗忽喧傳. | 도리어 갑자기 시끄럽게 전해져 비방 받을까 두렵네. |
| 榮生里巷朝爭賀, | 영광스러운 일로 마을에서는 아침부터 다투어 축하하고, |

誇向妻兒夜未眠. 처자식에게 자랑하느라 밤잠도 설쳤네.
一觴千年如祝壽, 한 잔 술로 천년의 장수를 기원한다면,
凡於十觴十千年. 열 잔이니 만 년을 누리리라.

정대鞓帶를 준 것에 감사한 것이다. [右謝帶]

官爲三品許多人, 관직이 삼품三品인 사람들이 많지만,
世上寒窮獨此身. 세상에 지체 낮은 출신은 오직 나 하나뿐이네.
餓僕長嚬慵作屋, 배고픈 종은 얼굴 찡그리며 집 짓는 일 게을리하고,

처음 도읍을 옮기고, 모두 집을 지었는데, 나는 아직 못하였다. [初移都, 皆作屋, 予未爾]

羸蹄忽斃絶供薪. 야윈 말 갑자기 쓰러져 땔감도 구하지 못하였네.
一家罷釀甁無酒, 온 집안 술도 빚지 못하여 병에는 술도 없고,
數日停炊甑有塵. 며칠 동안 밥 짓지 못하여 시루에는 먼지뿐이네.
豈意鈞階垂眷顧, 상국께서 돌봐주실 줄 어찌 생각했겠는가,
別頒月俸慰飢貧. 별도로 봉급을 내려주시어 굶주림과 가난함을 위로받았네.
舂珠狼籍來相積, 절구질한 쌀알 이리저리 흩어져 쌓이고,
感淚滂沱拭更新. 고마움에 눈물 닦아도 계속 줄줄 흐르네.
一斛千春如祝壽, 한 섬의 쌀로 천년의 장수를 기원한다면,
凡於十斛十千春. 열 섬이니 만 년을 누리리라.

녹봉을 준 것에 감사한 것이다. [右謝祿]

---

**균자鈞慈** 제왕帝王 혹은 장관長官에 대한 경칭敬稱으로, 인후仁厚하고 자애慈愛로

| | |
|---|---|
| | 운 것을 말한다. |
| 양부兩府 | 중서문하성中書門下省과 추밀원樞密院을 말한다. |
| 화연華筵 | 풍성한 연회의 자리를 말한다. |
| 반서정대斑犀鞓帶 | 흰 반점의 코뿔소 뿔로 만든 공복公服 위에 두르는 띠를 말한다. |
| 일요一腰 | 한 가닥 |
| 친림관언親臨觀焉 | 직접 와서 그것을 살피다. |
| 고수枯瘦 | 마르고 여윈 모습을 말한다. |
| 분외分外 | 분수 밖의 혹은 분수를 넘어서다. 특별하다. |
| 월봉月捧 | 월봉月俸이다. 관리가 달마다 받는 급여를 말한다. |
| 수사垂死 | 죽음에 가까워지다. |
| 후권厚眷 | 사랑하고 존중하다. 신임하다. |
| 감하感荷 | 감사感謝 |
| 삼공三公 | 삼정승을 말한다. |
| 연석聯席 | 나란히 앉다. 함께하다. |
| 문서文犀 | 무늬가 있는 코뿔소의 뿔을 말한다. |
| 해각蟹脚 | 게의 다리 |
| 귀근龜跟 | 거북이의 발굽 |
| 척촉躑躅 | 머뭇거리다. |
| 훤전喧傳 | 떠들썩하게 전해지다. |
| 이항里巷 | 길거리 |
| 영생榮生 | 영광스러운 일이 생겨난 것을 말한다. |
| 일곡一斛 | 한 섬의 쌀을 말한다. |
| 한궁寒窮 | 가난하고 지체가 낮은 출신의 사람을 말한다. |
| 장빈長嚬 | 계속 얼굴을 찡그리다. |

| | |
|---|---|
| 이제羸蹄 | 파리한 모습의 말을 가리킨다. |
| 공신供薪 | 땔감을 공급하다. |
| 균계鈞階 | 정승의 지위를 말한다. |
| 낭자狼籍 | 어지럽게 이리저리 흩어지다. |
| 방타滂沱 | 흘러넘치다. |

## 시랑 이백전이 꿈에서 내가 정승을 제수받았다고 하면서, 와서 축하해 주기에 시를 가지고 그것을 거절하다

李侍郎百全, 以夢中見子拜相, 來說且賀, 以詩拒之

| | |
|---|---|
| 相位高於天, | 재상의 자리 하늘보다 높고, |
| 平生得到難. | 평생 도달하기 어렵네. |
| 君如欲我到, | 그대가 만일 내가 이르게 하고자 한다면, |
| 先與九轉丹. | 먼저 구전단九轉丹 주길 바라네. |
| 不然此凡骨, | 그렇지 않다면 이처럼 평범한 사람이, |
| 安得插羽翰. | 어찌 꿩의 깃털을 사모紗帽에 꼽겠는가. |
| 予亦自知明, | 나 또한 스스로 명확히 알고 있으니, |
| 本非意所干. | 본래 하고자 하는 뜻이 없었네. |
| 世之所謂賢, | 세상에 현명하다고 하는 사람이, |
| 未必皆宰官. | 모두 재상이 되지는 못하네. |
| 但論才何似, | 다만 재주가 어떠한지를 이야기할 뿐, |
| 不係朝廷班. | 조정의 반열班列과는 관계가 없네. |
| 我若便未相, | 내가 만약 문득 재상이 못 된다면, |
| 問子何如觀. | 물으니 그대를 어떻게 보겠는가. |
| 不將犬馬視, | 개와 말로 보지 못한다면, |
| 應以草芥看. | 아마도 초개草芥와 같이 보게 될 것이네. |
| 何況夢中事, | 게다가 꿈속의 일로, |
| 此賀乃欺謾. | 이렇게 축하하여 바로 거짓말로 속이는 데 있어서랴. |

구전단九轉丹 도가道家에서 아홉 번 제련製鍊해서 만드는 선약仙藥을 말한다.

우한羽翰 꿩의 깃털을 말한다. 고려시대 재상은 사모 위에 꿩의 깃털을 꼽았다.

초개草芥 하찮게 보다.

기만欺謾 거짓말로 속이다.

## 계사년 8월 18일 처음 추밀원에서 숙직하면서 내성의 상국 김인경에게 부치다(4수)

癸巳八月十八日, 始直樞密院, 寄內省金相國仁鏡(四首)

| | |
|---|---|
| 紫樞眞與璧門連, | 자추紫樞는 본래 궁문宮門과 이어졌고, |
| 疑是無階直上天. | 계단 없이도 바로 하늘에 오를 듯하네. |
| 此去黃扉猶隔礙, | 이곳에서 황비黃扉 가려고 하나 가로막혔으니, |
| 院胥休作宰臣傳. | 원서院胥를 재상이라 전하지 말길 바라네. |

출입하는 원리院吏를 재신宰臣이라 불렀다. [出入院吏呼宰臣]

| | |
|---|---|
| 鞓帶霜髯尙舊形, | 정대鞓帶와 흰 수염은 여전 옛 모습 그대로인데, |
| 忽忘新占大官名. | 문득 대관大官의 이름으로 새로이 자리한 것을 몰랐네. |
| 欲知此日非前日, | 오늘이 어제가 아님을 알고자 한다면, |
| 兩箇黃鶯引導行. | 두 명의 황앵黃鶯이 인도하여 가네. |

| | |
|---|---|
| 公入鴻樞我到遲, | 공께서 홍추鴻樞 들어왔지만 나는 늦게 이르렀고, |
| 我來公已向龍池. | 내가 왔을 때 공은 이미 용지龍池로 갔었네. |
| 駑駘逐驥眞堪笑, | 둔한 말이 좋은 말 좇으려 하니 참으로 웃을 만한데, |
| 十駕猶難附尾馳. | 열 번을 달린다 해도 말꼬리에 붙는 일조차 어렵네. |

| | |
|---|---|
| 拾遺當日得同榮, | 예전 습유拾遺로 함께하여 영광이었는데, |

옛날 함께 정언正言으로 있었다. [昔同爲正言]

| | |
|---|---|
| 及到鈞階莫趁行. | 재상의 자리에 이르렀으니 따라갈 수 없네. |

同甲猶爲雌戊子, 같은 나이인 무자년戊子年생인데도 앞서지 못했는데,
應緣一月後公生. 아마도 공公보다 한 달 늦게 태어났기 때문인 듯하네.

---

계사년癸巳年 1233년(고종 20년), 공의 나이 66세.

자추紫樞 조정의 중요한 부문을 말하고, 여기에서는 추밀원樞密院을 가리킨다.

벽문璧門 궁문宮門을 말한다.

황비黃扉 재상을 말한다. 재상집의 문을 황색으로 칠하였다고 한다.

격애隔礙 가로막혀 있는 상태를 말한다.

원서院胥 추밀원의 재상보다 낮은 관리를 말한다.

정대鞓帶 관복에 두르는 띠를 말한다.

대관大官 지위가 높은 관리를 말한다. 여기에서는 재상인 김인경을 가리킨다.

황앵黃鶯 왕인유王仁裕의 『개원천보유사開元天寶遺事』에서, 궁궐에서 우는 꾀꼬리를 금의공자金衣公子라고 하였다.

홍추鴻樞 중앙의 높은 지위에 있는 사람을 가리킨다. 여기에서는 추밀원을 말한다.

용지龍池 봉지鳳池를 말하고, 중서성(중서문하성)을 가리킨다.

노태駑駘 둔한 말을 가리키고, 재주가 별로 없는 사람을 비유한다.

십가十駕 노마십가駑馬十駕를 가리킨다, 좋은 말이 하루에 천 리를 간다면 노둔한 말은 열흘을 달려야 그 거리를 따라잡을 수 있다는 말이다.

습유拾遺 중서문하성의 직책. 간관직諫官職이며, 1161년으로 정언正言으로 고쳤음

진행趁行 뒤쫓아 가다.

무자戊子 이규보가 태어난 1168년 무자년戊子年을 가리킨다.

## 갑오년 정월 모일 밤, 내성에서 숙직하면서 지었다가 다음날, 상국 김인경에게 삼가 드리다.

甲午正月日夜, 直內省有作, 明日, 呈金相國仁鏡

[癸巳十二月入省, 至甲午正月入直. 계사년癸巳年 12월에 내성에 들어갔다가 갑오년甲午年 1월까지 숙직하였다.]

| | |
|---|---|
| 靑雲有分晚飛榮, | 벼슬길 구분이 있어서 늦었지만 빠르게 출세하였고, |
| 得意長驅路坦平. | 뜻을 얻고 계속 나아가니 길이 평탄하였네. |
| 舊恨書生多薄命, | 옛날 서생으로서 자주 운명이 좋지 않음을 한스러워했는데, |
| 如今不復舊書生. | 지금은 그 옛날의 서생이 다시 없다네. |

| | |
|---|---|
| 才入中樞席未温, | 중추中樞에 들어간 지 겨우 얼마 되지 않았는데, |
| 旋登西省勢彌尊. | 도리어 서성西省에서 기세가 더욱 높네. |
| 憑君莫詑先飛到, | 그대여 먼저 빨리 도달했다고 자랑하지 말게, |
| 短翮追來路亦存. | 짧은 날개로도 따라갈 길 또한 있을 것이네. |

---

갑오년甲午年 1234년(고종 21년), 공의 나이 67세.

청운靑雲 벼슬길을 말하고, 조정에 나아가 벼슬을 하여 귀한 신분에 오르는 것을 가리킨다.

비영飛榮 빠르게 출세하다.

장구長驅 계속하여 앞으로 나아가다.

서성西省 중서성中書省의 다른 이름이며, 고려에서는 중서문하성中書門下省을 가리킨다.

중추中樞 중추원中樞院

## 황려현 현령 유향로가 보내준 시를 보고 차운하다

次韻黃驪縣宰柳鄕老見寄

| | |
|---|---|
| 政聲飛到迅風翎, | 정성政聲은 새의 날갯짓보다 빠르게 도달하고, |
| 飽聽甘棠聽訟明. | 선정善政의 명성 실컷 듣고 송사訟事도 분명하다고 하네. |
| 不擉頑民湔舊染, | 고집 센 백성 나쁜 습관을 없애고, |
| 更教貪吏解狂酲. | 또한 나쁜 관리의 그릇된 모습을 해소하고 바로잡네. |
| 予生小邑雖懷恥, | 나는 작은 고을에서 태어나 비록 부끄럽게 여겼지만, |

황려黃驪는 바로 내가 태어난 고을이다. [黃驪乃吾邑]

| | |
|---|---|
| 幸遇賢官細說情. | 다행히 어진 관리를 만나 자세한 생각을 이야기하네. |
| 寬猛得中庸有害, | 관대함과 엄격함이 적당하면 어찌 해가 있겠는가, |
| 臨行此語請深銘. | 가는 길에 이 한마디 깊이 새겨두길 바라네. |

나는 전별하는 자리에서, 이것을 언급하였다. [予餞行次, 以此言及之]

---

**정성政聲** 관리가 정사를 펼치면서 알려지는 명성을 말한다.

**풍령風翎** 새의 날개를 가리킨다.

**감당甘棠** 주나라 소공昭公이 순행巡行하면서 선정善政을 펼쳤는데, 팥배나무 밑에서 쉬고 간 적이 있었다. 사람들은 그가 쉬어갔던 팥배나무를 소중히 여겼다고 한다. 백성들에게 좋은 정사를 펼치는 것을 말한다.

**송명訟明** 백성들의 다툼에 대하여 심리審理하다.

완민頑民　어리석고 고집이 센 백성을 말한다.

구염舊染　오랜 시간 동안 지속하고 있는 잘못된 습관을 말한다.

해성解醒　그릇된 것을 해소하거나 바로잡다.

관맹寬猛　관대함과 엄격함

득중得中　적당함

행차行次　길을 떠나는 사람들이 잠시 머무는 공간을 말한다.

## 바다를 바라보면서 천도를 회상하며 축하하다

望海因追慶遷都

| | |
|---|---|
| 遷都自古上天難, | 수도를 옮기는 일 예부터 하늘에 오르기보다 어려운데, |
| 一旦移來似轉丸. | 하루아침에 옮기니 구슬 굴리기만큼 쉽네. |
| 不是清河謀大早, | 청하淸河께서 크게 일찍 생각하지 않았다면, |
| 三韓曾已化胡蠻. | 삼한三韓은 이미 오랑캐의 땅으로 변했으리라. |
| | |
| 百雉金城一帶河, | 견고한 강화도 한 줄기 강을 끼고 있으니, |
| 較量功力孰爲多. | 공들이고 애쓴 것을 비교하면 누가 더 많은가. |
| 萬千胡騎如飛鳥, | 천만千萬의 오랑캐 기병이 새처럼 난다고 해도, |
| 咫尺蒼波略未過. | 가까운 거리의 푸른 물결 결코 지나지 못하리라. |
| | |
| 表裏江山坐萬家, | 강산江山의 안과 밖에 수만 가구 자리하였고, |
| 舊京形勝復何加. | 개경의 뛰어난 형세 다시 어찌 더하겠는가. |
| 已知河勝金城固, | 이미 강물이 금성金城보다 견고함을 안다면, |
| 且更諳他德勝河. | 다시 그 덕德이 강물보다 뛰어남도 기억해야 하네. |

---

**전환轉丸** 둥근 구슬을 굴리다. 손쉬운 것을 말한다.

**청하淸河** 최씨崔氏의 본향으로, 여기에서는 최우崔瑀를 가리킨다.

백치百雉 치雉는 성곽의 면적을 세는 단위이다. 성곽이 견고한 것을 말한다.

금성金城 수도의 성城을 말하고, 강화도를 가리킨다. 견고한 성城이라는 의미도 있다.

교량較量 비교하다.

## 병신년 10월 모일에, 사직 상소를 올려 퇴직하길 청하였으나, 상께서 안에서 사직 상소를 보류하시고, 내시 김영초를 보내시어, 간곡히 타이르며 다시 기용하신다고 하시기에, 오늘 중국 사신을 보낸 뒤에 시를 짓다

丙申十月日, 上表乞退, 上留表於內, 遣內侍金永貂, 曲諭復起, 是日送天使後有作

| | |
|---|---|
| 中使傳宣入草堂, | 중사中使가 황제의 조서를 가지고 초당에 들어와서, |
| 鞠躬如對赭袍光. | 황제를 직접 마주하듯이 신하의 예를 표하였네. |
| 雖然朽質霑春露, | 비록 부족한 내가 봄 이슬 적셨으나, |
| 其奈殘生迫夕陽. | 남은 생애 얼마 남지 않음은 어찌할 도리가 없네. |
| 身似雲輕宜可卷, | 몸은 구름처럼 가벼워 마땅히 거둘 수 있고, |
| 語從天隨若爲量. | 말은 하늘을 따라야 하니 어찌해야 하는가. |
| 聖朝求舊眞如此, | 황제께서 옛 사람 바라는 일 참으로 이와 같으니, |
| 拜命憧惶泣數行. | 명을 받고 어찌할 줄 몰라 두 줄기 눈물 흐르네. |

---

병신년丙申年　1236년(고종 23년), 공의 나이 69세.

곡유曲諭　자세히 알아듣도록 타이르다.

복기復起　다시 기용하는 것을 말한다.

중사中使　궁중에서 파견한 사자를 말한다.

전선傳宣　조서詔書를 전하여 알려 주다.

국궁鞠躬　몸을 굽혀서 절하는 것을 말한다.

저포赭袍　임금의 곤룡포를 말한다.

후질朽質　약하고 좋지 않은 자질을 말한다. 겸사로 사용한다.

성조聖朝　황제를 말한다.

구구求舊　사람을 기용할 때, 노련한 옛 신하를 찾는다는 말이다.

동황憧惶　황공惶恐하여 어찌할 바 모르는 모습이다.

## 11월 모일에 내성에서 숙직하다 누워서 읊은 것이 나도 모르는 사이에 여러 수에 이르렀다

十一月日, 夜直內省, 臥吟不覺至累首

一抗囊封乞老骸, 상소문 한번 올려 노신老臣이 사직을 청하였는데,
反煩中使下天來. 도리어 중사中使를 번거롭게 하여 조정에서 내려왔었네.
人臣進退雖君命, 신하 된 사람으로 진퇴進退는 비록 군주의 명이 있어야 하지만,
慙愧身無可惜才. 스스로 부끄러우니 아낄만한 재주가 없어서네.

不唯君意勉留勤, 황제께서 남으라고 힘써 권해서가 아니라,
勢有難回豈具言. 상황이 돌아가기 어려우니 어찌 다 말하겠는가.
진양후晉陽侯도 또한 허락하지 않기 때문에, 다시 표를 올릴 수 없었다. [晉陽侯亦不許, 故不得再上表]
世上人人難戶曉, 세상 사람마다 모두 알게 하기 어려우니,
焉知不作夜行論. 야행론夜行論 짓지 않음을 어찌 알겠는가.

我昔嘗高勇退賢, 나는 예전에 용기 내어 물러난 이를 가장 현명하다고 여긴 적이 있었으니,
二疏圖上淚潸然. 침울하여 이소二疏가 그려진 그림 위에 눈물 흘리네.
一朝孤負平生志, 하루아침에 평생의 뜻 어긋나 버렸고,
舊涕方收愧汗連. 그동안의 눈물 거두니 진땀만 계속 흐르네.

| | |
|---|---|
| 正合投簪退野廬, | 벼슬에서 물러나 전원으로 돌아가는 것이 맞지만, |
| 俯慙腰下尙懸魚. | 아래를 보니 허리에 여전히 어대魚袋를 차고 있어 부끄럽네. |
| 此身一旦先朝露, | 이 몸 하루아침에 이슬보다 먼저 사라질 수 있으니, |
| 地下胡顔見二疏. | 저승에서 어찌 이소二疏의 얼굴을 볼 것인가. |

---

낭봉囊封 봉사封事를 말한다. 상소문을 올릴 때, 밀봉하여 올리는 것을 가리킨다. 여기에서는 사직 상소문을 말한다.

걸해乞骸 관리가 스스로 퇴직을 청하는 것이다. 자신의 유골이 고향에 묻히기를 바라는 마음을 반영한 것이다.

중사中使 궁중에서 파견한 사자를 말한다.

호효戶曉 사람들이 모두 알게 하는 것을 말한다.

야행론夜行論 위魏나라의 전예田豫는 재상에 임명되었으나 나이와 병을 이유로 들고 사양하였다. 그는 70의 나이에 벼슬자리를 지키는 것은 통행금지 시간에 길을 가는 것과 같고, 죄인이라고 하였다.

용퇴勇退 용기 내어 은퇴하다.

이소二疏 소광疏廣과 소수疏受를 말한다. 벼슬을 버리고 고향으로 가서 임금이 하사한 전답으로 생활하지 않고 주변 사람들을 불러 잔치를 열었다.

잠연潛然 침울하고 슬픈 모습을 말한다.

고부孤負 어긋나다.

투잠投簪 비녀를 던지는 것으로, 벼슬에서 물러나는 것을 말한다.

현어懸魚 어대魚袋를 말하고, 5품 이상의 관리들이 허리에 찬다.

조로朝露 시간의 짧음을 말하기도 하고, 죽음을 의미하기도 한다.

## 몽고군이 강남으로 들어갔다는 소식을 듣고 짓다

聞達旦入江南

| | |
|---|---|
| 北俗不習南, | 북쪽의 풍속이 남쪽에 익숙하지 못하니, |
| 胡爲入炎洲. | 어찌하여 남쪽으로 들어왔는지. |
| 忍令萬民食, | 차마 만백성을 먹이 삼게 하여, |
| 肥澤一邦讎. | 한 나라의 원수를 살찌고 윤이 나게 하겠는가. |
| 嬰城雖首策, | 성을 에워싸는 것이 비록 우선 책이지만, |
| 淸野亦良籌. | 청야淸野 또한 좋은 방법이네. |
| 安得天上劒, | 어찌하면 천상검天上劒으로, |
| 一時墮胡頭. | 한 번에 몽고군의 머리를 떨어뜨릴까. |
| 盡隨白刃落, | 모두 예리한 칼로 떨어트려, |
| 跳轉如圓毬. | 둥근 공처럼 뛰고 굴러다니게 할 것인가. |
| 不然大海水, | 그렇지 않다면 큰 바닷물을, |
| 傾注使漂流. | 기울여 부어 물살에 둥둥 떠다니게 해야 하네. |
| 化爲魚與鼈, | 고기와 자라로 변화시켜서, |
| 作膾我民喉. | 회로 만들어 우리 백성들 목으로 넘겨야 하네. |
| 此言亦迂闊, | 이 말 또한 터무니없는 것이니, |
| 天意非人謀. | 하늘의 뜻이지 사람이 계획한 것은 아니네. |
| 但願皇上帝, | 다만 하늘의 상제上帝께 바라는 것은, |
| 悔禍無盡劉. | 잘못을 뉘우친다면 모두 죽이지 않는 것이네. |
| 嗚呼何更陳, | 아! 다시 무엇을 말하겠는가, |

流淚紛難收.　　　　　흐르는 눈물 많아 거두기 어렵네.

---

달단達旦　몽고를 말한다.

염주炎洲　남쪽의 무더운 지방을 말한다.

비택肥澤　살이 통통하게 오르고 윤택이 나는 것을 말한다.

간성嬰城　성을 에워싸서 지키다.

수책首策　가장 좋은 방법

청야淸野　적군이 이용하지 못하도록 백성·가축·식량 등을 다른 곳으로 옮기거나 없애버리는 것을 말한다.

양주良籌　좋은 계책 혹은 방법

백인白刃　예리하고 날카로운 칼

도전跳轉　뛰고 구르다.

표류漂流　물살에 둥둥 떠다니며 흘러가다.

우활迂闊　실제에 맞지 않아서 터무니없다.

황상제皇上帝　옥황상제玉皇上帝를 말한다.

회화悔禍　가해진 재앙을 제거하다.

## 진양후가 날마다 상번하는 문객들의 성을 모아서 운을 만들고, 문하의 시인들에게 겨울날의 모란[冬日牡丹]이라는 주제로 시를 지으라 명하여, 나 또한 한 수를 지어 바쳤고, 방운으로 스스로 압운하였다

晉陽侯集其日上番門客之姓爲韻, 命門下詩人輩賦冬日牡丹, 予亦和進一首, 傍韻自押

| | |
|---|---|
| 聞有名花誰所種, | 명화名花를 누가 심었는가 들은 적 있는지, |
| 白則豐山紫大宋. | 흰 꽃은 풍산豐山이고 자줏빛 꽃은 대송大宋이네. |

모란牡丹은 풍산백豐山白과 대송자大宋紫가 있다. [牡丹有豐山白大宋紫]

| | |
|---|---|
| 玉顏倩瘦微含笑, | 옥안玉顏은 이쁘고 가냘프게 엷은 미소를 머금으니, |
| 正似畏風皇后趙. | 바로 바람을 두려워하는 조비연趙飛燕과 같네. |
| 天然姿色不脂粉, | 타고난 그대로의 모습으로 꾸미지 않았으니, |
| 畵眉肯待張京尹. | 눈썹을 그리려 어찌 장경윤張京尹을 기다리는 것이겠는가. |
| 深藏勿遣寒氣奪, | 깊이 숨겨서 차가운 기운에 뺏기지 말게 하게, |
| 忍使西施冬衣葛. | 차마 서시西施에게 겨울의 갈옷을 입히겠는가. |
| 若到東風求爾敵, | 만약 동풍東風이 이르러 모란의 적수를 찾는다면, |
| 豈欠千花競紅白. | 무수한 꽃이 홍백紅白을 다투기에도 부족하지 않겠는가. |
| 反將松竹成三友, | 도리어 송죽松竹과 삼우三友를 이뤄도, |
| 羞向芳時殿楊柳. | 꽃이 필 때 양류楊柳보다 늦어 부끄러워하네. |
| 臘梅秋菊揞難比, | 한겨울 매화와 가을 국화를 모아도 견주기 어려운데, |
| 安數紛紛桃與李. | 어수선한 도리桃李를 어찌 생각하겠는가. |
| 公今手提造化妙, | 공은 지금 조물주의 묘한 재주를 손에 쥐고서, |
| 萬戶封侯食於邵. | 소邵 땅에 제후로서 만호萬戶의 식읍食邑을 거느리게 되었네. |
| 天令珍翫日見借, | 조물주가 진귀한 사물을 즐길 수 있도록 날마다 빌려주니, |
| 載以香車或寶馬. | 향거香車 혹은 보마寶馬에 실어다 주시네. |

| | |
|---|---|
| 冬月得花亦天付, | 겨울에 꽃을 얻음은 또한 하늘이 내려주신 것인데, |
| 人皆駭異無忝魯. | 사람들이 모두 놀란다면 어리석은 것이 아니겠는가. |
| 公若有命誰不聽, | 최공이 명을 내린다면 누가 듣지 않겠는가, |
| 美白曼姬來自鄭. | 얼굴이 희고 아름다운 여성이 정鄭나라에서 오네. |
| 花之自至眞可愛, | 꽃이 스스로 이르렀으니 참으로 아낄만하고, |
| 嫣然尙可迷下蔡. | 싱긋 웃으니 오히려 사람들을 미혹시킬만하네. |
| 一枝若向玉皇奉, | 가지 하나 옥황상제에게 바친다면, |
| 從此始有牡丹貢. | 이로부터 비로소 모란을 조공하는 일 있겠네. |

전승상錢丞相이 역마를 설치하여 꽃을 조공하였고, 요황姚黃을 진상하였다. [錢丞相置馹貢花進姚黃]

| | |
|---|---|
| 我猶未信出於天, | 나는 오히려 하늘에서 나왔다는 것을 믿지 않으니, |
| 妄擬巧幻廻春權. | 터무니없이 교묘한 술법으로 봄의 기세를 돌려놓으려는 것이 아닌가 하네. |
| 此花無種恐不繁, | 이 꽃은 씨 없어서 아마도 번성하지 못할 것이니, |
| 要且培養長其孫. | 북돋아 길러서 그 자손을 자라게 해야 하네. |
| 人間何處得致哉, | 사람들이 어느 곳에서 얻을 수 있겠는가, |
| 獨有朱邸賢侯崔. | 오직 현후賢侯인 최씨의 저택일 뿐이네. |
| 淸晨甘露滴鮮鮮, | 이른 새벽 감로甘露의 방울 곱고, |
| 嗽之可以滋丹田. | 감로를 마시면 단전丹田의 기운을 더하네. |
| 細看翦刻費功夫, | 자세히 보면 시간을 들여서 정확히 조각한 듯하고, |
| 盍侔楚國娃侔吳. | 초楚나라 · 오吳나라 미인과 나란히 할만하네. |
| 前身莫是多情娘, | 전생에 다정多情한 여인이 아니었는지, |
| 名疑好好姓認張. | 이름은 호호好好이고 성은 장張인 듯하네. |
| 欲敎蛺蝶來相尋, | 나비와 서로 이어지게 하려고 한다면, |

化自玉錢與黃金.　　절로 옥전玉錢과 황금黃金으로 변하리라.

『태평광기太平廣記』에, "한지화韓志和는 목종穆宗 시절, 나무에 난학鸞鶴의 형상을 새기는 것을 좋아하였다. 상께서 궁전 앞에 천엽千葉 모란牡丹을 심었고, 바로 꽃이 피기 시작하였으며, 한 번에 천엽千葉 모란이 피었다. 황색과 흰색의 수만 마리 나비가 날아서 꽃 사이에 모여 있는 것을 볼 때마다, 상께서 그물을 쳐서 수백 마리를 잡게 하고, 빈어嬪御에게 따라다니게 하면서 즐겼다. 새벽 무렵 그것을 보니, 모두 금옥金玉이었다. 이후에 보주寶廚를 열어서 보니, 금가루와 옥전玉錢 안에서 나비로 변하려는 것들이 있어서, 궁 안에서 비로소 그것을 알게 되었다[太平廣記云, "韓志和, 穆宗朝, 喜雕木作鸞鶴之狀. 上於殿前種千葉牡丹, 及花始開, 一朶千葉. 每覩黃白蛺蝶萬數, 飛集花間, 上令張網得數百, 縱嬪御追從爲樂. 平明視之, 皆金玉也. 後開寶廚, 覩金屑玉錢之內, 有將化爲蝶者, 宮中始覺焉"]"라고 하였다.

此蝶環繞舞蹁躚,　　이 나비들 에워싸고 빙글빙글 춤을 추니,
四筵羅綺熏傍邊.　　사방의 고운 비단 자리 주변을 부드럽게 감동시키네.
咄嗟辦作韶光和,　　숨 쉴 틈도 없이 봄빛과 어우러지고,
金鐘行酒如傾河.　　금 술잔에 강물을 기울이듯 술 따르네.
絳葩齊綻醉暈醺,　　붉은 꽃망울 취기가 오른 듯 가지런히 열리고,
交映紅裙雲錦文.　　비단 구름무늬 붉은 치마에 서로 비치네.
憶昔沈香愛此花,　　옛날 침향정沈香亭에서 이 꽃을 아끼던 때를 생각하니,
遊賞多乘炤夜車.　　자주 소야거炤夜車 타면서 노닐며 감상하였네.
立進淸平白也豪,　　이백李白이 청평조淸平調 바로 올리니 호기로웠고,
續而和者無餘曹.　　계속하여 화답하는 사람 한 명도 없었네.
我公門下富麗儒,　　우리 최공의 문하에 선비들 많아,
詞鋒凜凜森湛盧.　　예리한 필치 삼엄한 담로湛盧처럼 차갑고 위엄이 있네.
作詩譬況巧相當,　　사물을 비유하여 시 짓는 기교는 서로 대등하고,
筆端立致生姬姜.　　붓끝을 세우면 미인이 나오는 듯하네.

千篇萬首尙欲吟, 천편千篇 만수萬首의 시를 오히려 읊으려 하는데,
箇中誰訴才難任. 그중에 누가 자신의 재주로는 맡기 어렵다고 털어놓겠는가.

운韻자가 어렵고 또한 많아서, 모두 어렵다는 표정을 지었기 때문에 말하였다. [韻險且多, 皆有難色故云]

況公所命避之難, 게다가 최공崔公이 명한 것을 피하기 어려워,
一揮便就卽壽安. 내친김에 한바탕 붓을 휘두르니 바로 수안壽安이네.
請見徐公賦一篇, 서공徐公 보고 부賦 한 편 지어달라고 청하니,
景星卿雲下圓玄. 상서로운 별과 구름이 하늘에서 내려오는 듯하네.
散而鍾此瑞花新, 흩어졌다 여기에 모이니 상서로운 꽃 새롭고,
此意何不詩中申. 이 뜻 어찌 시 안에 펼치지 않을 수 있겠는가.
格卑迺是潛溪緋, 격조가 낮으면 바로 계곡에 잠긴 비단과 같고,
高者亦或有京奇. 높은 것은 간혹 매우 특별한 것도 있네.
如於雪裏得一遭, 눈 속에서 일단 만나게 되면,
宜若不必論卑高. 마땅히 높고 낮음을 논할 필요는 없네.
矧玆絶品未易評, 게다가 이러한 절품絶品은 쉽게 평하지 못하는 것이고,
何幸適與斯時丁. 어찌나 다행인지 적당한 때에 만나게 되었네.
朔風卷地色自如, 겨울바람이 땅을 휩쓸고 가도 모습은 그대로이고,
可憐態度愈徐徐. 사랑스러운 태도 더욱 편안해 보이네.
不論時節得相看, 시절을 가리지 않고 서로 볼 수 있으니,
頃刻能開勿要韓. 경각화頃刻花 피게 할 수 있는 한상韓湘에게 구할 필요 없네.
酷寒猶不凍瓊肌, 혹한에도 오히려 옥 같은 피부 얼지 않았으니,
何必更浴溫湯池. 다시 온탕지溫湯池에서 목욕할 필요 없네.

상번上番 돌아가면서 숙직宿直하는 것을 말한다.

모란牡丹 예로부터 꽃 중의 제일이라 하여 꽃의 왕으로 일컬어졌으며, 부귀富貴를 상징한다.

천수倩瘦 곱고 가냘프다.

황후조皇后趙 조비연趙飛燕을 말한다. 전한前漢 효성제孝成帝의 황후였다. 가무를 잘하였으며, 모습이 제비가 나는 것과 같았다고[飛燕] 한다.

지분脂粉 연지胭脂(여성들이 화장할 때 뺨이나 입술에 바르는 염료)와 향분香粉(향기가 나는 가루 형태의 화장품)을 말한다.

장경윤張京尹 한漢나라 때 경조윤京兆尹을 지낸 장창張敞이다. 아내를 위해 눈썹을 그린 일이 있었다고 한다.

납매臘梅 한겨울에 피는 매화

분분紛紛 어수선하고 어지러운 모습을 말한다.

봉후封侯 제후의 작위를 내려 주다.

소邵 주周나라 초기 소백召伯이 받은 채읍採邑이다. 소백은 선정善政을 펼치다가 감당 나무 아래에서 휴식을 취했다고 한다. 여기에서 감당甘棠이라는 고사가 나왔다.

진완珍翫 보고 즐길 수 있는 진귀한 물건

향거香車 귀인이 타는 수레를 말한다.

보마寶馬 진귀한 준마를 말한다.

해이駭異 놀랍고 기이하다.

미백美白 얼굴이 희고 아름답다.

만희曼姬 아름다운 여성을 말한다. 정鄭나라 여성들의 외모가 희고 피부가 곱다고 한다. —『사기史記·사마상여열전司馬相如列傳』

언연嫣然　싱긋 웃는 모습을 말한다.

미하채迷下蔡　여성이 아름다워 사람을 미혹시키는 것을 말한다. 하채下蔡는 귀족들이 많이 모이는 장소 혹은 미인이 많은 장소라는 의미로 쓰인다. 송옥宋玉의 「등도자호색부登徒子好色賦」에는 미인들이 한번 웃으면 양성陽城과 하채下蔡의 사람들을 미혹시킨다는 내용이 있다.

요황姚黃　요황위자姚黃魏紫를 줄인 것이다. 중국 낙양의 요씨 집안에서 황색의 모란이 피었고, 위씨의 집에서 자주색 모란이 피었다는 것이다. 모두 진귀한 모란이다.

교환巧幻　교묘한 술법을 말한다.

춘권春權　봄의 기세 혹은 권리

주저朱邸　한漢나라의 제후와 왕들의 저택은 붉은색으로 문을 칠했기 때문에 주저朱邸라고 불렸다. 귀관貴官의 저택을 말한다.

현후賢侯　덕이 있는 사람에 대하여 높여 부르는 것이다.

청신淸晨　이른 새벽을 말한다.

감로甘露　한漢나라 무제武帝가 손바닥으로 받치고 있는 쟁반에 이슬을 받아서 마셨는데, 그것을 감로甘露라고 하였다.

선선鮮鮮　고운 모습을 말한다.

단전丹田　사람 배꼽 밑에 단전丹田이라는 곳이 있다. 사람의 정기를 수련하는 양생養生과 관련이 있다. 도가에서는 세 곳의 단전이 있다고 말한다.

전각翦刻　정확히 재서 조각하다.

공부功夫　정력精力과 시간을 들여 일하다.

오와吳娃　오吳나라와 초楚나라에서는 미녀美女를 와娃라고 불렀다.

협접蛺蝶　나비

상심相尋　서로 이어지고 있다.

전신前身 전생을 말한다.

장호호張好好 당唐나라의 유명한 기생으로 노래를 잘했다고 한다.

천엽千葉 잎이 많거나 꽃잎이 겹친 것을 말한다.

빈어嬪御 제왕帝王과 제후諸侯의 시첩侍妾·궁녀宮女를 말한다.

평명平明 새벽 무렵

보주寶廚 보물을 보관하는 궤짝

옥전玉錢 옥으로 만든 화폐

편선蹁躚 빙글빙글 도는 춤사위

환요環繞 빙 둘러싸는 모습

사연四筵 사방의 자리

방변傍邊 부근, 주변

돌차咄嗟 탄식하는 모습 혹은 호흡하는 정도의 짧은 시간을 말한다.

소광韶光 아름다운 시절, 즉 봄빛을 가리킨다.

경하傾河 강물을 다 마신다는 의미이다.

강파絳葩 붉은 꽃

취훈醉醺 술 취한 모습

운금문雲錦文 구름무늬가 있는 비단을 말한다.

침향沈香 침향정沈香亭을 말한다. 당唐나라 때, 이곳에서 현종玄宗과 양귀비楊貴妃가 작약과 모란을 보면서 즐겼다고 한다.

소야거熌夜車 당唐나라 현종이 이 수레를 타고 작약을 감상했다고 한다.

입진立進 바로 올리다.

청평淸平 이백李白이 지은 청평조淸平調를 말한다.

부려富麗 풍부하고 화려하다.

사봉詞鋒 예리한 필치

| | |
|---|---|
| 늠름凜凜 | 차갑고 위엄이 있다. |
| 담로湛盧 | 옛날 보검寶劍의 이름 |
| 비황譬況 | 사물에 비유하여 설명하다. |
| 상당相當 | 서로 대등하다. |
| 희강姬姜 | 춘추시대, 주周나라 왕실의 성은 희姬였고, 제齊나라 왕실의 성은 강姜이었다. 두 성씨는 항상 교류하면서 혼인을 했었다고 하며, 이후에 희강姬姜은 귀족 부인을 가리키는 용어로 사용하는 경우가 많다. 혹은 미인을 말하기도 한다. |
| 수안壽安 | 모란의 한 종류이다. |
| 서공徐公 | 서릉徐陵을 말한다. |
| 원현圓玄 | 하늘 |
| 경성景星 | 큰 별 혹은 상서로운 별을 말한다. 태평성대가 일어날 조짐 |
| 경운卿雲 | 상서로운 구름을 말한다. |
| 절품絕品 | 최고 등급의 상품을 말한다. |
| 시정時丁 | 적당한 때를 만나다. |
| 권지卷地 | 땅을 휩쓸며 지나가다. |
| 자여自如 | 옛날 모습 그대로인 것을 말한다. |
| 태도態度 | 자태姿態, 고운 몸가짐과 맵시 |
| 서서徐徐 | 편안한 모습을 말한다. |
| 경각頃刻 | 경각화頃刻花를 말한다. 한유韓愈가 조카인 한상韓湘이 신선술에 도취해 있자, 학문에 신경 쓰라고 권하였다. 이에 한상이 다음과 같은 시를 지었다. "준순주逡巡酒 만드는 법을 알고, 경각화頃刻花도 꽃 피게 할 수 있네[解造逡巡酒, 能開頃刻花]." 준순주逡巡酒는 경각주頃刻酒라고도 한다. 한유가 의심하였고, 한상은 동이에 흙을 덮은 뒤에 다시 들어내니, 어린 모란 두 송이가 있었다고 한다. |

## 태위를 제수받고 짓다

拜大尉有作

| | |
|---|---|
| 世人呼我大狂顚, | 사람들은 나를 크게 자유분방하다고 하지만, |
| 我不爲嫌亦謂然. | 나 또한 싫어하지 않고 그렇다고 말하네. |
| 千古未聞狂宰相, | 천고千古에 아직 미친 재상이 있다는 말 못들었는데, |
| 如何今日躡台躔. | 어떻게 해서 오늘 재상의 자리에 올랐는지. |

태위는 바로 삼공三公이다. [大尉是三公]

---

**광전狂顚** 자유분방한 태도를 말한다.

**태전台躔** 삼태성三台星으로 재상을 상징한다.

## 정유년 6월 18일 큰비가 내려서 사람과 집이 물에 떠내려가니 스스로 재상이 된 사람으로서 공적이 없음을 한탄하며 시를 짓고, 동료 이상국에게 보여 주다

丁酉六月十八日大雨, 漂人物家戶, 自嘆爲相無狀, 示同寮李相

| | |
|---|---|
| 謬參丞相自猶嘲, | 외람되게도 승상丞相에 발탁 받아 스스로 비웃고 있는데, |
| 手拙難於鼎味調. | 서투른 솜씨여서 솥에 음식을 조화롭게 하기보다 어렵네. |
| 爕理五年何所得, | 재상으로 일한 지 5년 무엇을 얻었는지, |
| 霪霖一夕百家漂. | 장마에 하룻저녁 수백 집이 떠다니네. |

| | |
|---|---|
| 不是朝廷也乏材, | 조정의 인재人材 적은 것이 아닌데, |
| 吾儕僥倖忝鈞台. | 우리가 우연히도 삼가 재상이 되었네. |
| 未知殷相爲霖用, | 알지 못하겠으니 은나라 재상 부열傳說은 장마로 삼아서 등용하였는데, |
| 反致人家墊沒災. | 도리어 인가人家를 수재水災에 가라앉게 하였네. |

---

정유년丁酉年 1237년(고종 24년), 공의 나이 70세.

요참謬參 잘못 참여하다. 외람되게도 발탁을 받다.

수졸手拙 섣부른 솜씨를 말한다.

조미味調 맛을 조화롭게 하는 것을 말한다.

섭리爕理 재상의 정무政務를 말한다.

음림霪霖 오랫동안 내리는 비, 장마를 말한다.

균대鈞台 재상을 말한다.

은상殷相 은殷나라 재상 부열傅說을 말한다. 부열을 정승으로 임명하면서 오래도록 가뭄이 들면 그를 장마로 삼겠다는 말이 있었다.

점몰墊沒 가라앉다.

## 내전을 호종하고 난 뒤에 느낌이 있어서 짓다

內殿扈從後有感

| | |
|---|---|
| 本懷夙退心, | 본래 일찍 물러나려는 마음을 간직하고 있었는데, |
| 庶免夜行誚. | 야행夜行의 비난을 피하기 위해서였네. |
| 胡爲未得謝, | 무엇 때문에 아직 사직하지 못했는지, |
| 白看事紛擾. | 늘그막에 어지럽고 소란스러운 일들만 보게 되네. |
| 出處皆天爲, | 출처出處는 모두 하늘이 행하는 것이고, |
| 人事難預料. | 인사人事는 미리 헤아리기 어렵네. |
| 朝延不乏賢, | 조정에는 현명한 인재가 많은데, |
| 安用此潦倒. | 어찌하여 이렇게 힘없고 늙은 사람을 쓰는지. |
| 傴僂入公門, | 등이 굽은 채로 궁궐에 들어가니, |
| 反落白公笑. | 도리어 백공白公의 비웃음만 받네. |
| 有面不敢擡, | 얼굴을 감히 들어 올리지 못한 것은, |
| 慙愧已不少. | 이미 부끄럽고 창피함이 많아서네. |
| 安得作閑身, | 어찌해야 한가한 몸 되어, |
| 葛巾放長嘯. | 갈건葛巾 쓴 채로 길게 휘파람 불 수 있을지. |
| 喧喧是非外, | 시끄러운 시비是非 밖으로, |
| 灑然如夢覺. | 꿈에서 깨어나듯이 홀가분해지고 싶네. |

내전內殿　황제가 대신大臣을 불러서 국사를 처리하는 것을 말한다.

호종扈從　황제가 순행巡行하는 것과 같이 밖으로 이동할 때 모시는 행위를 말한다.

야행夜行　금의야행錦衣夜行을 말한다. 비단옷을 입고 밤에 다니는 것을 말하는데, 높은 지위에 있지만 자신의 영달함을 드러내지 않는 것이다.

분요紛擾　어지럽고 소란스러운 것을 말한다.

요도潦倒　힘없고 늙은 것을 말한다.

구루傴僂　등이 굽은 모습을 말한다.

공문公門　궁궐의 외문外門 혹은 대궐의 문을 말한다.

백공白公　백공은 자세하지 않다.

갈건葛巾　갈포로 제작한 두건을 말한다. 은자隱者를 상징한다.

훤훤喧喧　떠들썩한 것을 말한다.

쇄연灑然　소탈하고 자유로운 모습을 말한다.

## 처음으로 서대를 공복에 두르고 시를 짓다

初帶犀作

| | |
|---|---|
| 望汝知幾日, | 너를 바라본 것이 며칠이나 되었는지 아는가, |
| 乘時到此身. | 때를 만나서 내 몸에 이르게 되었네. |
| 瞻前無別樣, | 앞에서 보면 별다른 모습은 아니지만, |
| 耀後爲他人. | 뒤에서는 빛나니 다른 사람을 위한 것이네. |
| 眼惜斑文背, | 눈에는 반문斑文이 등에 있는 것이 아까워, |
| 腰旋皁革頻. | 허리의 서대犀帶 자주 돌려놓네. |
| 連逢下馬客, | 말에서 내리는 사람 이어서 만나게 되니, |
| 始覺異常倫. | 비로소 평소와 품계가 다른 것을 알게 되네. |

---

**대서帶犀** 코뿔소로 장식한 허리띠를 말한다. 공복을 입고 허리에 두른다.

## 을유년 감시로서 시험지를 고열하면서 시를 짓다

乙酉年監試考閱次有作

| | |
|---|---|
| 白晝關門作鎖闈, | 한낮인데도 대궐 문 굳게 잠그고, |
| 麻衣猶向壁間窺. | 계속해서 수험생 벽 사이를 살펴 보네. |
| 偶逢佳句沈吟久, | 우연히 좋은 시구 만나면 오래도록 속으로 읊어 보고, |
| 自惜微疵落下遲. | 작은 흠결로 뒤늦게 떨어지게 된 사람을 애석해하네. |
| 欲把直弦分枉正, | 올곧은 기준으로 좋고 나쁨을 구분하려고 하였으며, |
| 可堪昏鏡混姸媸. | 좋지 못한 눈으로 우열을 가르기 어려웠네. |
| 諸君亦各量才分, | 응시자들은 또한 각자 재능을 헤아려서, |
| 牓出休喧謗主司. | 결과가 나오면 시끄럽게 주사主司를 비방하지 말아 주게. |

유사有司라고 한 데도 있다. [一作有司]

---

**을유년乙酉年** 1225년(고종 12년), 공의 나이 58세.

**감시監試** 과거시험을 볼 때, 감독하는 책임이 있는 관리를 말한다.

**고열考閱** 자세히 살피면서 열람하다.

**쇄원鎖闈** 과거시험 응시자의 부정을 방지하기 위하여 시험장에 들어간 뒤, 문을 잠그는 것을 말한다.

**마의麻衣** 과거에 응시하는 수험생이 입던 옷으로, 급제한 뒤에는 이 옷을 입지 않는다.

미자微疵　작은 흠결

직현直弦　곧은 줄, 올곧은 기준을 말한다.

왕정枉正　나쁜 것과 좋은 것

혼경昏鏡　밝지 못한 거울

연치姸媸　아름답고 더러운 것을 말한다.

재분才分　재능을 말한다.

주사主司　감시監試를 말한다.

## 사직할 마음이 있어서 시를 짓다

有乞退心有作

| | |
|---|---|
| 我欲乞殘身, | 내가 쇠잔한 몸으로 바라는 바는, |
| 得解腰間綬. | 허리에 두른 인끈을 풀어버리는 것이네. |
| 退閑一室中, | 물러나 한가롭게 방 안에서, |
| 日用宜何取. | 평소에 무엇을 취해야 하나. |
| 時弄伽倻琴, | 때로는 가야금을 연주하고, |

우리나라 거문고 이름으로 진秦나라의 쟁箏을 닮았고, 나는 그것을 즐겨 연주하였다.[我國琴名, 肖秦箏, 予好弄之]

| | |
|---|---|
| 連斟杜康酒. | 이어서 두강주杜康酒 따르네. |
| 何以祛塵襟, | 어떻게 마음속 찌든 먼지를 제거할까, |
| 樂天詩在手. | 백낙천의 시 손안에 있네. |
| 何以修淨業, | 어떻게 정업淨業을 닦을 것인가, |
| 楞嚴經在口. | 능엄경楞嚴經이 입 안에 있네. |
| 此樂若果成, | 이러한 즐거움 만일 이룬다면, |
| 不落南面後. | 임금의 자리에 있는 것에 뒤떨어지지 않으리라. |
| 耆舊餘幾人, | 원로로 인정받는 이가 몇 사람이나 남았는지, |
| 邀爲老境友. | 늘그막에 벗으로 삼아 맞이하리라. |

걸퇴乞退 사직을 청하다.

잔신殘身 쇠잔한 몸

일용日用 일상, 평소

두강주杜康酒 두강杜康은 처음으로 술을 만든 사람이라는 전설이 있다.

거진祛塵襟 마음속 먼지와 때를 제거하다.

정업淨業 깨끗한 선업善業을 말한다.

남면南面 임금의 지위에 있는 사람을 말한다.

낙후落後 남들보다 뒤떨어져 있다.

기구耆舊 나이가 많으면서 명망이 있는 사람

## 9월 27일 꿈에서 푸른 대나무를 깎아서 붓대를 만들었는데, 무슨 징조인지 그 이유를 알 수 없어서 시로 기록하여 둔다

九月二十七日, 夢削青竹作筆管, 不知其數, 是何祥耶, 以詩記之

| | |
|---|---|
| 夢中自削碧琅玕, | 꿈속에서 직접 푸른 대나무를 깎아, |
| 作管千千提復弄. | 수천의 붓 대롱 만들어 손에 쥐고 만지작거렸네. |
| 江淹五色筆可還, | 강엄江淹의 오색 붓 돌려줄 수도 있는데, |
| 反見紀君青鏤夢. | 도리어 기군紀君이 청루青鏤 받는 꿈을 꾸었네. |
| 朝廷制作已無心, | 조정에서 글 짓는 일 이미 마음 없는데, |
| 更事文章老安用. | 다시 문장 쓰는 일을 하고 있으니 늘그막에 어디 쓰겠는가. |

내가 퇴직을 요청했기에 말한 것이다. [予欲乞退, 故云]

---

낭간琅玕 대나무를 뜻한다.

강엄江淹 강엄江淹의 꿈속에 곽박郭璞이라는 사람이 나와서 자신의 붓을 돌려달라고 하자, 강엄이 품에서 오색의 붓을 주었다고 한다. 이후로 강엄이 아무리 노력을 해도 아름다운 시를 짓지 못하였다고 한다.

기군紀君 남조南朝의 문장가였던 기소유紀少瑜를 말한다. 꿈에서 육수陸倕라는 사람이 청루青鏤(청색으로 아로새긴 붓) 묶음을 주면서 이 중에서 하나를 골라서 쓰라고 하였다고 한다. 이후로 문장이 좋아졌다고 한다.

## 병중에 짓다

病中有作

| | |
|---|---|
| 殘骸骨立僅存皮, | 병약한 몸에 뼈만 솟았고 겨우 가죽만 남은 듯, |
| 戾氣侵淫霧四支. | 나쁜 기운 스며들어 온몸이 무겁네. |
| 夢裡精神疲枕蝶, | 꿈속에서 나비를 보듯 정신은 피로하고, |
| 病中喘息劣床龜. | 병중에 숨 가빠지니 침상을 받친 거북보다도 못하네. |
| 妻兒漸恠含盃少, | 처자식은 점점 술잔 적게 드는 것을 이상하게 여기고, |
| 朝野應譏解綬遲. | 조야朝野에서는 아마도 인끈 늦게 푼다고 비방하리라. |
| 不是不思閑適計, | 한적하게 보낼 생각을 해 보았지만, |
| 勢難辭去世誰知. | 사직하여 떠나기 어려운 형편 세상에 누가 알아주겠는가. |

---

**잔해殘骸** 뼈만 남아 있는 몸을 말한다.

**여기戾氣** 좋지 않은 사악邪惡한 기운을 말한다.

**침음侵淫** 조금씩 발전하다. 스며드는 것을 말한다.

**침접枕蝶** 장주莊周가 꿈에 나비로 변했다는 것으로, 정신이 몽롱한 상태를 말한다.

**천식喘息** 가쁘게 숨 쉬는 것을 말한다.

**상귀床龜** 『사기史記·귀책열전龜策列傳』에는, 옛날 어느 노인이 침상을 만들고 거북으로 받치게 했다고 한다. 20년 뒤, 노인은 죽었지만, 침상을 옮기다 보니 거북은 살아있었다고 한다. 몸이 곤경에 처하여 마음이 적막하거나 속박당한 상태를 비유한다.

## 10월 20일, 걸퇴표를 쓴 뒤에 시를 짓다

十月二十日, 寫乞退表有作

| | |
|---|---|
| 已寫蠅頭字, | 이미 승두자蠅頭字를 다 써 놓았으니, |
| 欲抛蝸角名. | 헛된 명예를 던져버리고자 하네. |
| 一言蒙許可, | 한 마디로 퇴직을 윤허해 주신다면, |
| 衆噪弭譏評. | 많은 이들의 비난과 비평 그치리라. |

---

승두자蠅頭字 파리 머리처럼 작은 글자를 말한다. 아주 작은 명리名利를 말한다.

와각명蝸角名 하찮은 헛된 명예를 가리킨다.

기평譏評 비난하여 말하는 것을 가리킨다.

## 동지에 새 달력을 학사 이백전에게 부치다(2수)

冬至, 以新曆寄李學士百全(二首)

| | |
|---|---|
| 喜得明年曆, | 기분 좋게 내년 달력을 얻게 되어, |
| 寄他同調人. | 뜻을 함께하는 사람에게 부쳤네. |

나와 이백전은 모두 치사致仕하였다. [予與君俱致仕]

| | |
|---|---|
| 期君巡甲子, | 그대의 갑자甲子가, |
| 亥首下如身. | 해亥자를 풀이한 것처럼 수없이 돌아오길 바라네. |

| | |
|---|---|
| 君家非所欠, | 그대의 집에 없는 것은 아니지만, |
| 奉寄意如何. | 삼가 부치는 것은 무슨 의미인가. |
| 願效年年獻, | 해마다 드리면서 바라는 것은, |
| 看公壽漸多. | 공의 수명이 점점 늘어가는 것을 보는 것이네. |

---

**동조同調** 뜻을 함께하는 것이다.

**해수하여신亥首下如身** 해亥자가 들어간 간지의 해를 가리킨다. 73세를 가리키는 은어이다. 해亥자의 고자古字를 풀이하면 위에 이二자의 모양이 있고, 이를 2만으로 본다. 아래에 있는 글자를 육六자와 비슷한 글자로 보고, 세 개를 합쳐 6,660일로 계산하였다. 해亥자의 머리와 몸통을 합치면 2만 6,660이 된다고 보았다.

## 12월 초하룻날 일식

十二月朔日蝕

| | |
|---|---|
| 陰陽消息理冥冥, | 음양이 변화하는 이치 알 수 없으니, |
| 更有何辭問缺盈. | 다시 무슨 말로 차고 이지러지는 것을 묻겠는가. |
| 無可奈何看漸旣, | 점점 일식이 진행하는 것을 어찌할 도리가 없으니, |
| 擊鉦猶以救爲名. | 오히려 구식救蝕하는 것을 명분 삼아서 징을 두드리네. |
| | |
| 眩眼不堪天上望, | 눈부신 빛살 감히 하늘 바라보지 못하니, |
| 低頭唯向水中窺. | 머리를 숙여 물속을 살필 뿐이네. |
| 下臣得可安然坐, | 신하로서 편안히 앉아 있을 수 있겠는가, |
| 還跪焚香到復時. | 일식이 끝날 때까지 다시 무릎 꿇고 향을 사르네. |

---

**월삭月朔** 해당 월의 초하룻날

**소식消息** 성쇠盛衰, 순환을 말한다.

**명명冥冥** 아득한 모습, 드러나지 않아서 알 수 없는 모습

**결영缺盈** 차고 이지러지는 변화

**격정擊鉦** 일식이 있을 때, 징을 치면서 해가 나오기를 바라는 행위이다.

**구식救蝕** 일식이 있을 때, 임금이 신하를 거느리고 기도하면서 자숙하는 것을 말한다.

현안眩眼 눈부신 빛살

하신下臣 군주 앞에서 신하가 자신을 낮춰 부르는 말이다.

## 정유년 12월 28일, 걸퇴표에 대한 윤허를 받았고, 이날 밤 기뻐서 잠을 잘 수 없었기 때문에, 장구 두 수를 지어서, 학사 이[백전]에게 삼가 부치다

丁酉十二月二十八日, 乞退表蒙允可, 是夜喜不得寐, 因成長句二首, 奉寄李學士[百全]

| | |
|---|---|
| 有用如公先限退, | 쓸모 있는 공과 같은 분은 먼저 날을 정하여 물러났지만, |
| 無才愧我剩期牽. | 재주 없는 부끄러운 나는 기한이 남아서 만류 당했네. |

상께서 정적政籍을 아직 채우지 못했다고 하여 남게 했기 때문에, 관직에서 물러날 수 없었다.

[上以政籍未滿因留, 故乞退未得]

| | |
|---|---|
| 賴因長假牢稱病, | 굳이 병을 이유로 긴 휴가를 받은 덕분인지, |

백일의 휴가를 고하면서, 그로 인하여 관직에서 물러났다. [告假百日因乞退]

| | |
|---|---|
| 果荷優恩許得便. | 과연 넉넉한 은혜를 받아 적절한 기회를 만났네. |
| 從此自稱天放客, | 이로부터 스스로 천방객天放客이라 부르며, |
| 與君同作地行仙. | 그대와 함께 지행선地行仙이 되려네. |
| 兩家有酒頻相喚, | 두 집에 모두 술이 있으면 자주 서로 부르고, |
| 斷送人間未盡年. | 세상에서 다하지 못한 시간을 보내세. |

| | |
|---|---|
| 備嘗榮辱得身抽, | 영예와 치욕을 두루 경험하고 벼슬에서 물러나니, |
| 驚破槐安夢裡遊. | 홰나무 아래에서 꿈꾸며 노닐다가 순간 놀라서 깨어난 듯하네. |
| 鰐渚鮫洲曾竄謫, | 악어와 상어가 있는 남쪽의 늪지대로 유배 가기도 했고, |
| 鸞臺鳳閣亦優游. | 중서문하성中書門下省에서 또한 충분히 노닐기도 하였네. |
| 周行世界閑僧坐, | 두루 세상을 다니다 한가롭게 앉아 있는 스님과 같고, |
| 遍閱夫郎老妓休. | 여러 사내를 만났다가 늙어서 쉬고 있는 기생과 같네. |

| | |
|---|---|
| 官罷偶思陳迹耳, | 관직을 마치고 우연히 생각하니 지나간 발자취일 뿐, |
| 漸無一事到心頭. | 점점 어떠한 일도 마음속에 이르지 않네. |

---

정유년丁酉年 1237년(고종 24년), 공의 나이 70세.

장가長假 장기간의 휴가

득변得便 적절한 기회를 만나다.

천방天放 간섭을 받지 않고 자유로운 모습

지행선地行仙 땅 위를 걸어 다니는 신선

단송斷送 시간을 보내다.

비상備嘗 두루 맛보다. 겪어 보다.

신추身抽 벼슬을 버리고 물러나다.

괴안몽槐安夢 당唐나라 이공좌李公佐의 「남가태수전南柯太守傳」에, 순우분淳于棼이 홰나무 아래에서 술을 마시고 잠이 들었는데, 남가태수를 30년 동안 지내며 부귀영화를 누리는 꿈을 꾸게 된다. 잠에서 깨어보니 홰나무 아래에 커다란 개미집이 있었는데, 꿈에서 보았던 괴안국과 남가군南柯郡이었다고 한다. 즉, 인간 세상이 한순간의 꿈처럼 허무하다는 것을 말한다.

악저교주鰐渚鮫洲 악어와 상어가 있는 늪지대와 바다를 말한다. 남쪽 지역을 뜻한다.

찬적竄謫 조정에서 쫓겨나 유배당한 것을 말한다. 이규보는 1230년 63세의 나이에 위도猬島로 귀양 갔다.

난대鸞臺 문하성門下省을 말한다.

봉각鳳閣 중서성中書省을 말한다.

진적陳迹 지나간 발자취, 옛날 일

## 12월 29일 정기 인사를 반포할 때, 문하평장으로 치사하고 시를 짓다(3수)

十二月二十九日頒政, 以門下平章致仕有作(三首)

| | |
|---|---|
| 擔重身孱恐易顚, | 책임은 무겁고 몸은 약해서 쉽게 넘어질까 염려했는데, |
| 拜章得謝始欣然. | 걸퇴표 받고 사직을 허락하시니 비로소 기쁜 마음이었네. |
| 聖恩優老猶增秩, | 임금의 은혜 노인을 우대하여 오히려 관직의 품계 올라가니, |
| 雖退難言大弛肩. | 비록 물러났으나 어깨가 크게 가벼워졌다고 말하기 어렵네. |

| | |
|---|---|
| 宰臣班品皆雖貴, | 재신宰臣의 지위와 등급 모두 비록 귀해졌으나, |
| 門下平章號最尊. | 문하평장門下平章이 가장 존귀하다고 하네. |
| 如我孤寒今得忝, | 나처럼 미천한 출신이 지금 존귀한 자리를 얻었으니, |
| 餘光猶足耀千孫. | 위세는 계속해서 후손들을 비추기에 충분하리라. |

| | |
|---|---|
| 兩保相承兩判俱, | 양보兩保의 직책을 계속 이어서 하고 양판兩判의 일을 모두 하였으며, |

직함으로 수태보守太保 · 태자태보太子大保 · 판예부判禮部 · 판한림원사判翰林院事로 있었다. [銜有守太保 · 太子大保 · 判禮部 · 判翰林院事]

| | |
|---|---|
| 修文修史猶仍舊. | 수문修文과 수사修史의 직책은 여전히 그대로이네. |

수문전태학사 · 감수국사修文殿太學士監修國史는 모두 예전 그대로이다. [修文殿太學士監修國史, 皆仍舊]

如此頭銜得者稀, 이와 같은 직함을 얻은 사람이 적으니,
云何老境皆兼有. 무엇 때문에 늙은 나이에 모두를 겸하게 되었는지.

---

반정頒政 법령과 정책을 반포하다. 관리의 임명과 면직, 전보, 출척黜陟까지 포함한다.

배장拜章 임금에게 올린 표문表文, 걸퇴표乞退表

득사得謝 사직을 받아 주다.

증질增秩 관직의 등급을 올리다.

반품班品 관원으로서의 지위와 등급

고한孤寒 출신이 낮은 것을 말한다.

여광餘光 후대에 미칠 수 있는 미덕美德 혹은 위세威勢를 말한다.

잉구仍舊 전과 다름없이 하다.

수태보守太保 고위 관원에게 내린 정1품의 허직

태자태보太子大保 태자의 자문 역할, 종1품

판예부判禮部 판상서예부사判尙書禮部事이며, 예부의 수장이다.

판한림원사判翰林院事 한림원의 수장이며, 재신宰臣이 겸직하였다.

감수국사監修國史 사관史官의 수장

수문전태학사修文殿太學士 문서를 관리하고 경전을 강론하는 수문전의 수장(태학사)

두함頭銜 직함을 말한다.

# Ⅱ

# 죽림고회竹林高會와의 인연

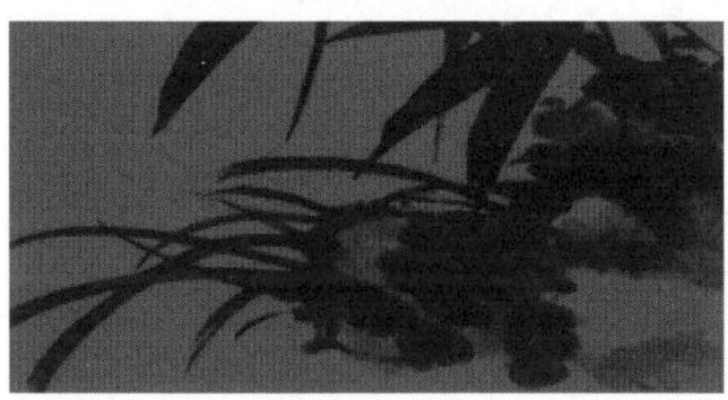

## 「문적선행」을 지어서 자리에 있는 내한 이미수에게 드리다

問謫仙行, 贈內翰李眉叟坐上作

| | |
|---|---|
| 我不見太白, | 내가 이백을 보지 못해서, |
| 思欲夢見之. | 꿈에서 보려고 생각했었네. |
| 夢亦不可見, | 꿈에서 또한 볼 수 없었으니, |
| 久矣吾之衰. | 오래도록 나는 늙고 쇠약해졌네. |
| 今日逢君眞謫仙, | 오늘 당신을 만나니 참으로 적선謫仙이고, |
| 夢耶覺耶心復疑. | 꿈인지 생시인지 마음으로 의아하게 생각했네. |
| 問君天寶中, | 당신에게 천보天寶 연간의 일을 물으니, |
| 幸荷明皇知. | 다행히 명황明皇 알아주었다고 하였네. |
| 沈香亭前賦芍藥, | 침향정 앞에서 작약芍藥을 시로 읊었으며, |
| 灑面立進淸平詞. | 찬물로 얼굴을 씻고 청평사淸平詞 지어 올렸네. |
| 又於便殿草綸誥, | 다시 편전에서 조서를 기초起草하였으며, |
| 宮娥呵筆天寒時. | 궁녀들이 추운 겨울에 얼어붙은 붓을 입김으로 녹여주었네. |
| 寶床賜食降輦迎, | 보상寶床에 음식을 내려 주시고 보련寶輦에서 내려와 맞아주시니, |
| 是時恩遇亮不貲. | 이때에 받은 은혜 참으로 헤아리기 어려웠네. |
| 胡爲反見斥, | 무엇 때문에 도리어 배척을 받았는지, |
| 謝家靑山浪迹空吟詩. | 집을 떠나 청산을 떠돌며 공연히 시만 읊었네. |
| 一朝捉月入滄海, | 하루아침에 달을 잡으려고 창해滄海로 들어가 버렸고, |

| | |
|---|---|
| 瀛洲蓬萊何處採靈芝. | 영주瀛洲와 봉래蓬萊 어느 곳에서 영지靈芝를 캐고 있을까. |
| 公之去兮已千載, | 이백이 죽은 지 이미 천년이고, |
| 胡今眷眷復來思. | 지금 무엇을 잊지 못하여 다시 왔는지 생각하네. |
| 筆下風流餘舊態, | 문장의 풍류風流는 옛 모습 남아 있으나, |
| 飮中情味今何虧. | 술 마시는 정취는 지금 어찌하여 이지러졌는지. |

이인로가 술을 마시지 못하기 때문에 말한 것이다. [李不飮, 故云]

| | |
|---|---|
| 應悔當年不自檢, | 아마도 그때 스스로 단속하지 못했던 것 후회하리니, |
| 枉被將軍貝錦辭. | 모함하는 글 때문에 억울함을 당한 장군과도 같네. |
| 塌翼落天上, | 날개가 축 내려가 하늘에서 떨어진 것 같고, |
| 遽失九萬圖南期. | 갑자기 구만리 남쪽으로 날아갈 계획 없어진 듯하네. |
| 意欲改舊調, | 마음은 옛 가락을 고쳐, |
| 唾手取爵凌皐夔. | 손쉽게 벼슬을 얻어 고기皐夔를 능가하려고 하였네. |
| 所以不飮酒, | 술을 못 마시는 까닭에, |
| 此意識者誰. | 이 뜻을 알아주는 사람 누구인가. |
| 謫仙謫仙吾已見, | 적선謫仙이여 적선謫仙이여 내가 이미 보았으니, |
| 雖使執鞭安敢辭. | 비록 말 채찍을 잡는 일이라고 하여 어찌 감히 사양하리오. |

---

| | |
|---|---|
| **내한內翰** | 한림학사翰林學士를 말한다. |
| **천보天寶** | 당唐나라 현종玄宗의 연호 |
| **명황明皇** | 당唐나라 현종玄宗 |
| **침향정沈香亭** | 당나라 현종과 양귀비가 이곳에서 자주 꽃을 감상하였다. |
| **쇄면灑面** | 찬물로 얼굴을 씻기다. |

| | |
|---|---|
| 청평사清平詞 | 당나라 현종이 침향정에서 양귀비에게 술 시중을 들게 하고, 이백에게 종이와 붓을 내려 주고 가사를 지어 올리라고 했다. 이백이 바로 붓을 잡고 「청평사清平詞」 3장을 지어 올렸다. |
| 편전便殿 | 정전正殿 이외의 별전別殿으로, 임금이 평상시 휴식을 취하던 공간이다. |
| 윤고綸誥 | 임금의 조서詔書를 말한다. |
| 가필呵筆 | 얼어붙은 붓을 입김을 불어 녹인다는 말이다. 『개원천보유사開元天寶遺事』의 미인가필美人呵筆에, 10월에 이백이 조서를 작성하려고 하였는데, 붓이 얼어서 쓰지 못하자, 현종이 궁녀 10명에게 명하여 입김을 불어 넣으라고 하였다고 한다. |
| 련輦 | 임금이 타는 수레를 말한다. |
| 부자不貲 | 헤아릴 수 없다. |
| 사가謝家 | 집을 떠나다. |
| 낭적浪迹 | 정처 없이 떠돌다. |
| 착월捉月 | 이백이 채석기采石磯라는 곳에서 술에 취하여 물속의 달을 잡으려다 익사했다는 전설이 있다. |
| 영주瀛洲 | 바다 위에 있다고 하는 전설 속의 삼신산三神山 중 하나이다. 방장方丈·봉래蓬萊·영주瀛洲를 가리킨다. |
| 권권眷眷 | 마음속에 잊지 않고 있는 모습, 연모하는 모습 |
| 필하筆下 | 문장文章 |
| 정미情味 | 정취情趣 |
| 패금貝錦 | 다른 사람의 잘못을 꾸며서 죄가 있는 것처럼 하는 것을 말한다. |
| 왕피枉被 | 억울함을 당하다. 모함을 받다. |
| 탑익塌翼 | 날개가 내려가 있는 모습, 실의한 것을 비유한다. |
| 고기皐夔 | 고요皐陶와 기夔의 병칭으로, 모두 순舜임금 때의 훌륭한 신하이다. |

타수唾手　매우 손쉽게 얻거나 성공하는 것을 말한다.

집편執鞭　말 채찍을 잡고 수레를 몬다는 것이다. 상대방에 대한 존경의 표시이다.

## 초당에서 함자진을 맞이하여, 시를 지어 먼저 보여 주다

草堂邀咸子眞, 以詩先之

| | |
|---|---|
| 佳節駸駸去不留, | 좋은 절기 머물지 않고 빨리 지나가 버리니, |
| 可堪書室咄哉愁. | 책방에서 한숨 짓는 근심을 감당하기 어렵네. |
| 有花絶欲邀賓賞, | 꽃이 있으면 손님을 맞이하여 감상하고자 하는 마음 있고, |
| 無酒猶能與婦謀. | 술이 없으면 오히려 아내와 함께 구해올 수도 있네. |
| 爲我何妨迴鈿勒, | 나를 위하여 말머리를 돌린다고 하여 무슨 상관있겠는가, |
| 捨君誰與倒瓊舟. | 그대가 저버리면 누구와 함께 술잔 기울이겠는가. |
| 莫言窮巷無兼味, | 외진 마을에 먹을 것 없다고 말하지 말게, |
| 偶得紅鱸玉尺脩. | 우연히 한 자 정도의 농어를 얻었다네. |

---

**침침駸駸** 말이 질주하는 모습을 말한다.

**전륵鈿勒** 마소의 머리에 씌우는 장식

**경주瓊舟** 옥으로 만든 술그릇

**궁항窮巷** 외진 곳에 있는 마을

**겸미兼味** 두 가지 이상의 맛있는 음식을 차린다는 뜻이다.

**농옥鱸玉** 농어회를 말한다. 흰색의 옥과 같다고 한다.

## 함자진이 우군판관을 제수받고 지은 시에 차운하다

次韻咸子眞拜右軍判官有作

古來眞將出書生, 예부터 참된 장수는 서생書生에서 나왔으니,
膽氣如君合董兵. 그대와 같은 담력과 용기 병사를 지휘하기에 적합하네.
帷幄方嚴軍政肅, 장수의 막부幕府에서는 바로 군정軍政이 엄숙하고,
官班猶帶禮曹淸. 관반官班은 오히려 예조禮曹의 청직淸職에 속해있네.
莫嗟見奪鳳凰沼, 중서성中書省에 들어오지 못했다고 하여 한숨 짓지 말게,

공이 성랑省郎을 제수받았으나 친혐親嫌으로 나가지 못하고, 예부로 고쳐서 임명하였기 때문에 말한 것이다. [公拜省朗, 以親嫌未出, 改禮部, 故云]

贏得伸威羆虎營. 뜻하지 않게 비호羆虎같은 군영의 군사에게 위엄 떨치게 되었네.
此是男兒康濟日, 이는 남아로서 백성과 세상을 구제하는 기회이니,
賀筵休讓玉杯行. 축하하는 자리에서 옥 술잔 받는 일 사양하지 말게.

---

우군판관右軍判官 병마사兵馬使 밑에 두었던 무관

담기膽氣 담력과 용기

유악帷幄 장수의 막부幕府

군정軍政 유사시에 행하는 군대의 임시 행정을 말한다.

관반官班 관직의 위계 혹은 서열

**봉황소鳳凰沼** 봉황지鳳凰池를 말한다. 중서성中書省의 별칭으로 쓰인다.

**친혐親嫌** 친척 관계로 인해 공정하지 못하다는 의심을 받을 수 있는 혐의이다.

**비호영羆虎營** 큰곰과 호랑이와 같은 용사勇士들이 있는 군영軍營

**강제康濟** 백성을 편안히 하고 세상을 구제하는 일

## 낭중 이인로와 한림 손득지가 화답한 것을 보고 다시 앞의 운을 사용하여 짓다

李郎中仁老·孫翰林得之見和, 復用前韻

| | |
|---|---|
| 銀臺直對璧門開, | 은대銀臺와 바로 마주한 벽문璧門이 열리고, |
| 自古尤難選翰才. | 예부터 문재文才 선발은 매우 어려운 일이네. |
| 一步花甎猶過望, | 화전花甎에 한 걸음 옮기는 일 오히려 분수에 넘치는데, |
| 愚儒何幸得重來. | 우유愚儒가 다시 오게 되었으니 얼마나 운이 좋은 것인가. |

---

낭중郎中 5품의 관직

은대銀臺 한림원翰林院

벽문璧門 궁궐의 문이다. 한漢나라 건장궁建章宮 남쪽에 있던 문이다.

화전花甎 꽃무늬 벽돌. 당唐나라 때, 학사가 근무하는 내각內閣의 섬돌이 화전花甎으로 되어 있었다.

과망過望 자신이 바라는 것보다 넘치는 일

우유愚儒 사리에 어두운 선비

## 시랑 이미수가 박사 권경중이 벽곡에 대하여 꾸짖은 시에 차운하다(3수)

次韻李侍郎眉叟寄權博士敬仲責辟穀(三首)

孔聖曾無寸土封, 공자는 일찍이 한 치의 땅도 받은 적이 없었는데,
三千門弟競攀龍. 서로 앞을 다투는 제자들이 삼천이나 되었네.
在陳絶粒眞飢矣, 공자가 진陳 땅에서 양식이 없어 참으로 굶주렸지만,
誰見當時肯餌松. 당시에 기꺼이 솔방울을 먹었는지 누가 봤었던가.

相君骨法貴當封, 그대의 관상 귀하여 봉전封典을 받게 될 것이니,
何必求仙要跨龍. 신선이 되려고 용을 탈 필요까지야 있겠는가.
飽食酣眠邀好夢, 배불리 먹고 잘 자며 좋은 꿈 꾸면,
待看便腹忽生松. 문득 배 위에 갑자기 소나무 생기는 것을 보게 될 것이네.

我生嗜酒麴成封, 내가 살면서 술을 좋아하여 누룩을 봉분처럼 쌓았고,
醉欲炮麟更膾龍. 술에 취하면 기린을 굽고 다시 용도 회를 치고자 하였네.
何事權君長辟穀, 무슨 일로 그대는 오랫동안 벽곡辟穀을 권하여,
忍敎形貌瘦於松. 차마 얼굴을 소나무보다 수척하게 하는가.

---

**벽곡辟穀** 신선술에서 익힌 음식을 먹지 않고, 생식하는 것을 말한다.

**반룡攀龍** 반룡부봉攀龍附鳳을 말하고, 명사名士에게 의탁하여 공명功名을 이룬

다는 것이다.

**재진在陳** 재진지액在陳之厄을 말한다. 공자孔子가 진陳에 있으면서 양식이 떨어져 어려움을 당했던 일을 가리킨다.

**이송餌松** 전설에 솔잎이나 솔방울을 오랫동안 복용하면 수명을 늘려 신선이 될 수 있다고 하였다.

**골법骨法** 사람 혹은 동물에서 보이는 골상骨相의 특징

**복홀생송腹忽生松** 배 위에 소나무가 생겼다는 것이다. 오吳나라 정고丁固라는 사람이 송松자를 풀이하면 십팔공十八公이니, 18년 만에 삼공三公이 될 것이라고 하였다. 이후로 높은 직위에 오르는 전고典故로 활용하였다.

**국성봉麴成封** 누룩을 봉분처럼 높이다.

### 시랑 이미수가 아들 균의 동일冬日이라는 시에 화답하였고, 내 아들 함에게 화답하라고 하였으며, 다시 함에게 나를 만나서 함께 시를 지으라고 하기에, 차운하여 삼가 부치다

李侍郎眉叟和郎子囷冬日詩, 命愚息涵和之, 又使涵邀予同賦, 故次韻奉寄

| | |
|---|---|
| 君不見春園富貴紅杏與緋桃, | 그대는 봄날 정원의 수많은 살구와 복숭아를 보지 못했는가, |
| 無奈天工費剪刀. | 조물주가 힘써 만든 것이니 어찌할 도리가 없네. |
| 芳辰若此宜狂吟, | 이처럼 좋은 시절 정신없이 시를 읊어 보려 하겠지만, |
| 如我麤才尙欲傾江濤. | 나처럼 둔한 사람은 여전히 강 물결 보며 술잔 기울이고 싶네. |
| 頑冬臘月何所賞, | 추운 겨울 선달 무엇을 감상할 것인가, |
| 朔風號樹空騷騷. | 겨울 북풍이 나무에 불면서 공허하게 소리만 내네. |
| 掖垣老吏凍鼈縮, | 액원掖垣의 늙은 아전 추운 자라처럼 웅크리고, |
| 呵手草詔猶言勞. | 입김을 손에 불며 조서를 기초하면서 오히려 힘들다고 하네. |
| 公於此時摛藻麗, | 공께서 이러한 시절 붓을 들어 화려하게 글 짓는다면, |
| 春葩都爲熏天氣却豪. | 봄날의 꽃 모두 훈훈해져 시절이 더욱 왕성해지네. |
| 更羨郎君不是阿兒比, | 다시 아드님이 부러우니 내 아들과 비교하겠는가, |
| 筆下新詩調大高. | 새로 지은 시의 기운氣韻 너무나 높네. |

| | |
|---|---|
| 방신芳辰 | 좋은 시절 |
| 추재麤才 | 거칠고 재주와 학식이 모자란 사람 |
| 완동頑冬 | 추운 겨울 |
| 납월臘月 | 섣달(음력 12월) |
| 소소騷騷 | 쏴쏴와 같은 나무에 바람 부는 소리 |
| 액원掖垣 | 중서문하성中書門下省의 다른 이름 |
| 언로言勞 | 수고롭다고 말하다. |
| 이조려摛藻麗 | 붓을 휘둘러 화려하게 글을 짓다. |
| 춘파春葩 | 봄날의 꽃 |
| 훈기熏氣 | 훈훈한 기운, 향기가 스며들다. |
| 아아阿兒 | 아들에 대한 겸사謙辭 |
| 필하筆下 | 글 짓는 재능, 문장 |
| 대고大高 | 너무나 높다. 매우 높다. |

## 서기 황보가 동파를 곡하는 임준성의 시운으로 대간 이미수를 곡하는 시를 지었는데, 그 시에 차운하다

次韻皇甫書記用東坡哭任遵聖詩韻, 哭李大諫眉叟

士當擇人交, 선비는 사람을 가려서 사귀어야 하고,
不必論少長. 반드시 나이의 많고 적음을 따질 필요는 없네.
門第顏回死, 제자 안회顏回가 죽었을 때,
孔子稱天喪. 공자는 하늘이 나를 망쳤다고 하였네.
況公眞我師, 게다가 공은 참으로 나의 스승이시니,
禮法繩吾放. 예법으로 나의 자유분방함을 바로 잡아주었네.
不敢狎而媟, 어찌 감히 버릇없이 대하겠는가,
事以丈人行. 어른으로 모시면서 섬겼네.

공은 나보다 10여 세가 많았다. [公長我十餘年]

我昔始垂髫, 내가 예전에 댕기 땋던 시절,
公時年方壯. 공은 당시에 장년壯年의 나이었네.
我壯公已衰, 내가 장년이었을 때 공은 이미 늙어버렸고,
片雪黏鬢上. 눈 조각이 머리털에 붙어 있는 듯하였네.
始謁竹林會, 처음으로 죽림회竹林會에서 뵈었고,
此會群不黨. 이 모임에 참여한 분들은 무리 짓지 않았네.

공과 조趙·함咸·오吳 등 여섯 분이 죽림회竹林會를 만들었다. [公與趙·咸·吳等六君, 爲竹林會]

容我預其末, 나는 그 말석末席에 참여하는 것을 허락받았고,
文戰補偏將. 글 겨루기에서 부장副將으로 임명하였네.

나는 자주 칠현회七賢會에 참석하였다. [予屢參七賢會]

自爾漸忘年, 이로부터 점점 나이를 잊는 만남이 되었고,
多負士林謗. 자주 사림士林의 비방을 받았네.
六君皆鬼錄, 여섯 분은 모두 귀신의 명부에 이름을 기록하여,
相繼歸黃壤. 서로 이어서 황천黃泉으로 돌아갔네.
公獨頗耆壽, 공은 홀로 생각보다는 오래 사셔서,
方有三台望. 한창 재상의 자리에 오를 것이라는 희망이 있었네.
今日又盖棺, 오늘 다시 관을 닫으니,
浮榮眞一餉. 뜬구름 같은 영광 참으로 한순간이네.
千里聞訃音, 천 리 밖에서 돌아가셨다는 소식을 들으니,
未識何日葬. 어느 날에 장사葬事를 지낼지 알지 못하겠네.
東望哭聲長, 동쪽을 바라보고 길게 곡하니,
重雲暗青嶂. 짙은 구름 푸른 산봉우리를 어둡게 하네.
披篋得遺篇, 상자를 열어 남은 시문 보니,
宛如珠在掌. 아주 뚜렷하여 구슬이 손바닥에 있는 듯하네.
但愧三十年, 다만 부끄러운 것은 삼십 년 동안,
竟莫窺宇量. 끝내 넓은 마음과 깊은 생각을 살피지 못한 것이네.
生死已殊途, 삶과 죽음 이미 다른 길이 되었으니,
丹臺何處訪. 단대丹臺를 찾으려면 어디로 가야 하는지.
行潦猶未羞, 제사에 올릴 술조차도 오히려 아직 준비하지 못했으니,
咄咄大無狀. 죄가 너무 커 말로 다 하지 못해 한숨 지을 뿐이네.

---

| | |
|---|---|
| 천상天喪 | 『논어論語』의 「선진편先進篇」에서 공자는 안회가 죽었을 때, '하늘이 나를 망치는구나[天喪予]'라고 하였다. 도道가 전해지지 못한 것을 한탄한 것이다. |
| 장인丈人 | 나이든 어른에 대한 존칭 |
| 수초垂髫 | 나이 어린 사람이 늘어트린 머리카락을 말한다. |
| 군당群黨 | 붕당朋黨을 결성한 사람들 |
| 편장偏將 | 부장副將 |
| 귀록鬼錄 | 귀신의 명부 |
| 황양黃壤 | 죽어서 땅 밑에 묻힌 것을 말한다. |
| 기수耆壽 | 장수長壽 |
| 삼태三台 | 재상을 말한다. |
| 개관蓋棺 | 관을 덮다. |
| 일향一餉 | 한순간 |
| 부음訃音 | 죽음을 알리는 소식 |
| 중운重雲 | 짙은 구름 |
| 청장靑嶂 | 푸른 산봉우리 |
| 유편遺篇 | 남겨 놓은 시문詩文 |
| 우량宇量 | 넓은 마음과 깊은 생각 |
| 수도殊途 | 다른 길 |
| 단대丹臺 | 도교에서 말하는 신선이 머무는 곳 |
| 행료行潦 | 제사를 지낼 때 사용하는 술 |
| 돌돌咄咄 | 탄식하는 소리로 감개感慨를 뜻한다. |
| 무상無狀 | 죄가 커서 말로 다 할 수 없다. |

# Ⅲ

# 지난날의 추억

## 원고를 태우다

焚藁

[焚三百餘首 삼백여 수를 태우다.]

| | |
|---|---|
| 少年著歌詞, | 어린 시절 가사歌詞를 지었고, |
| 下筆元無疑. | 의심할 것 없이 붓을 잡았네. |
| 自謂如美玉, | 스스로 아름다운 옥과 같다고 여겼으니, |
| 誰敢論瑕疵. | 누가 감히 하자瑕疵를 말하였겠는가. |
| 後日復尋繹, | 훗날 다시 자세히 살펴보니, |
| 每篇無好辭. | 작품마다 좋은 어구 없었네. |
| 不忍汙箱衍, | 차마 대나무 상자 더럽히지 못하여, |
| 焚之付晨炊. | 불살라서 새벽밥 짓는 데 썼네. |
| 明年視今年, | 내년에 올해의 글을 본다면, |
| 棄擲一如斯. | 지금처럼 한결같이 던져버리리라. |
| 所以高常侍, | 그러므로 당나라 고적高適은, |
| 五十始爲詩. | 50세에 비로소 시를 지었네. |

---

하필下筆 붓을 잡다. 글을 쓰다.

하자瑕疵 옥에 있는 얼룩진 흔적을 말한다. 사람의 잘못이나 사물의 결점을 비유한다.

심역尋繹 자세히 살피다.

상연箱衍　대나무 상자를 말한다. 연衍은 단簞의 가차假借로 보는 견해가 있다.

—『경전석문經典釋文』

신취晨炊　새벽에 밥 짓는 불을 말한다.

기척棄擲　던져 버리다.

고상시高常侍　당唐나라 시인 고적高適을 말하고, 50이 넘어서 시를 배웠다고 한다.

## 옛일에 의지하여 생각하다

寓古

| | |
|---|---|
| 省飮猶可期, | 술 줄이는 것은 오히려 할만하고, |
| 忍言非不易. | 말을 참는 것도 쉽게 하네. |
| 細思此浮生, | 이 뜬구름 같은 인생 자세히 살펴보면, |
| 倏若過隙駟. | 순간 틈 사이로 말이 지나는 것처럼 빠르네. |
| 一朝瞑雙目, | 하루아침에 두 눈을 감으면, |
| 祖送北邙趾. | 북망산北邙山 자리로 상여를 보내리라. |
| 雖欲作狂態, | 비록 광태狂態를 부린다고 하더라도, |
| 白骨能復起. | 백골白骨이 어찌 다시 일어나겠는가. |
| 雖欲與人語, | 비록 사람들과 말을 하고자 하더라도, |
| 其奈幽明異. | 이승과 저승이 달라 어찌할 도리가 없네. |
| 白楊風蕭蕭, | 백양白楊에 바람이 쓸쓸히 부는데, |
| 三尺墳空峙. | 석 자 길이의 무덤 봉분만 공연히 우뚝 솟았네. |
| 尺墳未可保, | 한 자의 봉분封墳을 보존하겠는가, |
| 樵牧踏皆圮. | 초목樵牧이 밟아서 모두 무너졌네. |
| 髑髏沒蒿蓬, | 사람의 해골은 쑥대에 덮여 있고, |
| 麋鹿於焉庇. | 사슴은 이곳에 의탁하네. |
| 此時善與惡, | 이때의 선과 악은, |
| 混混同一軌. | 뒤섞여 하나가 되네. |
| 萬世稱惺人, | 오랜 시간 뒤에 사람에 대하여 깨끗함을 칭송한들, |

| | |
|---|---|
| 死者蒙何利. | 죽은 사람이 무슨 이익이 되겠는가. |
| 萬古導狂客, | 오랜 시간 동안 사람에 대하여 정도에 어긋났다고 말한들, |
| 死者有何恥. | 죽은 사람이 무슨 부끄러움이 있겠는가. |
| 奈何矯飾者, | 권세를 위하여 거짓으로 행동하는 사람을 어찌하겠는가, |
| 矜持蓄沈思. | 득의양양하면서도 신중함이 있는 것처럼 하네. |
| 美酒豈不嗜, | 좋은 술 어찌 즐기지 않겠는가, |
| 囁囁莫成醉. | 횡설수설하며 취하지 못하네. |
| 有言不敢吐, | 할 말이 있어도 감히 하지 못하니, |
| 囊括好自秘. | 주머니를 닫듯이 스스로 잘 감추네. |
| 此亦一般夢, | 이 또한 한바탕 꿈과 같으니, |
| 何論孰是非. | 어느 누가 시비是非를 따지겠는가. |

---

**극사隙駟** 빨리 흘러가는 세월을 말한다. 『묵자墨子·겸애편兼愛篇』에는 사람이 땅 위에 사는 시간이 얼마 되지 않는다고 하면서, 비유하자면 네 마리 말을 문 틈새로 잠깐 보는 것과 같다고 하였다.

**조송祖送** 길 제사를 지내고 상대를 보내다. 상여를 보내다.

**북망北邙** 북망산을 말한다. 이곳에서 장사를 많이 지냈기 때문에, 무덤 혹은 저승을 뜻하는 말로 쓰인다.

**광태狂態** 미치광이 모습

**유명幽明** 삶과 죽음

**백양白楊** 무덤가에 많이 심는다.

**소소蕭蕭** 쓸쓸한 모습을 말한다.

| | |
|---|---|
| 초목樵牧 | 나무를 하거나 소를 치는 아이 |
| 촉루髑髏 | 죽은 사람의 두골 |
| 호봉蒿蓬 | 쑥대(쑥의 줄기) |
| 혼혼混混 | 뒤섞여 어지러운 모습 |
| 칭성稱惺 | 생각이 맑고 깨끗함을 칭송하다. |
| 교식矯飾 | 권세를 위하여 진실을 속이고 거짓으로 꾸민 행동 |
| 긍지矜持 | 득의양양한 모습 |
| 심사沈思 | 깊은 생각 |
| 섭섭囁囁 | 머뭇거리다. |
| 낭괄囊括 | 입을 닫고 말하지 않다. |

## 귀법사 시냇가에서 느낌이 있어서 시를 짓다

歸法寺川上有感[冠童趁歲夏課處也

[予少年時, 亦慣遊. 관동冠童들이 해마다 하과夏課를 하던 곳이다. 내가 어렸을 때, 또한 자주 노닐었다.]

| | |
|---|---|
| 少小翩翩此慣遊, | 어린 시절 멋스럽게 여기에서 자주 노닐었고, |
| 算來三十七年周. | 헤아려보니 37년 되었네. |
| 莫言川是人非舊, | 냇물은 그대로인데 사람은 예전 같지 않다고 말하지 말라, |
| 逝水無停豈昔流. | 흐르는 물 멈추지 않으니 어찌 예전의 흐르던 물이겠는가. |

| | |
|---|---|
| 白葛婆娑散髮遊, | 흰 모시 나풀거리며 머리 풀어 헤치고 노니니, |
| 茂林深樾繞川周. | 우거진 숲 짙은 그늘 냇물 주변을 둘러싸고 있네. |
| 少年蘸足浮盃處, | 어린 시절 발 담그고 잔 띄우던 곳, |
| 病脚難堪暫下流. | 병든 다리 잠시도 흐르는 물에 담그기 어렵네. |

---

**귀법사歸法寺** 963년(광종 14년)에 창건하였으며, 개경의 송악산 아래에 있다.

**관동冠童** 청소년을 말한다.

**하과夏課** 여름에 절의 승방을 빌려 글을 읽거나 시詩와 부賦를 지으면서 공부하는 것이다.

**소소少小** 유년 시절을 말한다.

| | |
|---|---|
| 편편翩翩 | 날렵한 모습 |
| 연주年周 | 일 년을 말한다. |
| 서수逝水 | 한번 가면 되돌아오지 못하는 흐르는 물 |
| 백갈白葛 | 흰색의 모시 |
| 파사婆娑 | 춤추는 모습 |
| 심월深樾 | 짙은 나무 그늘 |
| 담족蘸足 | 발을 담그다. |

## 눈이 어두워진 느낌이 있어서, 시를 지어 전리지에게 주다

眼昏有感, 贈全履之

| | |
|---|---|
| 我方四十四, | 내 나이 44세, |
| 兩眼已瞢瞢. | 두 눈이 벌써 어두워졌네. |
| 咫尺不辨人, | 눈앞의 사람도 구분하기 어려우니, |
| 如隔春霧濃. | 봄날 짙은 안개가 낀 듯하네. |
| 問醫醫迺云, | 의원에게 물으니 하는 답이, |
| 由汝肝不充. | 그대의 간이 부실해서라네. |
| 不然少壯時, | 그렇지 않다면 젊은 시절에, |
| 讀書燈影中. | 등불 그림자 속에서 책을 읽어서라네. |
| 我聞拍手笑, | 내가 듣고 손뼉을 치며 웃고는, |
| 爾是非醫工. | 그대는 평범한 의원이 아닌가. |
| 耳有所欲聞, | 귀로 듣고자 하여도, |
| 不聞卽爲聾. | 듣지 못하면 바로 귀머거리네. |
| 目有所欲見, | 눈으로 보려고 하여도, |
| 不見謂之矇. | 보지 못하면 장님이라 말하네. |
| 我欲見天子, | 내가 천자天子 뵙고자 해도, |
| 九闉無由通. | 궁궐을 갈 방법이 없네. |
| 我欲見金紫, | 내가 고관高官을 뵈려고 해도, |
| 布褐不掩躬. | 거친 천과 짧은 옷으로 몸도 가리기 어렵네. |
| 我欲見姚魏, | 내가 모란을 보려고 해도, |

| | |
|---|---|
| 凡草空茸茸. | 잡초만이 쓸데없이 무성하네. |
| 未見甲第居, | 아직 저택에 살지 못하는데, |
| 白首栖蒿蓬. | 나이 들어 초가집에 살고 있네. |
| 未見五鼎食, | 아직 좋은 음식 맛보지 못하였는데, |
| 顔巷猒屢空. | 외진 마을 자주 굶는 것이 싫네. |
| 以此致目暗, | 이 때문에 눈이 어두워졌으니, |
| 如將踈布蒙. | 거친 베로 가린듯하네. |
| 是亦天所使, | 이 또한 하늘이 시킨 것이니, |
| 何必藥石攻. | 약물로 다스릴 필요가 있겠는가. |
| 焉知不爲福, | 복이 될 줄 어찌 알겠는가, |
| 聾瞽能完終. | 못 보고 못 들어야 온전히 생을 마감할 수 있네. |

---

안혼眼昏 나이 들어 눈이 어두워진 상태

몽몽瞢瞢 어둡다.

무농霧濃 짙은 안개

의공醫工 의원을 말한다.

구달九闥 대궐

금자金紫 금어대金魚袋와 자의紫衣를 가리킨다. 관복과 장신구인데, 높은 관직을 말한다.

포갈布褐 거친 천과 짧은 옷

요위姚魏 요황위자姚黃魏紫를 줄인 것이다. 중국 낙양의 요씨 집안에서 황색의 모란이 피었고, 위씨의 집에서 자주색 모란이 피었다는 것이다. 모두 진귀한 모란이다.

| | |
|---|---|
| 용용茸茸 | 부드럽고 가는 풀이 가득한 것을 말한다. |
| 갑제甲第 | 고관 귀족들의 저택을 말한다. |
| 호봉蒿蓬 | 쑥대(쑥의 줄기)와 같은 풀로 엮은 초가집 |
| 오정五鼎 | 옛날 중국에서는 제사를 지낼 때, 대부는 5개의 솥을 사용하여 각각 양·돼지·물고기魚·순록 등으로 채웠다. |
| 안항顏巷 | 공자의 제자였던 안회가 거주하던 누항陋巷을 말한다. |
| 약석藥石 | 약물을 말한다. |

## 다시 흥성사를 찾아 노닐면서 벽에 쓰다(2수)

再遊興聖寺書壁(二首)

我昔閑遊一散人, 나는 예전에 한가하게 노니는 별 볼 일 없는 사람이었는데,

전집前集에 「유흥성사遊興聖寺」라는 시가 있다. [前集有遊興聖寺詩]

今來擁騎喝聲頻. 지금은 기마騎馬 행렬에 계속 갈성喝聲하면서 왔네.

나는 당시에 아경亞卿 대제待制였다. [予時爲亞卿待制]

寺僧摠換曾知面, 절의 스님은 예전에 알던 얼굴 모두 바뀌었고,

誰識當時短褐身. 누가 그 옛날 짧은 베옷을 입었던 사람인지 알겠는가.

疇昔曾題一首詩, 지난날 한 수의 시를 지은 적이 있었는데,

詩今漫滅主人非. 시는 지금 마모되어 사라졌고 주인도 바뀌었네.

벽이 마모되어 시가 없었다. [壁破無詩]

再來涴壁僧誰認, 다시 와서 벽을 더럽히니 어느 스님이 알아주겠는가,

唯有幽禽傍檻飛. 오직 그윽한 울음소리 내는 새들만이 난간을 스쳐 날아가네.

---

**흥성사興聖寺** 고려시대 장단도호부長湍都護府 오관산五冠山에 있었던 절

**산인散人** 한가하고 쓸모없는 사람

**갈성喝聲** 소리를 질러 잡인의 출입을 금지하는 것

대제待制　당나라 때 5품 이상의 관직으로 중서성과 문하성에 숙직하면서 천자의 조서를 작성하였다.

옹기擁騎　앞뒤로 기마행렬이 따르는 것을 말한다.

총환揔換　전부 바뀌다.

단갈短褐　짧은 베옷

주석疇昔　지난날

완벽涴壁　벽을 더럽히다. 즉 벽에 글 쓰는 것을 말한다.

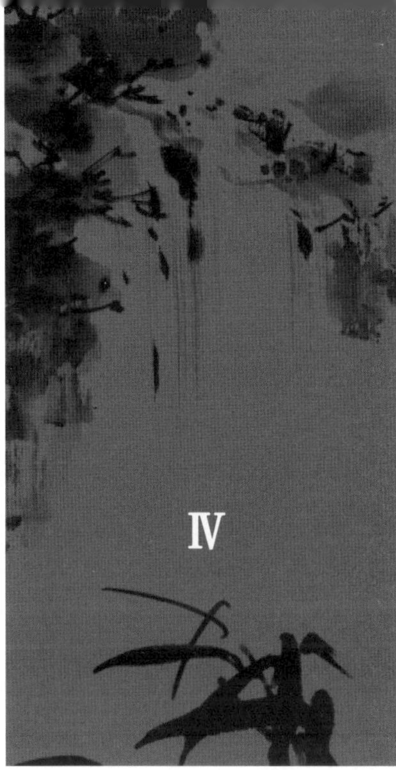

# Ⅳ

# 분주한 삶에서의 여유

## 봄날에 산사를 방문하다

春日訪山寺

| | |
|---|---|
| 風和日暖鳥聲喧, | 상쾌한 바람에 햇볕 따스하니 새들은 시끄럽게 지저귀고, |
| 垂柳陰中半掩門. | 가지 드리운 버드나무 그늘 속에 문은 반쯤 열려 있네. |
| 滿地落花僧醉臥, | 땅에는 낙화落花 가득한데 스님은 취하여 누워있으니, |
| 山家猶帶太平痕. | 산사山寺에는 여전히 태평한 시절의 흔적 남아 있네. |

## 천수사 문밖에서 시를 읊다

天壽寺門外吟

| | |
|---|---|
| 三月春風晩, | 삼월 늦봄에 바람 부니, |
| 處處祖筵悲. | 곳곳에서 이별의 술자리 슬프네. |
| 南北復南北, | 남북으로 다시 남북으로 갈라지고, |
| 別離還別離. | 이별하니 다시 이별하네. |
| 落花不忍見, | 낙화落花를 차마 보지 못하겠고, |
| 芳草恨無涯. | 방초芳草를 마주하는 한스러움 끝이 없네. |
| 年年折盡柳, | 해마다 버드나무 가지를 다 꺾었는데, |
| 還復萬條垂. | 계속해서 수많은 가지 드리우네. |
| 爲問枝上鳥, | 나뭇가지 위 새에게 물으니, |
| 幾聽陽關詞. | 양관사陽關詞를 몇 번이나 들어야 하는가. |
| 自然經此地, | 자연스럽게 이 땅을 지나면, |
| 猶似送人時. | 여전히 사람을 떠나보내는 때인 듯하네. |
| 惻惻傷我抱, | 처량하게 나의 상한 마음을 품고 있자니, |
| 不如不來玆. | 이곳에 오지 않은 것만 못하네. |

---

**천수사天壽寺** 경기도 개성에 있던 절로, 고려 숙종 2년(1097)에 창건하였다.

**조연祖筵** 전송하는 술자리를 말한다.

무애無涯 끝이 없다.

절류折柳 버들가지를 꺾는다는 말로, 이별을 뜻한다. 한漢나라 사람들이 이별하여 전송할 때, 장안長安 동쪽에 있던 파교灞橋에서 버들을 꺾어 주었던 것에서 유래하였다고 한다.

환복還復 반복하다. 잇달다.

양관사陽關詞 양관陽關은 중국 돈황燉煌을 말한다. 이곳으로 떠나는 사람들이 있으면, 중국에서는 「양관삼첩陽關三疊」 즉 「위성곡渭城曲」을 불렀다. 이 노래는 이별의 정을 대표하는 것으로, 이후에는 악곡에 편입하였다.

측측惻惻 처량하고 비통한 것을 말한다.

## 구품사에서 해가 질 때까지 노닐다

遊九品寺迫晩

| | |
|---|---|
| 山險馬猶蹶, | 산이 험하니 말은 오히려 비틀거리고, |
| 路長人易疲. | 길은 아득하여 사람이 쉬이 지치네. |
| 驚鼯潛入草, | 놀란 다람쥐 풀 속에 숨고, |
| 宿鳥已安枝. | 잠자던 새는 나뭇가지에 이미 편안히 있네. |
| 虛閣秋來早, | 빈 누각에 가을이 일찍 찾아오고, |
| 危峯月上遲. | 험한 봉우리 달이 더디게 뜨네. |
| 僧閑無一事, | 스님은 한가하여 아무 일 없으니, |
| 除却點茶時. | 차 끓이는 때도 잊었네. |

---

궐蹶　넘어지다.

경오驚鼯　놀란 다람쥐

점다點茶　차를 끓이다.

제각除却　제외하다.

## 안화사 당선사를 방문하였는데, 선사께서 시 한 편을 지어달라고 요청하기에 짓다

訪安和寺幢禪師, 師請賦一篇

| | |
|---|---|
| 靑山眞故人, | 푸른 산은 참다운 친구, |
| 似喜幽人至. | 은사隱士가 온다고 기뻐하는 듯하네. |
| 來時貺淸景, | 왔을 때는 맑은 경치를 베풀고, |
| 風日正姸媚. | 날씨도 때마침 곱고 아름답네. |
| 到山未云幾, | 산에 온 지 얼마 되지 않았는데, |
| 蕭蕭雨聲美. | 추적추적 내리는 빗소리 아름답기만 하네. |
| 散髮臥風軒, | 머리 풀어 헤치고 바람 부는 난간에 누웠는데, |
| 一場雷鼾鼻. | 한바탕 코 고는 소리 우레와 같네. |
| 起視復澄霽, | 일어나 보니 다시 하늘이 맑게 개었고, |
| 木末掛規燬. | 나무 끝에는 둥근 해가 걸려 있었네. |
| 鳴蟬翳葉嘒, | 시끄러운 매미 가려진 잎에서 울어대고, |
| 鬪雀爭枝墮. | 싸우는 참새 가지를 다투다 떨어지네. |
| 衲僧手煎茶, | 납승衲僧은 직접 차를 끓이고, |
| 誇我香色備. | 나에게 향기와 색이 좋다고 자랑하네. |
| 我言老渴漢, | 나는 목마른 늙은이라서, |
| 茶品何暇議. | 어느 틈에 차의 등급을 말하겠냐고 하였네. |
| 七垸復七垸, | 일곱 사발에 다시 일곱 사발을 마셔서, |
| 要涸巖前水. | 바위 앞 물을 마르게 하고 싶네. |
| 是時秋初交, | 이때는 가을이 처음으로 오가는 시절이라, |

殘暑未云弭. 남은 더위 아직 그치지 않았네.
當午雖敲蒸, 한낮에는 비록 찌는 듯이 매우 덥지만,
晩涼聊可喜. 저녁에는 서늘하니 그런대로 즐길만하네.
靑瓜嚼水精, 푸른 오이는 수정水精을 씹는 듯하고,
氷液寒侵齒. 얼음물의 차가움이 치아에 스며드네.
碧桃雙頰紅, 푸른 복숭아 양쪽이 붉은 볼과 같고,
嚼罷堪祛睡. 씹어 먹으니 졸음을 쫓아 주네.
偃仰自忘還, 편안하게 지내면서 스스로 돌아가길 잊으니,
茲遊眞適意. 이러한 놀이 참으로 마음에 맞네.

---

고인故人 오래전부터 사귀어 온 친구

유인幽人 은사隱士

황貺 베풀다. 혜택을 받게 하다.

풍일風日 날씨. 풍광風光

연미姸媚 아름답고 곱다.

미운기未云幾 얼마 되지 않다.

소소蕭簫 빗소리를 나타내는 의성어

한비鼾鼻 코를 골다.

징제澄霽 하늘이 맑고 깨끗하다.

규훼規燬 둥근 태양

명혜鳴嘒 매미 소리

납승衲僧 납의衲衣(여러 천을 누덕누덕 덧댄 옷)를 입은 스님

| | |
|---|---|
| 향색香色 | 향기와 색채 |
| 노갈한老渴漢 | 목마른 늙은이 |
| 칠완七垸 | 일곱 사발 |
| 초교初交 | 처음으로 오가다. |
| 잔서殘暑 | 늦더위 |
| 언앙偃仰 | 편안히 지내다. 즐겁게 노닐다. |
| 적의適意 | 마음에 맞다. |

## 현상인과 수량사에서 유람하며 본 것을 기록하다

與玄上人遊壽量寺, 記所見

殘鄕無勝境,　　잔향殘鄕에 승경勝景 없으나,
古院有名樓.　　오래된 절에 이름난 누대 있네.
暇日乘淸興,　　한가한 날 맑은 흥을 타고,
輕裝占美遊.　　가벼운 차림으로 좋은 곳에서 노니네.
仰攀高蔦蔓,　　위로는 담쟁이덩굴이 기어오르고,
俯亂淺溪流.　　아래로는 계곡물이 어지럽게 흐르네.
太守行無喝,　　태수의 행차에도 외치는 소리 없고,
樵童不避騶.　　초동樵童은 마부를 피하지도 않네.
自然同野老,　　자연스레 시골 늙은이와 함께하니,
何更視邦侯.　　누가 다시 방후邦侯로 보겠는가.
坰馬晴方牧,　　들판의 말은 비 그치자 바로 풀 먹이고,
巢禽暮自投.　　둥지의 새는 저녁 무렵 스스로 돌아오네.
多生應記覽,　　수많은 생애 아마도 유람한 일 기억할 것이고,
到處似經由.　　가는 곳마다 지나던 곳인 듯하네.
入谷愁榛暗,　　골짜기 들어가니 우거진 숲 어두워 근심스러웠으나,
逢村得路脩.　　마을 만나니 길이 멀리 뻗어 있네.
驚鼯竄深樾,　　놀란 다람쥐 짙은 나무 그늘에 숨고,
瘦鴨立澄溝.　　마른 오리 맑은 물고랑에 서 있네.
訪到客情款,　　찾아온 손님의 정 진실하니,

| | |
|---|---|
| 出迎僧語柔. | 나와서 맞이하는 스님의 말 부드럽네. |
| 談空初詰曲, | 공空을 말하려니 처음에는 어려웠는데, |
| 話舊更綢繆. | 옛날을 이야기하니 다시 답답하기만 하였네. |
| 躑躅登危構, | 머뭇거리면서 높은 곳에 올랐고, |
| 寬閑瀉滯憂. | 넓고 조용한 곳에서 묵은 근심을 풀었네. |
| 一軒窮遠眺, | 한 정자의 난간에서 끝까지 멀리 바라보고, |
| 萬像赴冥搜. | 온갖 형상에 이르러 힘을 다하여 찾네. |
| 日落烟光靜, | 해 저무니 연광烟光에 고요하고, |
| 虹明霽景浮. | 무지개 선명하니 제경霽景에 떠 있네. |
| 林喧無賴鳥, | 숲에서 제멋대로인 새가 지저귀고, |
| 郊臥大平牛. | 교외에서 태평한 소가 누워있네. |
| 夕露濃於雨, | 저녁 이슬은 비보다 많고, |
| 寒篁颯欲秋. | 차가운 대숲 가을 되려는지 바람 부네. |
| 霧平鋪白水, | 안개 평평하게 흰 물결처럼 펼쳐졌고, |
| 草遠展青油. | 풀은 저 멀리 푸른 기름처럼 펴져 있네. |
| 壞塔苔痕澁, | 무너진 탑에 이끼 흔적 거칠고, |
| 虛窓樹影稠. | 빈 창에 나무 그림자 빽빽하네. |
| 屋雞翹繡頸, | 집닭의 수놓은 듯한 목 깃털 아름답고, |
| 山雉靡莎鞦. | 산 꿩의 잔디 같은 꼬리털 곱네. |
| 井近宵猶汲, | 우물 가까우니 밤에도 오히려 물을 긷고, |
| 碁殘晚未收. | 바둑 둔 뒤에도 늦도록 아직 거두지 않았네. |
| 月櫺思慢笛, | 달 비친 창호에서 느린 피리 소리 생각하고, |
| 風檻戀重裘. | 바람 부는 난간에서 두꺼운 가죽옷 그리워하네. |
| 初爲嘗茶至, | 처음에는 차 한 잔 맛보려고 이르렀는데, |

| | |
|---|---|
| 還因有酒留. | 다시 술 때문에 머무르게 되었네. |
| 嫌喧屛騎從, | 부산한 것이 싫어 말 탄 수행원 물리치고, |
| 諱獨嘯朋儔. | 혼자 있는 것을 꺼려 친구와 읊조리네. |
| 小塢鸎捎蝶, | 작은 언덕에서는 꾀꼬리가 나비를 스치는 듯하고, |
| 深園雀啅彪. | 깊은 동산에서는 참새가 표범을 쪼는 듯하네. |
| 巖泉同鹿飮, | 바위 샘물은 사슴과 함께 마시고, |
| 林菓任猿偸. | 숲 과일은 원숭이에게 맡겨 두네. |
| 大瓠垂欹甕, | 큰 표주박은 드리워져 옹기처럼 기울었고, |
| 圓梨落迸毬. | 둥근 배는 떨어져 공처럼 굴러가네. |
| 芋畦深伏卵, | 토란은 밭에 알처럼 깊이 박혀 있고, |
| 菌木忽懸疣. | 버섯은 나무에 홀연 사마귀처럼 돋아 있네. |
| 物化觀無限, | 사물의 변화 살피니 끝이 없고, |
| 詩篇拾未周. | 시편으로 거두려니 미치지 못하네. |
| 恍如來別界, | 멍하니 별세계에 온 듯하고, |
| 曠若釋幽囚. | 탁 트이니 갇혀 있다가 풀려난 듯하네. |
| 憶昨趨軒陛, | 지난날 생각하니 궁궐에서 일하며, |
| 連晨侍冕旒. | 새벽마다 폐하 모셨었네. |
| 斥來心惘惘, | 좌천되어 오니 마음은 먹먹하기만 하고, |
| 愁坐鬢颼颼. | 근심되어 앉았으니 귀밑털은 바람만 날리네. |
| 賴有優哉地, | 풍족한 땅에 살게 되었고, |
| 方驅鬱矣愁. | 바로 가득 찬 근심을 몰아내네. |
| 命奇雖此謫, | 운명이 기이하여 비록 이곳에 좌천되었으나, |
| 天貺亦云優. | 하늘의 은덕 또한 넉넉하다고 하겠네. |
| 野菜何妨責, | 들판의 채소 삶는 것 어찌 꺼리겠는가, |

山醪未害窮. 산속의 사람이 막걸리 걸러도 해되지 않네.
江山皆可意, 강과 산이 모두 마음에 들고,
薪水足充求. 땔나무와 물도 충분히 구하겠네.
半世違玆樂, 반평생 이러한 즐거움 멀리하였었고,
浮名是我讎. 뜬구름 같은 명예가 바로 나의 원수네.
苦遭塵眯目, 고달프게 눈에는 먼지 같은 티만 들어오고,
坐受雪侵頭. 앉았으니 머리에는 흰 머리털만 늘어나네.
祿薄何須慕, 녹봉이 적으나 어찌 더 바라겠는가,
官微尙可休. 관직이 낮으니 오히려 쉴 수 있네.
終身知有所, 죽을 때까지 있어야 할 곳을 알았다면,
築室早營謀. 집 지어 일찍 계획 세워 실행했을 것이네.
但恐歸來晩, 다만 늦게 돌아가는 것이 염려될 뿐,
寧勞更相攸. 어찌 다시 자녀들 혼사에 힘쓰겠는가.

---

잔향殘鄕 쇠잔한 고을을 말한다.

승경勝景 좋은 경치

경장輕裝 길을 나서는 간단한 차림을 말한다.

조만蔦蔓 담쟁이덩굴

천계淺溪 얕은 시냇물, 계곡물

방후邦侯 태수太守

자투自投 스스로 돌아오는 것을 말한다.

진암榛暗 숲이 무성하여 어두운 것을 말한다.

심월深樾　짙은 나무 그늘

힐곡詰曲　문구가 어려운 것을 말한다.

주무綢繆　서로 얽혀 있는 것을 말한다.

척촉躑躅　주저하다. 머뭇거리다.

관한寬閑　넓고 조용하다.

체우滯憂　오랫동안 쌓인 근심

명수冥搜　힘을 다하여 찾다.

연광烟光　구름과 안개

제경霽景　비 온 뒤 맑은 경치

무뢰無賴　제멋대로 행동하는 것을 말한다.

청유靑油　청유막靑油幕을 말한다. 비와 바람 등을 막기 위하여 청유靑油를 발라서 만든 군막을 말한다.

사추莎鞦　추鞦는 꿩의 꼬리 사이에 있는 푸른색의 깃털을 말하고, 이 깃털은 사초莎草(향부자, 무덤의 떼로 사용한다)와 같이 곱다고 여겼다.

기종騎從　말 탄 수행원

망망惘惘　어찌할 바를 모르는 것이다.

수수颼颼　비와 바람 소리를 나타내는 의성어

천황天貺　하늘이 베풀어 준 은혜

산료山醪　산인山人 집에서 양조하는 탁주濁酒를 말한다.

상유相攸　시집 보낼만한 곳을 찾는 것이다.

## 동료들과 함께 명월사에서 노닐다

與寮友諸君, 遊明月寺

| | |
|---|---|
| 荒榛撥難開, | 우거진 초목을 헤쳐나가기 어렵지만, |
| 石徑少平曠. | 돌길은 조금 평평하면서 넓네. |
| 下馬行且顚, | 말에서 내려서 가다가 다시 넘어지고, |
| 折我三尺杖. | 내 석 자 길이의 지팡이도 부러졌네. |
| 幽鼯不慣人, | 숨어버리는 다람쥐 사람이 익숙하지 않은 듯하고, |
| 拱立形惘惘. | 두 손 모으고 어찌할지 모르는 모습이네. |
| 飢虎爾莫嘷, | 굶주린 호랑이 너는 울어대지 마라, |
| 忠信吾是仗. | 충신忠信은 내가 의지하는 것이다. |
| 木末得招提, | 나무 끝에 절이 있고, |
| 架屋依巖嶂. | 절은 높은 산에 기대어 있네. |
| 何人命其名, | 그 이름을 정한 사람이 누구인지, |
| 明月以標榜. | 명월明月을 현판에 새겼네. |
| 欲將月澄心, | 달과 같이 맑은 마음을 갖고자 하였는지, |
| 豈爲月可望. | 어찌 달만을 바라보고자 했겠는가. |
| 丈室高於樓, | 주지 스님의 방 누대보다 높고, |
| 逈壓蒼海廣. | 아득히 넓고 푸른 바다보다 높은 곳에 있네. |
| 舊聞天難昇, | 예부터 하늘에 오르기 어렵다는 말을 들었는데, |
| 忽已在天上. | 홀연히 이미 하늘 위에 있네. |
| 水色遠逾白, | 물빛은 저 멀리 더욱 희고, |

| | |
|---|---|
| 霜練鋪一様. | 서리는 비단처럼 한바탕 깔려있네. |
| 陰雲與霽霞, | 짙은 먹구름과 비 온 뒤의 노을, |
| 頃刻千萬狀. | 순간 온갖 모습 만들어 내네. |
| 大舶點波心, | 큰 배는 물 가운데를 점점이 지나가니, |
| 麽若輕鷗漾. | 가벼운 갈매기와 같이 떠가네. |
| 寄語漁舟子, | 어부에게 말을 전하니, |
| 着意好搖槳. | 유의하여 노를 잘 저어주게. |
| 將爾閑遊形, | 그대의 한가롭게 노니는 모습을 가지고, |
| 入我詩比況. | 내 시에 넣어서 견주어 맞출 것이네. |
| 嗟予醉簿書, | 아! 나는 문서에 취하여, |
| 久矣負淸賞. | 오랫동안 맑은 경치를 뒤로하였네. |
| 到郡侵二年, | 고을에 온 지 두 해 동안, |
| 尙未此閑訪. | 여전히 이곳을 한가롭게 찾지 못하였네. |
| 今朝駕言來, | 오늘 아침 수레를 타고 오니, |
| 大副夙心想. | 이전부터 품었던 생각에 크게 부합하네. |
| 請君更留連, | 그대에게 청하니 다시 머물러 주게, |
| 此是天所餉. | 여기는 하늘이 내려 주신 곳이네. |

---

명월사明月寺 부평도호부富平都護府 계양산桂陽山에 자리했던 절

황진荒榛 어지럽게 무성하게 자란 초목草木

발개撥開 갈라놓거나 헤치는 것을 말한다.

석경石徑 산 안쪽의 돌길

| | |
|---|---|
| 공립拱立 | 두 손을 모으고 서 있다. |
| 망망惘惘 | 어찌할 바를 모르는 것이다. |
| 초제招提 | 절의 별칭이다. |
| 암장巖嶂 | 병풍처럼 둘러싼 높은 산 |
| 표방標榜 | 나무 위에 글자를 새겨 놓은 것 |
| 장실丈室 | 주지 스님의 방 |
| 음운陰雲 | 짙은 먹구름 |
| 제하霽霞 | 비가 온 뒤의 노을 |
| 파심波心 | 물 가운데 |
| 기어寄語 | 말을 전하다. |
| 착의着意 | 유의하다. |
| 요장搖槳 | 노를 젓다. |
| 부서簿書 | 관청의 행정문서 |
| 청상淸賞 | 청아淸雅한 경치를 감상하다. |
| 가언駕言 | 수레를 타다. 언言은 어조사 |
| 유연留連 | 체류하다. 머무르다. |

## 천마산에서 노닐면서 시를 짓다

遊天磨山有作

入山迷路墮叢薄, 　산에 들어가니 무성한 풀 무더기 덮여 길은 보이지 않고,

空谷幽花自開落. 　빈 골짜기 깊숙이 자리한 꽃 절로 피었다 지네.

深溪流水山半脚, 　깊은 시내 흐르는 물 산허리를 내달리고,

絶壁孤雲天一握. 　절벽에 외로운 구름 하늘에 한 움큼 있네.

跳上巉巖幾百尺, 　몇백 자나 되는 험준한 봉우리에 뛰어오르고,

身行木末爭猿玃. 　원숭이와 다투며 나무 끝에 홀로 걸어가네.

戟巖攢鍔欲誰格, 　칼끝을 모은 듯한 창 바위 누구에게 이르고자 하는 것인지,

흰 바위가 창과 같아서, 사람들이 창바위라고 부른다. [白巖如戟, 人號戟巖]

鼓石無聲那得㽅. 　소리 없는 돌 바위 어떻게 칠 것인가.

북과 같은 바위가 있다. [有石如鼓]

風吹俗面似掃掠, 　속인俗人의 얼굴에 바람 부니 더러운 먼지를 제거해 주는 듯하고,

谷答人聲如唯諾. 　사람의 소리에 메아리치니 응답해 주는 듯하네.

初從石徑行犖确, 　처음부터 울퉁불퉁한 돌길을 가다가,

旋向松扉敲剝啄. 　바로 소나무 사립으로 가서 문을 두드리네.

山僧出門笑迎客, 　산승山僧은 문을 나와 손님을 웃으며 맞이하고,

貌古松頭千歲鶴. 　얼굴은 오래된 소나무에 머리는 천년의 학과 같네.

困臥松軒山月白, 　피곤하여 소나무 난간에 누우니 산속의 달 밝고,

煎茶不問巖泉涸. 　차를 끓이며 샘물 마르는 것을 묻지 않네.

我樂忘憂師大噱, 내가 즐거워 근심을 잊으니 스님은 크게 웃고,
本自無憂誰是樂. 본래부터 근심 없으니 즐기는 이 누구인가.
明朝共蠟阮孚屐, 내일 아침에는 완부阮孚의 밀랍 나막신으로 함께할 것이니,
何必更買桃椎屩. 다시 도추桃椎의 짚신을 살 필요가 있겠는가.

---

미로迷路 길을 잃다.

총박叢薄 무성한 풀 무더기

참암巉巖 험준한 산봉우리

원확猿玃 원숭이

찬악攢鍔 칼끝을 모으다.

소략掃掠 더러운 것을 제거하다.

유락唯諾 응답하다.

낙확犖確 돌이 많아서 울퉁불퉁한 것을 말한다.

박탁剝啄 두드리는 모습

완극阮屐 완부阮孚의 나막신을 말하는데, 그는 나막신에 밀랍을 칠하여 반질반질하게 해서 신었다고 한다.

도추신桃椎屩 당唐나라 은사隱士 주도추朱桃椎의 짚신을 말한다. 그가 짚신을 만들어 거리에 놓으면, 사람들이 쌀로 값을 계산하고 가져갔다고 한다.

## 엄 선사를 방문하다

訪嚴師

[此師稀置酒, 見我必置, 故以詩止之. 이 선사禪師는 술을 꺼내 놓는 것이 드물었는데, 나를 보면 반드시 술을 꺼내 놓았다. 그러므로 시를 지어서 그만두게 하였다.]

| | |
|---|---|
| 我今訪山家, | 내가 지금 산사山寺를 찾았는데, |
| 飮酒本非意. | 술 마시는 것은 본래 생각하지도 않았네. |
| 每來設飮筵, | 올 때마다 술자리를 마련하였고, |
| 顏厚得無泚. | 낯이 두꺼운들 어찌 땀나지 않겠는가. |
| 僧格所自高, | 스님의 인품 절로 높은 것은, |
| 唯是茗飮耳. | 오직 차만을 마셔서이네. |
| 好將蒙頂芽, | 몽정蒙頂 지역의 찻잎을 잘 따서, |
| 煎却惠山水. | 혜산惠山의 좋은 물로 끓이네. |
| 一甌輒一話, | 한 사발 마시고 문득 한 번 이야기하니, |
| 漸入玄玄旨. | 점점 심오한 도道의 경지에 들어가는 듯하네. |
| 此樂信淸淡, | 이러한 즐거움 참으로 고상하면서 담백하니, |
| 何必昏昏醉. | 굳이 정신없이 취할 필요가 있겠는가. |

---

**몽정蒙頂** 중국 사천성泗川省 몽산蒙山의 정상頂上을 말한다. 이 산의 정상에서 생산하는 차가 유명하다.

**혜산惠山** 중국 강소성江蘇省 무석無錫이라는 곳에 혜산惠山이 있다. 이곳의 물이 맑고 순하다고 한다.

| | |
|---|---|
| 현현玄玄 | 심오한 도道 |
| 청담淸淡 | 고상하면서 담박하다. |

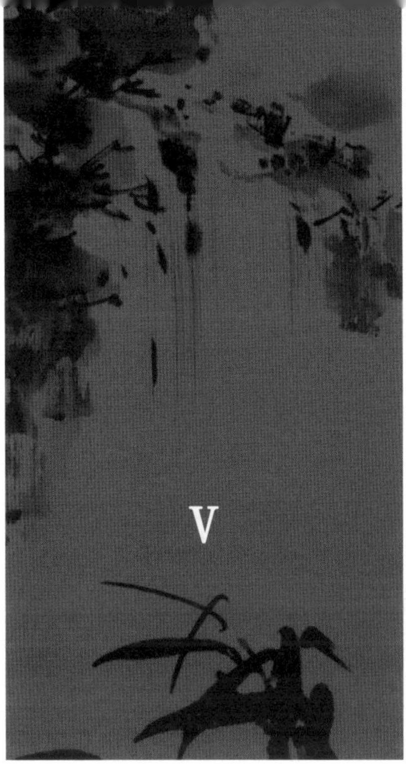

# V

# 유제시留題詩

## 시 · 공간을 넘어선 소통

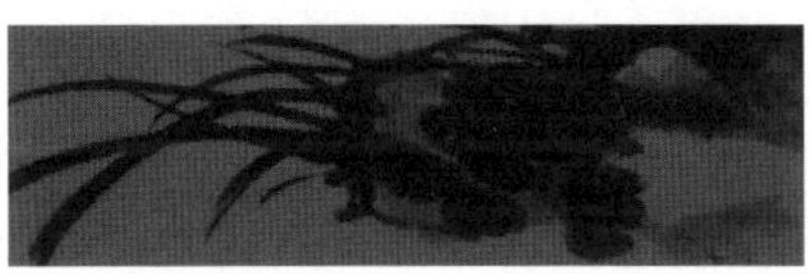

## 진한림이 시장에 있는 「묘정자대관루」에 유제한 시를 차운하다

次韻陳翰林題苗正字大隱樓, 在市邊

| | |
|---|---|
| 我不欲閉門飮酒省賓客, | 나는 빈객을 접대하지 않으려 문 닫고 술 마셨으나, |
| 欲向長安市上大會酒徒浮太白. | 장안 거리로 가서 크게 술꾼을 모으고 큰 잔으로 마시고 싶네. |
| 又不欲曲房密室唱小詞, | 또한 깊숙한 밀실密室에서 가요를 부르고 싶지 않아서, |
| 欲向豪家俠宅高歌與吹笛. | 호협豪俠의 집으로 가서 피리 소리에 소리 높여 노래하고 싶었네. |
| 愁人矉額不言愁, | 근심 있는 사람이 이맛살을 찌푸리고 고민을 말하지 않으면, |
| 有如氷底之水嗚咽不快流. | 얼음 밑의 물이 소리 내며 잘 흐르지 못하는 것과 같네. |
| 丈夫愁來卽大哭, | 장부丈夫가 근심이 있으면 바로 크게 울어야지, |
| 不宜暗泣空低頭. | 공허하게 머리를 숙이고 남몰래 우는 것은 적절치 못하네. |
| 幸哉苗君大隱九市中, | 묘군苗君이 구시九市에서 대은大隱하는 모습 행복하니, |
| 笑却喰松喫水靑山幽. | 도리어 깊은 청산靑山에서 솔잎 먹고 물 마시는 사람을 비웃네. |

| | |
|---|---|
| 주도酒徒 | 술을 좋아하는 사람, 술꾼 |
| 곡방曲房 | 밀실密室, 내실內室 |
| 소사小詞 | 단편의 가사, 민간의 가요 |
| 빈액矉額 | 이맛살을 찌푸리다. |
| 오인嗚咽 | 낮은 소리로 우는 것과 같은 소리 |
| 암읍暗泣 | 남몰래 울다. |
| 구시九市 | 옛날 물건을 사고팔던 장소를 말한다. |
| 대은大隱 | 조정과 저자에 머물지만, 뜻은 속세를 초월하여 심오한 곳에 있는 사람 |

## 7월 10일, 대안사에서 노닐며 시를 남기다

七月十日, 遊大安寺留題

| | |
|---|---|
| 路接巉岩絶壁前, | 길은 험준한 산봉우리와 접하고 절벽이 앞에 있는데, |
| 晴雲蓬浡湧如烟. | 맑은 하늘에 구름 피어오르니 날아오르는 연기와 같네. |
| 流泉遇石徘徊去, | 흐르는 샘물 돌에 닿으며 돌아가고, |
| 走葛緣松委曲纏. | 칡넝쿨 소나무 두르며 구불구불 감싸네. |
| 僧院寂寥閑世界, | 산사山寺는 조용하니 한가로운 세계이고, |
| 洞門寬曠別神仙. | 동문洞門은 확 트였으니 세상 밖 신선의 공간이네. |
| 何人乞與霞漿飮, | 누가 별세계의 술을 보내주어 마시겠는가, |
| 爲洗紅塵舊骨膻. | 속세에서 오래 있으면서 냄새나는 몸을 씻어보고 싶네. |

---

대안사大安寺 개성의 천마산에 있던 절이다.

산암巉岩 험준한 산봉우리

봉발蓬浡 왕성한 모습을 말한다.

적료寂寥 고요하여 소리가 없는 것을 말한다.

동문洞門 절로 들어가는 산문山門 어귀

하장霞漿 신선이 마시는 이슬을 말하고, 술을 가리킨다.

## 돌샘에 시를 남기다

題石泉

| | |
|---|---|
| 每見東流疾, | 동쪽으로 빠르게 흐르는 물을 볼 때마다, |
| 潛懷逝者悲. | 마음속으로 지나가는 시간을 슬퍼했네. |
| 淸泉知我意, | 맑은 샘물은 내 생각을 아는지, |
| 礙石故逶遲. | 돌에 닿으며 짐짓 천천히 가네. |

---

잠회潛懷 속마음

애석礙石 돌에 가로막히다.

위지逶遲 천천히 가는 모습

## 상국 최홍윤이 금 상국이 중서성의 벽에 쓴 시에 화답한 것을 차운하여 삼가 두 상국께 드리다

次韻崔相國洪胤和琴相國題中書壁上之什, 奉呈兩相

才兼虎庫與文房, 재주는 청렴함과 문장력을 겸하였고,

步驟雙高粉省堂. 보취步驟는 분성당粉省堂에서 둘 다 높았네.

千古台階元未見, 오랜 세월 이러한 재상을 아직 보지 못했으니,

一時兩相甲枝郞. 같은 때 두 재상 장원급제자이네.

두 상국은 모두 장원급제狀元及第하였다. [二相皆狀元及第]

---

호고虎庫 청렴한 지방의 수령이 해당 관청의 살림을 덜어 창고를 만든 것이다. 탐욕을 경계하기 위하여 호고虎庫라고 이름을 지었다.

보취步驟 시문을 짓는 규모와 법도를 말한다.

분성당粉省堂 상서성尙書省의 별칭이다. 한漢나라 응소應劭의 「한관의漢官儀」에 의하면, 벽壁에는 분粉으로 옛날의 현인賢人과 열사烈士들을 그려 놓기 때문이라고 하였다.

대계台階 삼태성三台星을 말하고, 재상을 가리킨다.

갑지랑甲枝郎 과거에 장원급제한 사람들에 대한 미칭美稱이다.

## 다시 금 상국이 벽에 남긴 시의 운에 따라서 삼가 드리다

又次琴相國題壁詩韻奉呈

借筯奇籌倒子房, 장량이 젓가락을 빌려 보여 준 기이한 계책을 넘어섰고,

琅琅高議激朝堂. 맑고 깨끗한 높은 의론으로 조정에서 직언했네.

房標第四何須訂, 관방官房의 표시 네 번째를 고칠 필요가 있겠는가,

상국의 시에 '제사방第四房'이라는 말이 있었다. [相國詩, 有第四房之語]

門下今年拜侍郎. 올해 문하시랑을 제수받았네.

공은 당시에 참정參政이었다. [公時爲參政]

---

**차저借筯** 한漢나라 장량張良이 한나라 고조高祖에게 대왕大王의 계책을 보여 준다고 하면서 젓가락을 빌려달라고 한 데서 유래하였다. 임금을 위해 좋은 계책을 말하는 것이다.

**기주奇籌** 기이한 계책을 말한다.

**낭랑琅琅** 맑고 깨끗하다.

## 박연에 제하다

題朴淵

[昔有朴進士者, 吹笛於淵上, 龍女感之, 殺其夫, 引之爲壻, 故號朴淵. 옛날 박 진사라는 사람이 있었는데, 연못에서 피리를 부르자 용녀가 감동하여 그녀의 남편을 죽이고, 박 진사를 남편으로 삼았기 때문에, 이 연못을 박연朴淵이라고 부른다.]

| | |
|---|---|
| 龍娘感笛嫁先生, | 용녀가 피리 소리에 감동하여 선생에게 시집을 갔고, |
| 百載同歡便適情. | 평생 함께 즐겼으니 바로 마음이 맞아서였네. |
| 猶勝臨邛新寡婦, | 오히려 임공臨邛의 새 과부보다 나으니, |
| 失身都爲聽琴聲. | 거문고 소리에 온통 마음이 끌렸네. |

---

적정適情 온순한 성격, 마음이 맞다.

임공臨邛 한漢나라의 큰 부자였던 탁왕손卓王孫의 딸은 탁문군卓文君이다. 그녀는 과부가 되었고, 사마상여司馬相如는 탁왕손의 집으로 가서 봉황가鳳凰歌 곡조로 거문고를 탔다. 탁문군은 이 곡조에 반하여 사마상여에게 왔다고 한다.

## 현상인과 만일사에서 노닐며, 벽 위에 있는 시에 차운하다

與玄上人遊萬日寺, 次壁上韻

| | |
|---|---|
| 遙峯毫較細, | 아득한 봉우리 털끝처럼 가늘고, |
| 遠船芥分微. | 멀리 가는 배는 티끌처럼 작네. |
| 夕瘴尤添熱, | 저녁의 습한 기운 열기를 더욱 더하고, |
| 秋雲好翳暉. | 가을 구름 햇볕을 잘 가리네. |
| 巖高猿易苦, | 바위 높으니 원숭이 다니기 불편하고, |
| 林靜鳥猶稀. | 숲 고요하니 새들은 오히려 드무네. |
| 吟久難迴馬, | 오래 읊다가 말 돌리기 어려워져, |
| 從敎露濕衣. | 옷이 이슬에 젖는 것을 내버려 두네. |

| | |
|---|---|
| 君恨江湖遠未明, | 그대는 강호江湖가 아득히 보이지 않음을 한스러워하여, |
| 不曾翹首暮天平. | 고개를 들어 해 질 무렵 하늘을 편안히 본 적이 없네. |
| 我憐杳杳長流色, | 나는 아득히 길게 흐르는 물의 모습을 아껴서, |
| 想聽喧喧打浪聲. | 시끄럽게 부딪치는 물결 소리를 생각하며 듣네. |
| 漁火微時人正宿, | 고깃배 불 희미해질 때 사람들은 바로 잠들고, |
| 賈船歸處櫓應鳴. | 장삿배 돌아오는 곳에 노 젓는 소리만 들릴 뿐이네. |
| 訪來若也忘攜榼, | 방문할 때 만일 술통 가지고 오는 것을 잊는다면, |
| 決笑遨頭大寡情. | 태수의 정情 크게 부족하다고 반드시 비웃으리라. |

만일사萬日寺 인천 계양산에 있던 절이다.

상인上人 승려를 높여 부르는 말이다.

장瘴 축축하고 더운 땅에서 생기는 독한 기운

예휘翳暉 햇볕을 가리다.

종교從敎 내버려 두다.

교수翹首 고개를 들어 바라보다. 간절한 마음을 비유한다.

묘묘杳杳 아득하다.

훤훤喧喧 시끄러운 소리

휴합攜榼 술통을 가지고 가다.

오두遨頭 태수太守를 말한다. 중국의 풍속에서 4월 19일은 완화절莞花節인데, 태수가 연회를 열고 백성들과 즐긴다. 태수가 나와서 놀면, 사녀士女들이 오상遨床에 서서 보았다고 한다. 그러므로 태수를 오두遨頭라고 하였다.

## 서기 황보가 수량사의 유제시에 화답한 것을 보고, 다시 앞의 운을 사용하여 짓다

皇甫書記見和, 壽量寺留題, 復用前韻

| | |
|---|---|
| 白首殘城守, | 늦은 나이에 작은 고을 지키니, |
| 朱甍古寺樓. | 오래된 절 누대의 용마루 붉네. |
| 往年乘病暇, | 지난해 병으로 휴가를 얻었을 때, |
| 數日作閑遊. | 며칠 한가롭게 노닐었네. |
| 黠鼠逃藏穴, | 교활한 쥐는 도망가 구멍으로 숨고, |
| 幽禽下浴流. | 그윽한 곳의 새는 내려와 흐르는 물에 목욕하네. |
| 到門麾吠犬, | 문에 이르러 짖는 개를 손짓하여 부르고, |
| 擇樹繫鳴騶. | 나무를 가려 우는 말을 묶어 놓네. |
| 蘭畹思騷客, | 난초밭에서 초楚나라 굴원屈原을 생각하고, |
| 瓜園憶古侯. | 오이밭에서 진秦나라 동릉후東陵侯를 추억하네. |
| 葛巾慵不整, | 갈건葛巾은 게을러 정리하지 않고, |
| 木榻困方投. | 목탑木榻에 피곤하여 바로 누웠네. |
| 啄粟雞呼偶, | 조를 쪼는 닭은 짝을 부르고, |
| 隈叢鹿應由. | 모퉁이 풀더미에서 사슴이 마주하며 지나가네. |
| 飽霜紅柿爛, | 서리 맞은 붉은 홍시 잘 익었고, |
| 遡日碧梧脩. | 해를 향한 푸른 오동나무 길게 뻗었네. |
| 簾吹搖銀蒜, | 주렴에 바람 불어 은銀장식 흔들리고, |
| 簷霖腐木溝. | 오랜 비에 처마의 나무 물받이 썩었네. |
| 芋肥藏卵大, | 토란은 살쪄서 큰 알을 간직하고, |

梨熟得肌柔.　　배는 익어서 껍질이 부드러워졌네.

野飯烹菰實,　　농가의 밥상에는 줄의 열매를 삶고,

村醪典枲繆.　　마을의 막걸리에 삼 10단을 전당 잡혔네.

『설문해자』에, '삼 10단을 무繆라고 한다'고 하였다. [說文云, '枲十潔曰繆']

居然中散懶,　　평온하니 중산中散처럼 늘어지고,

消却仲宣憂.　　중선仲宣의 근심을 없애네.

風月窮天賞,　　평생 풍월風月을 감상하고,

溪山罄地搜.　　온 땅 다니면서 계산溪山을 찾네.

嵐深濃滴滴,　　산안개 짙어 물이 뚝뚝 떨어지고,

雲淡遠浮浮.　　구름 엷어 멀리 둥둥 떠가네.

桑剝生千繭,　　뽕나무 상하니 수많은 고치 생기고,

禾登費萬牛.　　볏짚 올리느라 수많은 소 필요하네.

我詩無好語,　　나의 시는 좋은 시구 없고,

所記止淸秋.　　맑은 가을을 기록하는 데 그치네.

欲寫全山景,　　온 산의 경치를 묘사하느라,

先徵繼晷油.　　먼저 등불 밝힐 기름을 찾네.

盤蔬千品異,　　쟁반의 채소 다른 것들로 다양하고,

時菓百般稠.　　제철 과일이 가득하여 각양각색이네.

野服何施紐,　　평민의 옷에 무슨 띠를 하겠는가,

藍輿不用鞦.　　남여藍輿에 말 안장을 할 필요 없네.

來驂危欲理,　　타고 온 수레 기울어 수리해야 하고,

離思浩難收.　　이별을 생각하니 슬픔이 커서 거두기 어렵네.

更望靑旗店,　　다시 술집의 푸른 깃발을 바라보고,

尋抛紫綺裘.　　바로 붉은 비단 갖옷을 맡겼네.

況煩寮友訪,　　게다가 자주 동료가 찾아오는데,
還被主人留.　　다시 주인의 만류에 어찌할 수 없네.
獨往初無侶,　　혼자서 갈 때는 처음에 짝이 없었는데,
同歡已得儔.　　함께 즐기니 이미 짝을 얻었네.
庭松龍甲瘦,　　마당의 소나무 껍질은 용의 비늘과 같고 모습은 말랐으며,
階笋豹文彪.　　섬돌의 죽순 표범의 무늬처럼 빛이 나네.
勝概黃祗秘,　　아름다운 경치 땅의 신이 숨겼으나,
吾儕白晝偸.　　우리는 한낮인데도 몰래 보네.
蓮莖攲玉柄,　　연잎 줄기는 옥 손잡이가 기운 것 같고,
栗殼墮毛毬.　　밤송이는 모구毛毬가 떨어진 듯하네.
妙句倖爬癢,　　좋은 시구 힘써 가려운 곳을 긁어 주고,
微言劇決疣.　　심오한 말은 빠르게 혹을 잘라내는 듯하네.
恠公猶未覩,　　신기하구나! 공은 아직 보지도 못하였는데,
狀物一何周.　　사물을 묘사함이 어찌 이리도 지극한가.

그대가 시에 화답한 이후에, 비로소 나와 함께 절에서 놀았다. [君和詩, 然後始與我遊寺]

約我同尋勝,　　나와 함께 좋은 곳을 찾기로 약속하였고,
軒然似脫囚.　　죄수가 탈출한 듯 기분이 좋네.
莎平行綠毯,　　잔디는 평평하여 푸른 담요를 펼쳐 놓은 듯하고,
虆倒挽靑旒.　　넝쿨은 거꾸로 푸른 깃발을 당기는 듯하네.
小井淸瀾滀,　　작은 우물 맑은 물 모여 있고,
虛堂爽籟飂.　　텅 빈 마루에 시원한 바람 소리 들리네.
披襟堪濯熱,　　옷깃을 여니 열기를 씻어낼 만하고,
蠟屐足蠲愁.　　납극蠟屐은 근심을 덜어내기에 충분하네.

| | |
|---|---|
| 詩格君無敵, | 시의 격조는 그대와 상대하기 어렵고, |
| 碁評我頗優. | 바둑에 대한 평은 내가 더 뛰어나네. |
| 管絃呼妓弄, | 악기는 기생을 불러 연주하게 하고, |
| 家醞遣兒篘. | 집에서 빚은 술은 아이를 보내서 거르네. |
| 樂亦這中在, | 즐거움 또한 이 안에 있으니, |
| 心何此外求. | 마음에서 이것 외에 무엇을 구하겠는가. |
| 病楮笻借力, | 병들어 넘어지지 않으려 지팡이의 힘을 빌리고, |
| 老把鏡成讎. | 늙어서 거울을 드니 원수처럼 보이네. |
| 處僻蝸生角, | 외진 곳에 있으니 달팽이 뿔에서 사는 듯하고, |
| 逢人鼈縮頭. | 사람을 만나면 자라처럼 머리가 움츠러드네. |
| 鑿坯雖未遁, | 벼슬을 사양하면서 담장을 뚫고 비록 도망치지는 못하였으나, |
| 解印會應休. | 벼슬을 그만두고 당연히 쉬고 싶네. |
| 要遂藜羹計, | 이에 명아주 국을 먹으며 살아가길 바라니, |
| 寧思肉食謀. | 어찌 고기 먹으며 살아갈 생각을 하겠는가. |
| 濟時唯子耳, | 시절을 구제할 사람은 그대뿐이니, |
| 廟算待荀攸. | 나랏일 계획하는데 순유荀攸처럼 하길 기대하네. |

---

**주맹朱甍** 붉은색 용마루

**힐서黠鼠** 교활한 쥐

**유금幽禽** 우아하게 우는 새

**난완蘭畹** 난초밭을 말한다. 완畹은 30무畝 혹은 12무畝를 가리키기도 하며 일정하지 않다.

소객騷客　굴원屈原을 말한다.

과원瓜園　동릉후東陵侯에 봉해졌던 진秦나라 소평邵平은 장안성 동쪽 청문靑門에서 오이밭을 경영하면서 노년을 보냈다고 한다. 오이는 동릉과東陵瓜라고 부른다.

갈건葛巾　갈포로 제작한 두건을 말한다. 은자隱者를 상징한다.

목탑木榻　나무로 만든 평상

소일遡日　해를 향하다.

은산銀蒜　은으로 마늘 조각 모양을 만들어 발[簾]에 달아 놓은 장식을 말한다.

야반野飯　농가의 담백한 식사

고실菰實　줄의 열매는 식용으로 사용하고, 고미菰米라고 한다.

거연居然　평온하다.

중산中散　죽림칠현의 한 사람인 혜강嵇康을 말한다.

중선仲宣　왕찬王粲을 말한다. 그의 「등루부登樓賦」에, "비록 참으로 아름다우나 내 고향 땅이 아니니, 어찌 잠시라도 머물 수 있겠는가[雖信美而非吾土兮曾何足以少留]"라고 하였다.

소각消却　없애다.

궁천窮天　평생

경지罄地　모든 지역, 온 땅

적적滴滴　한 방울씩 뚝뚝 떨어지다.

부부浮浮　둥둥 떠다니다.

계구繼晷　등불을 밝힐 시간 때를 말한다.

천품千品　다양한 종류의 물품

백반百般　각양각색의 사물

| | |
|---|---|
| 남녀藍輿 | 덮개가 없는 가마인데, 두 사람이 어깨에 메고 이동한다. |
| 청기靑旗 | 술집의 깃발 |
| 승개勝槩) | 아름다운 경치 |
| 황지黃祗 | 황은 오행에서 토土, 지祗는 땅의 신 |
| 옥병玉柄 | 옥 손잡이 |
| 모구毛毬 | 나무로 만든 공 |
| 상물狀物 | 사물을 묘사하다. |
| 헌연軒然 | 정서적으로 기분이 좋은 모습 |
| 녹담綠毯 | 푸른 담요 |
| 청류靑旒 | 푸른 깃발 |
| 견수蠲愁 | 근심을 제거하다. |
| 납극蠟屐 | 완부阮孚의 나막신을 말하는데, 그는 나막신에 밀랍을 칠하여 반질반질하게 해서 신었다고 한다. 한 사람이 완부의 집에 가서 보니, 그가 신에 밀랍을 칠하면서, 자신이 살아가는 동안 이 나막신을 얼마나 신을 수 있을지 아쉬워했다고 한다. |
| 와각蝸角 | 달팽이의 더듬이. 좁은 세상을 의미 |
| 착배鑿坏 | 벼슬을 마다하고 도망쳐 숨어 사는 것을 말한다. |
| 여갱藜羹 | 명아주 국을 말한다. |
| 묘산廟算 | 조정이나 제왕이 전쟁을 진행하기 위하여 계획을 세우는 것이다. |
| 순유荀攸 | 삼국시대 위魏나라 사람으로, 관직은 황문시랑黃門侍郎을 지냈고, 조조曹操의 부름을 받아 공을 세웠다. |

## 남산의 모정에 시를 짓다

題南山茅亭

鑿巖通湧溜, 바위를 뚫어 샘물 통하여 흐르게 하였고,
瀦沼跨飛櫺. 연못은 물 넘치고 모정茅亭의 처마는 날 듯하네.
望恐浮漁艇, 바라보면 고깃배가 떠 있는 듯하고,
來疑入畫屛. 오게 되면 그림 병풍에 들어가는 듯하네.
水仙應蓄異, 수선水仙이 아마도 신이新異한 것을 모은 듯하고,
地媼正儲靈. 지신地神이 바로 신령神靈한 것을 쌓은 듯하네.
野色簷前擁, 바깥 풍경 처마 앞에 둘러싸 있고,
泉聲座底聽. 샘물 소리 자리 밑으로 들리네.
淸風當夏足, 맑은 바람은 여름에 적당하고,
白露未秋零. 흰 이슬은 아직 가을이 아닌데도 떨어지네.
錦蘇纏珉砌, 비단 같은 소엽은 옥섬돌을 감싸고,
氷漿凍玉甁. 얼음 같은 음료는 옥병에서 얼었네.
岫穿增遠眺, 산봉우리 뚫린 사이로 더욱 멀리 보이고,
洞豁助遐聆. 골짜기 트여서 좀 더 떨어진 소리까지 들리네.
樹卓高幢碧, 나무 우뚝하니 푸른 깃발처럼 높이 서 있고,
松張偃蓋靑. 소나무 빽빽하니 푸른 덮개처럼 드리워졌네.
許公曾相地, 허공은 일찍이 땅의 형세를 관찰하였고,
홍재이다. [洪材]
李守始開亭. 이 태수太守는 처음으로 정자를 세웠네.

실충이다. [實忠]

| | |
|---|---|
| 欲配甘棠詠, | 「감당甘棠」을 함께 읊고자 하여, |
| 重營刻此銘. | 다시 경영하며 이 명銘을 새기네. |

---

용류湧溜　물이 미세하게 흐르는 것

저소豬沼　물이 고여있는 연못(늪)

과비跨飛　높이 날아오르다.

어정漁艇　작고 빠른 고깃배

야색野色　들판 혹은 교외郊外의 경치

백로白露　가을날 떨어지는 이슬

상지相地　땅의 비옥함과 척박함 혹은 지형과 지물을 관찰하는 것이다.

감당甘棠　주나라 소공昭公이 순행巡行하면서 선정善政을 펼쳤는데, 팥배나무 밑에서 쉬고 간 적이 있었다. 사람들은 그가 쉬어갔던 팥배나무를 소중히 여겼다고 한다. 백성들에게 좋은 정사를 펼치는 것을 말한다.

## 동성의 객사에서 벽 위에 있는 제현의 시에 차운하다

童城客舍, 次壁上諸賢韻

| | |
|---|---|
| 賓館嵯峨役鬼成, | 높이 보이는 빈관賓館 귀신을 부려서 만든 것 같고, |
| 憑君莫導是殘城. | 그대들 잔성殘城이라고 말하지 말아다오. |
| 一杯村酒歡猶足, | 마을의 막걸리 한 잔 즐기기에 충분하니, |
| 贏得人間分外榮. | 한가득 인간 분수 밖의 영광을 얻었네. |
| | |
| 剪月裁雲習已成, | 달과 구름을 소재로 시 짓는 일 습관이 되어버려, |
| 馬頭吟苦入江城. | 말 머리에서 시 읊느라 마음 쓰며 강성江城에 들어갔네. |
| 重歸鳳省雖無路, | 다시 봉성鳳省으로 돌아가는 길 비록 없으나, |
| 皁蓋行春亦是榮. | 조개皁蓋 타고 봄날 순시하니 또한 영광이네. |

---

차아嵯峨　산이 높고 험준한 모습을 말한다.

역귀役鬼　귀신을 부리다.

잔성殘城　쇠잔한 성, 작은 고을을 말한다.

전재剪裁　시문을 지으면서 제재題材에 대하여 선택하고 안배하는 것을 말한다.

봉성鳳省　중서성中書省을 말한다.

조개皁蓋　관리들이 타는 수레의 덮개를 말한다.

## 금주의 벽 위에 쓰다

書衿州倉壁上

| | |
|---|---|
| 殘年典郡力難任, | 늙은 나이 담당한 고을 소임 다하기 어려우니, |
| 愧積心中顙泚淋. | 마음속 부끄러움만 쌓여 맺힌 이마의 땀 흘러내리네. |
| 發廩賑貧仍得雨, | 창고를 열어 가난한 사람 구제하니 바로 비가 내려, |
| 始知天意愛民深. | 비로소 하늘이 백성을 깊이 사랑하는 뜻 알겠네. |

---

**잔년殘年** 사람의 일생이 다한 시절, 늙은 나이

**전군典郡** 고을을 맡아 다스리다.

**상차顙泚** 이마에 땀이 나다.

**발름發廩** 창고를 열어 곡식을 주다.

## 금주의 객사에서 손 사인이 유제한 사에 차운하다

衿州客舍, 次孫舍人留題詞韻

| | |
|---|---|
| 衿州好春景一何奇, | 금주衿州의 좋은 봄 경치 어찌 이리도 기이한가, |
| 芍藥嬌多工媚嫵. | 아름다운 작약芍藥 많아서 환심을 사기에 충분하네. |
| 海棠眠重正欹垂, | 해당화 깊이 잠든 듯 바로 옆에 드리웠고, |
| 把酒惜芳時. | 술잔 들어 좋은 시절 아끼네. |
| 皐壤沃膏潤賴潭池, | 고양皐壤이 비옥하니 윤택한 것은 못물 덕분이고, |
| 俗習雖同齊土緩. | 지방의 풍습 비록 제齊나라와 같으나 땅은 부드럽네. |
| 居民多似老臺熙, | 백성들 기쁘게 마음 편히 누대에 오르는 늙은이 같아서, |
| 飢飽卜安危. | 굶주리고 배부른 일로 안위安危를 아네. |

---

| | |
|---|---|
| 교다嬌多 | 매우 요염하다. |
| 미무媚嫵 | 환심을 사다. |
| 면중眠重 | 깊이 잠들다. |
| 의수欹垂 | 비스듬히 드리우다. |
| 고양皐壤 | 연못 주변의 땅 |
| 옥고沃膏 | 비옥하다. |
| 토완土緩 | 땅이 부드럽다. |

내가 일이 있어서 수안현 서화사를 방문하였고, 주지 스님의 방 남쪽 처마에서 간단한 술자리를 하며, 강산을 멀리 바라보니 여기보다 좋은 곳이 없었다. 그러나 깊숙한 곳에 자리하고 있으며 길이 외져서 와서 노니는 사람이 대체로 적었다. 그러므로 유제한 시가 없었기에, 주지 스님이 시를 청하여 한 편을 남겼다

予以事到守安縣西華寺, 小酌上方南榮, 江山遠眺, 莫有過玆者. 然以境幽路僻, 來遊者盖寡. 故無有留題, 住老請詩, 爲留一篇

| | |
|---|---|
| 遶村多複嶺, | 많은 산봉우리 겹겹이 마을을 두르고 있어서, |
| 無處望長流. | 길게 흐르는 물을 바라볼 곳이 없네. |
| 賴有三椽寺, | 작은 절이 있는 덕분에, |
| 如登百丈樓. | 백 길의 누대를 오르는 듯하네. |
| 島微侔握小, | 섬은 작게 보여 한 손에 넣을 수 있을 듯하고, |
| 船遠似盃浮. | 배는 멀리 술잔이 떠 있는 듯하네. |
| 目極通千里, | 눈으로 끝까지 바라보니 천 리를 통할 수 있고, |
| 心超跨十洲. | 마음은 초연하니 십주十洲를 건널 수 있을 듯하네. |
| 神慳玆地秘, | 신神은 이 땅을 아껴서 숨겼고, |
| 天許我曹遊. | 하늘은 우리가 여기에서 노니는 것을 허락하였네. |
| 瘴重因蒸霧, | 습한 기운 더해지니 피어오르는 안개 때문이고, |
| 林幽賴挾湫. | 숲이 깊으니 깊은 못이 있어서네. |
| 暮雲將雨暗, | 저물 무렵 구름 비를 몰고 오는지 어둡고, |
| 秋菓得霜柔. | 가을 열매 서리를 맞아 부드럽네. |
| 領得壺中景, | 호리병 속 별천지別天地를 얻게 되니, |
| 都忘世上拘. | 세상의 얽매임을 모두 잊게 되네. |

| | |
|---|---|
| 但緣無客到, | 다만 나그네 방문이 없었기에, |
| 不見有詩留. | 남겨진 시를 보지 못했네. |
| 何日抛腰印, | 어느 날에 허리의 인끈을 던져버릴 수 있을까, |
| 閑來正狎鷗. | 한가롭게 와서 기심機心 없이 바로 갈매기와 노닐고 싶네. |

---

상방上方 주지 스님이 거처하는 방

남영南榮 공간의 남쪽 처마를 말한다.

요촌遶村 마을을 둘러싸다.

복령複嶺 겹겹의 산봉우리

삼연三椽 세 개의 서까래로 작은 오두막을 말한다. 삼조연하三條椽下는 스님들이 좌선坐禪하는 공간의 넓이를 가리키는데, 석 자 정도가 된다고 한다. 세 칸.

십주十洲 도가道家에서 바다 가운데 신선이 살고 있다는 10개의 산을 말한다.

장瘴 축축하고 더운 땅에서 생기는 독한 기운

증무蒸霧 피어오르는 안개

호중경壺中景 한漢나라 여남汝南의 노인이 해가 저물면 병 안으로 들어가곤 했었는데, 비장방費長房이 그에게 함께 병 안으로 들어가길 간청하였다. 그가 함께 들어가니 별천지였다고 한다.

압구狎鷗 『열자列子』에는 갈매기와 친한 사람이 매일 같이 갈매기와 놀 수 있었는데, 갈매기를 잡으려는 마음을 가지고 접근하자 하늘을 날며 내려앉지 않았다는 내용이 있다. 기심機心이 없이 자연 속에서 은둔하는 것을 말한다.

## 충원의 서기 최인공과 자연도의 제물원정에서 노닐며, 시판 위 제공의 시운을 사용하여 짓다

與忠原崔書記仁恭, 遊紫鷰島濟物院亭, 用板上諸公韻賦之

| | |
|---|---|
| 一江無價景, | 한 줄기 강이 경치 값을 헤아릴 수 없지만, |
| 數棟壓流亭. | 몇 칸의 정자 흐르는 물을 압도하네. |
| 落日能黃赤, | 지는 해 황색과 붉은색이 어우러졌고, |
| 奔濤互白青. | 거센 물결 백색과 청색이 섞여 있네. |
| 海神剛挾勢, | 해신海神이 강한 기세를 가졌으니, |
| 河伯詎分庭. | 하백河伯이 어찌 서로 대등하게 지내겠는가. |
| 漸遠□□□, | 점점 멀어지니 (…세 글자 없음…), |
| □容與水形. | (… 한 글자 없음…) 물의 모습과 어우러졌네. |

---

| | |
|---|---|
| 충원忠原 | 충청북도 충주의 옛 이름 |
| 무가無價 | 값을 헤아릴 수 없다. |
| 압류壓流 | 흐르는 물을 내려보다. |
| 분정分庭 | 서로 대등한 관계를 나타낸다. |

## 최 서기가 화운한 것을 보고, 다시 운을 사용하여 짓다(4수)

崔書記見和, 復題(四首)

| | |
|---|---|
| 何處宜吾意, | 어느 곳이 내 마음에 맞을까, |
| 平生只此亭. | 평생 여기 정자뿐이네. |
| 客頭潮共白, | 나그네 머리 조수처럼 모두 희고, |
| □□□同青. | (…세 글자 없음…) 함께 푸르네. |
| 境勝移方丈, | 풍경이 아름다운 곳이라 방장산方丈山을 옮겨 놓은 듯하고, |
| 人淳復大庭. | 순박한 사람들이 있어서 대정大庭의 시절을 회복하였네. |
| 子詩收萬景, | 그대의 시 온갖 경치를 말하고 있으니, |
| □似鏡傳形. | (…한 글자 없음…) 거울 그대로 모습을 옮겨 놓은 듯하네. |

| | |
|---|---|
| 豁於遊笠澤, | 확 트인 동정호洞庭湖에서 노니는 듯하고, |
| 酣却醉蘭亭. | 흥겹게 다시 난정蘭亭의 모임에서 취한 듯하네. |
| 仙島鼇頭碧, | 선도仙島는 자라 머리로 받친 선산仙山처럼 푸르고, |
| 蠻天鳥外靑. | 남쪽 하늘은 나는 새 밖으로 푸르네. |
| 漁燈明極浦, | 고깃배 불은 바다 저 멀리에서 반짝이고, |
| 僧屧響空庭. | 스님의 신발 소리 빈 뜰에 울리네. |
| 過客詩中識, | 지나갔던 나그네 시 안에서 알겠으니, |
| 何須面對形. | 굳이 얼굴을 마주할 필요 있겠는가. |

| | |
|---|---|
| 蕩身停木道, | 한가롭게 다니는 몸 포구에 머물러 있다가, |

豁眼上江亭. 강가의 정자에 오르니 눈이 넓게 트이네.

鷺頂翹垂白, 백로白鷺는 머리를 들었다 내렸다 하고,

鳧翁引濯青. 청둥오리青鳧는 목을 당겨서 씻네.

『시감時鑑』에, '오리는 목을 당겨서 씻는다'라고 하였다. 옹翁은 목이다. [時鑑曰, '鳧引濯其翁.' 翁, 頸也]

潮聲殷虛廡, 조수潮水 소리 빈집에 가득하고,

山翠滴幽庭. 청록의 산색 깊숙한 뜰을 적시네.

莫是眞人住, 진인眞人이 살고 있지 않을는지,

16 성상聖像이 있다. [有十六聖像]

何煩卜地形. 무엇 때문에 번거롭게 지형을 점치는가.

地高猶壓海, 땅이 높아 오히려 바다를 압도하고,

心巧更營亭. 생각이 뛰어나 또한 정자를 지었네.

遠島人烟白, 먼 섬에 인가人家의 밥짓는 연기 희고,

深林鬼火青. 깊은 숲에 도깨비불 푸르네.

魚堪求丙穴, 물고기가 혈丙穴에서 나오길 바라고,

鵝豈費黃庭. 거위 얻으려 어찌 『황정경黃庭經』을 쓰겠는가.

莫使畫家見, 화가畫家에게 보게 하여,

幷描我瘦形. 또한 나의 수척한 모습까지 그리게 하지 말라.

방장方丈　방장산方丈山, 신선이 산다는 심신산三神山 중에 하나이다.

대정大庭　대정씨大庭氏, 상고 시대 제왕의 이름이다. 염제신농씨炎帝神農氏의 다른 이름이다.

입택笠澤　중국의 태호太湖, 즉 동정호洞庭湖를 말한다.

난정蘭亭　진晉나라 왕희지王羲之가 삼짇날에 당대 명사들과 회계會稽 산음山陰의 난정蘭亭에 모여 곡수曲水에 술잔을 띄워 돌려 마시며 시를 지었던 모임을 말한다.

선도仙島　신선이 산다는 바다의 섬을 말한다.

오두鼇頭　다섯 선산仙山을 받치고 있는 자라 머리를 말한다. 여기에서는 바다에 솟은 산을 가리킨다.

만천蠻天　남쪽 하늘

극포極浦　아득히 먼 바닷가

탕신蕩身　자유롭게 다니는 몸

목도木道　뱃길

수백垂白　백발이 드리워진 것을 말한다.

허무虛廡　빈집

산취山翠　푸른색의 산 모습

압해壓海　바다를 압도하다, 누르다. 바다를 내려 보다.

영정營亭　정자를 만들다.

인연人烟　밥 짓는 연기, 인가人家를 가리킨다.

귀화鬼火　습한 땅에서 발생하는 자연스러운 불이고, 보통 도깨비불이라고 한다.

병혈丙穴　좋은 물고기가 나오는 곳을 말한다. 진晉나라 좌사左思의 「촉도부蜀都賦」에 "좋은 물고기는 병혈丙穴에서 나오고, 좋은 나무는 부곡裒谷에서 나온다[嘉魚出丙穴, 良木攢褒谷]"라는 구절이 있다. 병혈丙穴은 한중漢中 면양현沔陽縣 북쪽에 있으며, 두 개의 구멍에서 고기가 나온다고 하고, 보통 3월에 잡는다고 한다.

황정黃庭 『황정경黃庭經』을 말한다. 진晉나라 왕희지王羲之가 도사에게 『도덕경道德經』을 써 주고 거위와 바꿨다는 고사가 있다. 여기에서의 황정黃庭은 『도덕경』을 잘못 표기한 것이다.

## 분행역에서 시판 위의 시에 차운하면서 옛일을 기억하다

分行驛, 次板上韻, 憶舊

[甲子年, 携妓宴此樓. 갑자년, 기생을 데리고 이 누대에서 잔치를 열었다.]

| | |
|---|---|
| 黃泥壁後昔留詩, | 황색 진흙 벽 뒤에 옛날 시를 남겼는데, |
| 漫滅無蹤莫記思. | 흔적 없이 사라져 기억할 생각도 못 하네. |
| 楊柳尙垂曾去路, | 수양버들 예전 떠나던 길에 여전히 드리워져 있고, |
| 江山猶似舊遊時. | 강산江山도 옛날 노닐던 때처럼 그대로이네. |
| 青蛾安在空追憶, | 미인은 어디에 있는지 공허하게 추억만 할 뿐이고, |
| 白首重來但暗悲. | 머리 하얘져 다시 오니 남몰래 슬프기만 할 뿐이네. |
| 持節他年雖得到, | 사신의 부절符節을 들고 다른 해에 비록 온다고 해도, |
| 上樓筋力恐先衰. | 누대에 오르는 근력이 먼저 쇠할까 염려되네. |

---

**분행역分行驛** 경기도 안성에 있었던 역원

**갑자년甲子年** 1204년(신종 7년), 공의 나이 37세.

**만멸漫滅** 흐릿하여 구분하기 어렵다.

**청아青蛾** 눈썹을 푸르게 그린 여성, 미인을 말한다.

**지절持節** 사신이 지방이나 다른 나라에 갈 때 지니고 있었던, 돌이나 대나무로 만들어 주고받았던 물건이다.

## 양재역 시판 위의 시에 차운하다

楊梓驛, 次板上韻

| | |
|---|---|
| 黃堂坐嘯費星霜, | 태수의 공관公館에 앉아 휘파람 불며 세월을 보내는데, |
| 地窄難迴舞袖長. | 땅이 좁아 춤추는 긴 소매를 돌리기 어렵네. |
| 但把直誠除外飾, | 다만 헛치레하지 않고 정직하게 보낼 뿐이니, |
| 那將素面假妖粧. | 어찌 맨얼굴을 이쁘게 꾸미겠는가. |
| 衣裳藍縷身無彩, | 옷이 허름하여 몸은 문채文彩 나지 않고, |
| 旌旆悠揚路有光. | 태수의 깃발 펄럭이니 길에는 빛이 나네. |
| 左宦殘城憔悴客, | 좌천당한 작은 고을의 야윈 모습의 나그네지만, |
| 五年司詔紫微郎. | 5년 동안 조정에서 임금의 조서를 담당하였네. |

---

**황당黃堂** 태수太守가 집무를 보던 공간을 말한다. 공간의 벽은 자황雌黃으로 발랐다고 한다.

**좌소坐嘯** 한가롭게 앉아서 휘파람을 불다. 다스릴 일이 없는 한가한 관리를 말한다.

**성상星霜** 세월을 말한다.

**직성直誠** 정직正直

**외식外飾** 허식虛飾, 겉만 꾸미는 헛치레를 말한다.

**남루藍縷** 오래되고 허름한 것을 말한다.

정패旌旆 관리들이 행차할 때 앞세우는 깃발

유양悠揚 휘날리다.

초췌憔悴 고생하여 얼굴이 야윈 모습을 말한다.

잔성殘城 쇠잔한 성, 작은 고을을 말한다.

자미랑紫微郎 임금의 조서를 담당하는 관리이며, 지제고知制誥를 말한다.

## 보제사 주지 스님 규 선사의 벽 위의 대나무 그림에 시를 쓰다

題普濟寺住老規禪師壁上畵竹

| | |
|---|---|
| 禪公指點壁間竹, | 스님께서 손가락으로 벽 안의 대나무를 가리키니, |
| 根立水中唯此獨. | 물속에 뿌리를 내린 것은 오직 이것이 유일하네. |
| 渭川千畝未曾看, | 위천渭川의 천 이랑 대나무 아직 본 적이 없고, |
| 瀟湘一岸猶未矚. | 소상瀟湘 한 언덕의 반죽斑竹도 보지 못하였네. |
| 我導師之所見無奈誤, | 나는 스님의 생각이 잘못된 것이 아닐까 하는데, |
| 此竹不是天生綠. | 이 대나무의 푸름은 타고난 것이 아니네. |
| 應是一逋龍, | 아마도 한 마리 달아나는 용이, |
| 忽被海神逐. | 갑작스럽게 해신海神에게 쫓기게 된 것이네. |
| 昂頭露角欲出水, | 머리 들어 뿔 드러내고 물 밖으로 나오려고 하는데, |
| 雷公剨擊驚震地. | 뇌공雷公이 번개로 치고 땅이 흔들려 놀랐네. |
| 蒼鱗散成千葉紛, | 푸른 비늘 흩어져 수많은 잎으로 나뉘고, |
| 瘦骨卓作一竿峙. | 앙상한 몰골은 우뚝하니 장대처럼 솟았네. |
| 神物固不凡, | 신물神物이라 참으로 비범하니, |
| 雖死猶爲耐寒翠. | 비록 죽었으나 여전히 추위를 견디며 푸름을 유지하네. |
| 唯有蟠跟與蟄足, | 오직 발만을 숨길 뿐이니, |
| 至今猶在滄波裏. | 지금도 푸른 물결 속에 있네. |

지점指點　손가락이나 다른 사물로 지목하다.

위천천무渭川千畝　대나무가 무성한 것을 말한다. 『사기史記·화식열전貨殖列傳』에는 위천渭川에 천 이랑의 대나무가 있으며, 그 부는 천호후千戶侯와 견줄 수 있다고 하였다.

소상瀟湘　소상강瀟湘江 근처에는 반죽斑竹이 있으며, 아황娥皇과 여영女英이 순舜임금이 돌아가자 눈물을 흘린 자국이 반죽으로 변했다고 한다.

뇌공雷公　천둥을 치는 신

괵격劃擊　깨지고 부딪치는 소리

한취寒翠　추위에도 푸름을 유지하는 상록수常綠樹를 말한다.

근족跟足　발

반칩蟠蟄　숨기다.

## 예성강 누대 위에, 시판 위에 있는 제공의 시에 차운하다

禮成江樓上, 次板上諸公韻

[故承宣金敦中首題. 고故 승선承宣 김돈중金敦中 시가 첫머리에 있었다.]

| | |
|---|---|
| 才看畵鷁簇沙頭, | 모래사장 주변 모여 있는 배 겨우 보았는데, |
| 趁得廻潮捻不留. | 썰물을 좇아 모두 떠나 버리네. |
| 海客自愁風浪苦, | 해객海客은 스스로 바람 물결 고달플까 근심하겠지만, |
| 望中無奈似閑遊. | 바라보면 한가하게 노니는 듯하니 어찌할 도리가 없네. |
| | |
| 漁叟停橈屢轉頭, | 늙은 어부는 노를 내려놓고 자주 머리를 돌리지만, |
| 問渠何事故成留. | 그대는 무슨 일로 머물게 되었는지 물어보네. |
| 舟中應羡樓中樂, | 배 안에서는 아마도 누대 속 흥겨움을 부러워하겠지만, |
| 樓上人還羡爾遊. | 누대 위의 사람은 도리어 그대가 노니는 것을 부러워하네. |

---

화익畵鷁 배를 뜻한다. 익조의 상像을 뱃머리에 그렸다고 한다. 이 새를 배에 그리면 풍랑을 잘 이겨낸다는 믿음이 있었다고 한다.

족簇 무리

회조廻潮 썰물

정요停橈 노를 내려놓다.

## 서백사 주지 스님 돈유사가 보낸 시를 보고 차운하여 화답하다(2수)

次韻和西伯寺住老敦裕師見寄(二首)

[使者立門督促, 亦筆和寄. 심부름꾼이 문에 서서 재촉하기에, 바로 써서 화답하여 보냈다.]

| | |
|---|---|
| 不是皇恩雨露疏, | 황은皇恩의 은택이 줄어든 것이 아니라, |
| 煙霞高想自耽幽. | 자연에 대한 고상한 생각 스스로 그윽한 정취를 즐기는 것이네. |

선사께서 왕명을 받고 늘 내도량內道場에 있다가, 지금은 본사本寺로 돌아갔기에 말한 것이다. [師被命常在內道場, 今舍歸本寺故云]

| | |
|---|---|
| 須知紫闥催徵召, | 반드시 궁궐에서 재촉하여 부르는 것을 알아야 하고, |
| 休戀青山久滯留. | 청산青山을 사모하여 오래 머물러 있지 않아야 하네. |
| 遁世眞人甘屛迹, | 세상을 피한 진인眞人은 자취 감추는 것을 즐기고, |
| 趨時新進競昂頭. | 시류를 따르는 신진新進은 다투어 머리를 들어 올리네. |

보낸 시에, '후진들이 모두 불가佛家에서 높은 품계에 이르렀다'고 했기에, 말한 것이다. [來詩, '有及後進皆升僧門高品.' 故云]

| | |
|---|---|
| 象王他日來騰踏, | 상왕象王은 훗날 여기에 발을 딛는다면, |
| 狐鼠餘腥掃地收. | 비린내 나는 소인小人들이 땅에서 사라질 것이네. |

| | |
|---|---|
| 莫怪長安鯉信疏, | 장안長安에서 서신書信이 줄었다고 이상히 여기지 말게, |
| 俗音那到水雲幽. | 속세의 소식을 어찌 스님이 있는 깊은 공간에 이르게 하겠는가. |
| 巖堂煙月棲身穩, | 산속 암자의 연월煙月은 편안히 몸에 깃들고, |
| 京輦風塵戀祿留. | 도성의 풍진風塵에서 녹봉에 연연하여 남았네. |

道韻想君氷入骨, 그대의 기운氣韻을 생각하니 얼음이 뼈에 스며든 듯하고,
宦遊憐我雪蒙頭. 나의 벼슬살이 가여우니 눈이 머리를 덮었네.
掛冠何日攀高躅, 어느 날에 관을 걸고 숭고한 품행을 따르며,
六尺殘骸老可收. 육 척 늙은이의 남은 뼈를 거둘 수 있을까.

**다시 별도 한 수의 시를 지어, 초[燭]를 보내준 것에 사례하다**又別成一首, 謝惠燭

東海孤雲十世孫, 해동海東의 고운孤雲 10세손,
文章猶有祖風存. 문장은 여전히 선조의 풍격을 간직했네.

최치원崔致遠 10세 내손內孫이다. 치원致遠의 자字는 고운孤雲이다. [崔致遠十世內孫. 致遠字孤雲]

兩條金燭兼詩貺, 두 자루 금 촛대에 시를 함께 보내니,
詩足淸心燭破昏. 시는 마음을 맑게 하고 촛대는 어둠을 밝히기에 충분하네.

**유공裕公이 세 수의 시를 시판 위에 새겨서, 서문을 써서 보냈는데, 아울러 여기에 붙인다**裕公以此詩三首上板, 因有序寄之, 幷附

위의 시 세 수는 지금 보문각대제寶文閣待制 이공李公 모某가 지은 것이다. 나는 이공에게 가장 후하게 인정을 받았고, 지난날 삼가 조정의 명령을 받들어 궁궐 안 산호정山呼亭에서 지내게 되었는데, 축승祝嵩할 때에, 공이 또한 한림翰林으로 조정에 있어서, 조서를 쓰다가 여유가 생기면, 자주 내가 있는 곳을 방문하였다. 하루는 우연히 대여섯의 손님이 있었는데, 공에게 다음과 같이 말하였다. '우리는 공이 창운주필唱韻走筆을 잘한다고 익히 들어왔는데, 직접 본 적이 없습니다. 청컨대, 여러 사람의 간절한 바람을 들어주는 것이 어떠합니까.' 공이 알았다고 하였다. 좌객坐客이 돌아가며 서로 창운唱韻하자, 공이 바로 주필走筆로 써서, 벽에 썼는데 다음과 같다.

[右詩三首, 今寶文閣待制李公某所著也. 髡於公辱知最厚, 往者伏承朝旨, 寓闕內山呼亭, 祝

嵩之際, 公亦以翰林在禁中, 草詔餘隙, 屢訪予居. 一日, 偶有客五六人, 謂公曰, '吾儕飽聞公之唱韻走筆, 未親覩也. 請從衆懇許之如何.' 公曰諾. 坐客迭相唱韻, 公卽走筆, 書于壁云]

| | |
|---|---|
| 暫出銀臺署, | 잠시 한림원을 나와서, |
| 來尋竹閣僧. | 죽각竹閣의 스님을 방문하였네. |
| 飢飧宜煮蕨, | 배고프면 밥은 고사리를 삶아야 하고, |
| 禪話更添燈. | 선문답禪問答에 다시 등불 더 밝히네. |
| 蓮社難連訪, | 연사蓮社를 계속 방문하기 어려워, |
| 金鑾業已登. | 한림원으로 벌써 길을 나섰네. |
| 閑忙皆有伴, | 바쁘고 한가함은 모두 짝이 있는데, |
| 喧靜豈無朋. | 조용하고 시끄러움은 어찌 벗이 없겠는가. |
| 師似雲無繫, | 스님은 구름처럼 얽매임이 없고, |
| 予如木不繩. | 나는 나무와 같아서 먹줄 놓지 못하네. |
| 快哉今夜飮, | 즐겁구나! 오늘 밤 마시니, |
| 遮莫火輪昇. | 해가 떠도 아무래도 좋다. |

며칠 뒤, 청하淸河 상국의 추천으로[지금 진양후晉陽候이다], 바로 진강공晉康公의 사저로 들어갔는데, 공은 먼저 은밀히 상국수문전대학사相國修文殿大學士 금공琴公에게 사람을 보내, 50여 자의 시를 뽑아서 썼다. 공을 좌전座前에 불러서, 바로 요속寮屬과 제경諸卿에게 명하여 붓과 벼루를 나누어 받들게 하였다. 공이 직접 뜰에서 기르는 공작을 시제로 삼아서, 학사에게 이어서 운자를 부르게 하고, 자주 독촉하였다. 공은 곁에 사람이 없는 듯이 하여, 담담하게 읊조리더니, 바로 번개가 순간 번쩍이듯이 순식간에 써 내려가니, 진강공이 칭찬하고 감탄하면서 눈물을 흘렸다. 이 일로 임금에게 아뢰어, 등급을 넘어 육품을 제수받았으며, 얼마 지나지 않아서 우정언지제고右正言知制誥로 옮겼다.

[後數日, 爲今淸河相國所薦[今晉陽侯也], 乃入晉康公邸, 公先密使相國修文殿大學士琴公, 抄韻五十餘字, 召公於座前, 仍命寮屬諸郞分奉筆硯. 公自占庭中所養孔雀爲題, 使學士連聲唱韻, 屢督促之. 公旁若無人, 傲然嘯詠, 卽下筆如迅雷奔電, 不容一瞥, 晉康公嘆息至垂涕. 因奏于上, 超資授六品, 未幾, 遷右正言知制誥]

아, 공이 이처럼 신묘한 대작大作으로 사람들의 입에 오르내리는 것은, 헤아릴 수 없을 정도이니, 이 세 수의 시는 공이 말한 바와 같이 심부름꾼이 문에서 독촉하였기 때문에, 주필走筆로 화답하여 멀리 부친 것이니, 나는 명성이 사라져서, 훗날 아는 사람이 없을까 염려하여, 지금 시판에 써서 벽 위에 걸어 놓으니, 오래 전하고자 할 뿐이다.

[噫, 公之如此神妙盛作之膾炙人口者, 不可勝紀, 而此詩三首, 如公所言使者在門督促, 故走筆和成遠寄, 則予恐湮沒無聞, 後莫有知之者, 今上板釘于壁上, 以壽其傳云耳]

신사년辛巳年 5월 16일, 서백사西伯寺에서 부처를 모시는 노승老僧이 발문을 쓰다.

[時重光大荒落皐月旣望, 西伯寺典香火老髡跋]

---

우로雨露　비와 이슬을 말하고, 임금의 은혜를 가리킨다.

연하煙霞　구름과 놀, 산수山水 및 자연自然을 말한다.

고상高想　고상한 생각

내도량內道場　궁궐 안에서 불도를 닦는 공간

자달紫闥　궁궐

징소徵召　불러 모으다.

병적屛迹　자취를 감추다.

앙두昂頭　머리를 올리다.

상왕象王　부처 혹은 보살을 말한다.

등답騰踏 다리를 들어서 이르다. 발을 딛다.

호서狐鼠 불순한 사람, 소인小人을 뜻한다.

이신鯉信 서신書信을 말한다. 한漢나라 악부인 「음마장성굴행飮馬長城窟行」에 "나그네가 멀리서 왔기에, 잉어 한 쌍을 나에게 주었네, 아이 불러서 잉어를 삶게 하였는데, 배 안에 한 자의 비단 편지 있었네[客從遠方來, 遺我雙鯉魚. 呼童烹鯉魚, 中有尺素書]"라는 내용이 있다.

수운水雲 수운신水雲身을 말하고, 행각승行脚僧을 뜻한다. 행운유수行雲流水와 같이 정처定處 없이 자유롭게 지내는 사람을 가리킨다.

암당巖堂 바윗굴, 산속의 암자를 말한다.

경연京輦 도성都城을 말한다.

도운道韻 기운氣韻

괘관掛冠 관冠을 걸어 놓는 것으로, 벼슬을 그만두는 것이다.

고촉高躅 숭고한 품행品行을 말한다.

잔해殘骸 겸사謙辭로 늙고 쓸모없는 몸을 말한다.

욕지辱知 겸사謙辭로, 다른 사람에게 인정을 받았다는 것이다.

조지朝旨 조정의 명령

축숭祝嵩 국운이 숭산嵩山처럼 오래되길 빈다는 것이다.

여극餘隙 한가閑暇하다.

은대銀臺 한림원翰林院

죽각竹閣 죽림정사竹林精舍 혹은 죽림원竹林園이라고도 한다. 석가여래가 설법하는 공간이다. 여기에서는 서문에서 언급한 산호정山呼亭을 말한다.

자궐煮蕨 고사리를 삶다.

업이業已 벌써

연사蓮社 동진東晉의 혜원慧遠이 세운 백련사白蓮社를 말한다.

금규金閨　한림원翰林院

화륜火輪　태양

차막遮莫　아무래도 좋다.

좌전座前　옛날 편지에서 존장尊長을 부를 때 쓰는 호칭

요속寮屬　하급 관리

방약무인旁若無人　곁에 사람이 없는 듯이 하다.

신뇌분전迅雷奔電　갑작스럽게 천둥 번개가 치다.

월자超資　등급을 넘어 승진하다.

인몰湮沒　매몰하다. 사라지다.

고월皐月　음력 5월

기망旣望　16일

향화香火　부처를 모시다.

노곤老髡　늙은 승僧

중광重光　천간의 신辛을 말한다.

대황락大荒落　지지地支의 사巳를 말한다.

신사년辛巳年　1221년(고종 8년), 공의 나이 54세.

## 화이도에 장단구를 짓다

題華夷圖長短句

| | |
|---|---|
| 萬國森羅數幅牋, | 온갖 나라의 삼라만상이 몇 폭의 종이에 있고, |
| 三韓隈若一微塊. | 삼한三韓은 모퉁이의 작은 덩어리와 같네. |
| 觀者莫小之, | 보는 사람은 작다고 하지 말라, |
| 我眼謂差大. | 내 눈으로는 조금 크다고 생각하네. |
| 今古才賢袞袞生, | 예전과 지금 재현才賢이 끊임없이 나오고, |
| 較之中夏毋多愧. | 중국中國과 비교해도 크게 부끄러워할 필요 없네. |
| 有人曰國無則非, | 어떤 사람이, '나라에 인재가 없으면 나라가 아니니, |
| 胡戎雖大猶如芥. | 오랑캐가 비록 땅이 크지만 오히려 초개草芥와 같다'고 하였네. |
| 君不見華人謂我小中華, | 그대는 화인華人이 우리를 일러 소중화小中華라고 한 것을 보지 못했는가, |
| 此語眞堪採. | 이 말 참으로 선택할 만하네. |

---

재현才賢　인품과 덕성, 그리고 재능이 있는 사람

곤곤袞袞　끝이 없다.

중하中夏　중국中國

## 묘암사에 노닐면서, 홍 서기가 시판 위에 유제한 위금암 시에 차운하다

遊妙巖寺, 次板上洪書記題位金巖詩韻

妙巖高揖位金巖, 묘암妙巖은 높아서 위금암位金巖을 감싸는 형세이고,

신라 장군 위금位金이 여기 바위에 와서, 적을 막기 위한 돌성을 쌓았는데, 지금도 여전히 존재한다. [新羅將軍位金來此巖, 築石城禦敵, 至今猶在, 故號位金巖]

偸覰淸都愧眼凡. 몰래 청도淸都를 평범한 사람의 눈으로 엿보니 부끄럽네.

幽澗水渟猿掬飮, 깊은 시내 물웅덩이 물을 원숭이는 두 손으로 마시고,

陽崖草活鹿來銜. 양지바른 언덕 무성한 풀 사슴이 와서 뜯네.

僧高只對虛心竹, 고승高僧은 마음을 비우고 대나무 마주할 뿐이고,

寺古空看合抱杉. 고사古寺는 한 아름의 삼나무만 공허하게 보이네.

聞說將軍眞李牧, 장군은 참으로 이목李牧과 같다고 이야기 들었는데,

區區安數禁中諴. 어찌 조정에서의 충성을 일일이 다 말하겠는가.

---

고읍高揖 고개를 높이 들어 두 손을 포개는 듯한 모습. 중국에서 이별할 때의 예절이다.

청도淸都 천제天帝가 사는 궁궐을 말한다.

투처偸覰 몰래 엿보다.

유간幽澗 깊은 계곡

수정水渟 물이 고여있는 웅덩이

양애陽崖　남쪽의 가파른 언덕

합포合抱　두 팔을 감싸서 둘레를 재는 모습. 아름드리

이목李牧　조趙나라의 장군으로, 흉노를 크게 이겨서 다시는 침범하지 못하게 하였다. 진秦나라 군대도 물리쳐서 무안군武安軍에 봉해졌다.

구구區區　하나하나 너무 많아서 언급하기 어렵다.

## 다시 시판 위의 유 학사의 시를 차운하여, 주지 비구에게 주다

又次板上庾學士韻, 贈住老比丘

| | |
|---|---|
| 逐客不妨山寺遊, | 조정에서 쫓겨난 사람 산사山寺에서 노니는 것을 꺼리지 않는데, |
| 揭來寬我心中憂. | 여기에 오니 내 마음속 근심 누그러지네. |
| 道人眼碧眉覆額, | 도인道人은 푸른 눈에 눈썹이 이마를 덮었고, |
| 坐穴藜床今幾秋. | 좌선하던 명아주 평상에 구멍 뚫렸으니 몇 해나 있었던 것인가. |
| 笑予不早掛冠去, | 내가 일찍 벼슬 그만두고 떠나지 못한 것을 비웃으니, |
| 其於防身智莫周. | 내 자신을 보호하는 지혜 면밀하지 못하였네. |
| 俛首不答顏已厚, | 부끄러운 줄도 모르고 대답도 없이 머리 숙이니, |
| 白汗如瀉紛難收. | 식은땀이 쏟아지는 듯 너무 많아서 거두기 어려웠네. |
| 幽泉泠泠舂石齒, | 산 깊은 샘물 맑고 시원하게 돌부리를 찧고, |
| 晴雪漼漼落松頭. | 쌓인 눈은 주룩주룩 소나무에서 떨어지네. |
| 山中信美無由留, | 산속 참으로 아름다운데 머무를 방법 없으니, |
| 出門欲去增添愁. | 문을 나와서 떠나려 하는데 근심만 더해지네. |

---

여상藜床 명아주 줄기로 엮은 평상을 말한다. 삼국시대 관녕管寧이 여상에 꿇어 앉아서 50년을 지냈고, 무릎 닿는 곳에 구멍이 뚫렸다는 이야기가 전한다.

면수俛首 머리를 숙이다.

후안厚顔 부끄러운 줄 모르는 얼굴

백한白汗 식은땀

영령泠泠 맑고 시원한 소리

석치石齒 치아 모양의 뾰족한 돌

청설晴雪 눈이 그치고 쌓여 있는 눈

최최漼漼 주룩주룩 흘러내리는 모습

## 정월 15일에, 황은을 입고 고향인 황려현으로 유배지를 옮기게 되었다. 12일에 죽주에 잠시 머물렀고, 만선사에서 하루를 보내게 되었는데, 시판 위 제공의 시에 차운하였다(2수)

十五日, 蒙恩量移桑梓黃驪縣. 一十二日, 行次竹州, 寓宿萬善寺, 次板上諸公韻(二首)

[予辛酉年遊此寺所和詩也, 在第十卷. 내가 신유년辛酉年 이 절에서 노닐었을 때 화답한 것으로 문집 10권에 있다.]

野望際天斷, 들판 바라보니 아득한 하늘 끊겼고,
村耕入壤深. 마을은 밭갈이로 땅 깊이 고랑을 팠네.
地卑微潤泫, 땅이 낮아 윤기가 부족하고,
山近薄寒侵. 산이 가까워 옅은 추위 스며드네.
古壁塵黴面, 오래된 벽의 표면은 먼지와 흙비로 덮였고,
枯枏蠹剝心. 마른 녹나무의 속은 좀이 슬어 벗겨졌네.
我詩先有讖, 나의 시 앞서는 뜻 있었으니,
落職果重尋. 벼슬에서 물러나 결국 다시 찾게 되었네.

이전 화답한 시에서, '관직을 그만두고 다시 찾고자 하네'라는 구가 있다. [前和詩, 有休官欲重尋之句]

古院昔曾到, 오래된 절을 예전에 온 적이 있었는데,
殘年今復廻. 늦은 나이에 지금 다시 돌아왔네.
巖分雷電裂, 바위는 번개로 갈라졌고,

바위 가운데가 갈라졌는데, 사람들에 의하면 하늘에서 번개가 쳐서 갈라진 것이라고 한다. [有嵒中分, 人言天雷下裂]

殿屹鬼神開. 사원寺院의 전당殿堂 높으니 귀신이 열어 놓은 듯하네.

幽穴鼯頻出, 깊은 구멍에서 다람쥐가 자주 나오고,
生臺鳥自來. 생대生臺에는 새들이 알아서 오네.
孤臣逢勝境, 외로운 신하 좋은 산천을 만났으니,
欲去重徘徊. 떠나고자 하면서 다시 서성거리네.

---

상재桑梓 고향을 뜻한다.

양이量移 귀양 간 사람을 가까운 곳으로 옮기는 것을 말한다.

행차行次 이동 중 잠시 머무는 곳을 말한다.

신유년辛酉年 1201년(신종 4년), 공의 나이 35세.

촌경村耕 마을의 밭갈이

지비地卑 땅이 낮다.

윤자潤泫 땅의 습도, 부드럽고 윤기가 있는 모습

진매塵霾 먼지와 흙비

두박蠹剝 좀이 슬어 닳거나 벗어지다.

잔년殘年 사람의 일생이 다한 시절, 늙은 나이

전흘殿屹 사원寺院의 전당殿堂

생대生臺 스님들이 밥을 먹을 때, 새나 짐승에게 밥을 조금씩 떼어 주는 공간을 말한다.

## 주지 현 상인이 지나가는 나그네인 제공이 지은 시를 벽에 걸고는, 나에게 차운하여 시를 지어달라고 청하다(2수)

住老賢上人, 以過客諸公所賦詩釘壁, 乞予次韻(二首)

| | |
|---|---|
| 巖深藏古寺, | 벼랑 깊은 곳 오래된 절 감추어졌고, |
| 林暝失前村. | 숲은 깊어 앞마을도 보이지 않네. |
| 野雉莎鞦靡, | 들꿩은 꼬리 사이의 깃털 사초莎草와 같이 곱고, |
| 山鷄錦翼翻. | 산닭은 비단 같은 날개 반짝이네. |
| 誰家松蓋屋, | 누구의 집인지 소나무가 지붕을 덮고, |
| 是處柳搖門. | 이곳은 버드나무가 문에서 흔들거리네. |
| 流落吾何恨, | 떠도는 내가 무엇을 한스러워하겠는가, |
| 渾身費國恩. | 온몸이 나라의 은혜를 받았네. |

| | |
|---|---|
| 落日低層嶺, | 높은 산자락 밑으로 해가 지고, |
| 孤雲界遠村. | 외로운 구름은 멀리 있는 마을과 구분되네. |
| 鳥尋泉脈吸, | 새는 샘물 줄기를 찾아서 마시고, |
| 牛踏地皮翻. | 소는 땅바닥을 밟고 돌아오네. |
| 境勝賓留句, | 산천이 뛰어나 빈객이 시구를 남겼고, |
| 僧高盜避門. | 스님은 고상하여 도적이 문을 피해가네. |
| 主人情鄭重, | 주인의 정 점잖고 엄숙하니, |
| 鮫泣感深恩. | 교인鮫人이 깊은 은혜에 감동하여 눈물 흘리네. |

상인上人　승려를 높여 부르는 말이다.

사추莎鞦　추鞦는 꿩의 꼬리 사이에 있는 푸른색의 깃털을 말하고, 이 깃털은 사초莎草(향부자, 무덤의 떼로 사용한다)와 같이 곱다고 여겼다.

유락流落　타향을 떠돌아 다니다.

층령層嶺　높은 산

지피地皮　땅바닥

정중鄭重　점잖고 엄숙하다.

교읍鮫泣　교인鮫人이 인가人家에 있으면서 비단을 짜서 팔았다. 그 집을 떠나려 할 때, 주인에게 그릇을 달라고 하여 눈물을 흘리니 바로 진주였다는 이야기가 있다.

## 황려현 정천사 의사의 야경루에 시를 남기다

題黃驪井泉寺誼師野景樓

| | |
|---|---|
| 吾師於物取之廉, | 우리 스님 취하는 사물이 검소하지만, |
| 獨向溪山不忌貪. | 유독 계산溪山에 있어서는 욕심을 버리지 못하네. |
| 幼出一樓高突兀, | 어린 시절 나오면 누대 하나 높이 솟았고, |

스님이 처음 야경루를 지었다. [師始作此樓]

| | |
|---|---|
| 驅來萬景揔包含. | 온갖 경치 몰아와서 모두 포함하였네. |
| 耕犂細雨村情樂, | 가는 비에 밭을 가니 마을의 정 즐겁고, |
| 樵笛殘陽野興酣. | 해 질 무렵 나무꾼의 피리 소리에 야흥野興이 무르익네. |
| 朝暮鳥聲門外樹, | 아침저녁 새 소리 문밖 나무에서 들리고, |
| 古今人影路傍潭. | 예나 지금이나 사람의 그림자 길가의 못에 어리네. |
| 貼雲歸雁工先後, | 구름 가까이 돌아가는 기러기 줄지어 잘 날고, |
| 出水浮鷗忽兩三. | 불어난 물 위의 물새 문득 두세 마리 있네. |
| 壤品須看原膴膴, | 토질은 반드시 본래 비옥한 것을 봐야 하고, |
| 寺名都在井涵涵. | 절 이름은 모두 넘실거리는 우물에 있네. |
| 月窺深室閑僧睡, | 달은 깊숙한 방에서 한가롭게 졸고 있는 스님을 엿보고, |
| 谷答虛堂坐客談. | 좌객坐客이 이야기 나누니 빈집에 메아리치네. |
| 陶暑涼軒何必北, | 더위 식히는 시원한 누각樓閣 북쪽일 필요 있겠는가, |
| 召風巍榭最宜南. | 소공昭公이 다스린 우뚝한 정자는 남쪽이 가장 적절하네. |
| 霽天霞色殷於火, | 맑은 하늘 노을빛 불보다 밝고, |
| 曉店煙光翠似藍. | 새벽 주점 구름안개 쪽빛처럼 푸르네. |

早占淸幽君自適, 일찍 맑고 깊숙한 곳을 골라 그대는 한적함을 즐겼고,
晩逢佳勝我方慙. 늦게서야 좋은 경치를 만난 나는 지금이 부끄럽네.
洗心投社如同隱, 마음을 씻고 절에 들어가 함께 은거한다면,
汲水煎茶尙可堪. 물 길어 차를 끓이는 일도 오히려 감당할 수 있네.
儻有話頭鑽味處, 만일 불가의 핵심을 깨닫는 부분이 있다면,
不妨時喚老龐參. 간혹 늙은 방삼龐參을 부르는 것도 괜찮겠네.

---

돌올突兀 우뚝 솟다.

경리耕犂 밭을 갈다. 경작耕作하다.

잔양殘陽 석양夕陽

무무膴膴 비옥하다.

함함涵涵 물결이 넘실거리는 모습을 말한다.

도서陶暑 더위를 식히다.

양간涼軒 시원한 누각樓閣

소풍召風 주나라 소공昭公이 순행巡行하면서 선정善政을 펼쳤는데, 팥배나무 밑에서 쉬고 간 적이 있었다. 사람들은 그가 쉬어갔던 팥배나무를 소중히 여겼다고 한다. 백성들에게 좋은 정사를 펼치는 것을 말한다.

자적自適 조용히 한적함을 즐기다.

찬미鑽味 자세히 체득하다.

방삼龐參 후한後漢 때의 사람으로, 태수太守와 태위太尉를 지냈다. 도잠陶潛과 친분이 있었다.

## 시랑 김창이, 습유 박문수가 김공이 간직한 모란 그림에 유제한 시에 차운하다

次韻金侍郎敞和朴拾遺文秀題公所蓄畵牡丹

| | |
|---|---|
| 白玉床頭錦幄開, | 백옥상白玉床 머리에 비단 휘장 펼쳐지고, |
| 半窺西子倚歌臺. | 살짝 보니 서시西施가 가대歌臺에 기대었네. |
| 豈期海外重相見, | 어찌 바다 밖에서 다시 서로 보리라 생각했겠는가, |
| 應逐鴟夷一舸來. | 아마도 치이鴟夷를 좇아 같은 배로 왔겠지. |
| | |
| 雲錦香囊殿上開, | 운금雲錦의 사향주머니 궁궐에 펼치니, |
| 似聞西母自龜臺. | 서왕모가 귀대龜臺에서 온 것 같네. |
| 知君不是劉家後, | 알겠으니 그대는 유가의 후예가 아니겠는가, |
| 모란에 유가홍劉家紅이 있다. [牡丹有劉家紅] | |
| 第幾函中得受來. | 몇 번째 함 속에서 얻어서 왔는가. |
| | |
| 老大逢花眼嬾開, | 늙어서 꽃을 본 적이 자주 없었는데, |
| 未容閑上賞春臺. | 아직 한가롭게 상춘대賞春臺에 오르지 않았네. |
| 君家近得無雙艷, | 그대의 집에서 근래에 요염한 꽃을 얻었다니, |
| 莫爲灰心不喚來. | 불 꺼진 재와 같은 마음의 나를 불러주게나. |
| | |
| 數朶仙花意外開, | 몇 송이 선화仙花 뜻밖에 피었고, |
| 緣君名字在丹臺. | 그대의 이름 단대丹臺에 있어서네. |
| 新詩不啻千金擲, | 천금千金과 같은 새로운 시를 던질 뿐만 아니라, |

| | |
|---|---|
| 故作嫣然一笑來. | 아름다운 모란과 한바탕 웃으려고 왔네. |

| | |
|---|---|
| 人種春紅苦待開, | 사람들이 봄꽃을 심고 피기를 고달프게 기다리니, |
| 似邀仙女隔瑤臺. | 아득히 요대瑤臺의 선녀를 맞이하는 듯하네. |
| 此花妖艶無時節, | 이 꽃의 요염함은 시절을 가리지 않으니, |
| 把酒何妨日日來. | 술 마시러 날마다 온다고 한들 무슨 해가 되겠는가. |

---

| | |
|---|---|
| 서자西子 | 서시西施를 말한다. |
| 가대歌臺 | 노래와 춤을 공연하는 누대 |
| 치이鴟夷 | 치이자피鴟夷子皮를 말하며, 범려范蠡가 제齊나라로 가서 바꾼 성명姓名이다. 그는 오吳나라가 멸망한 이후에, 서시西施를 배에 태우고 노닐었다고 한다. |
| 운금雲錦 | 구름무늬의 비단 |
| 향낭香囊 | 사향麝香 주머니 |
| 귀대龜臺 | 선인仙人이 거처하는 곳 |
| 서모西母 | 서왕모西王母를 말한다. |
| 근득近得 | 근래에 |
| 무쌍無雙 | 견줄만한 짝이 없다. |
| 재심灰心 | 의기소침하다. |
| 단대丹臺 | 신선이 거주하는 곳 |
| 언연嫣然 | 아름다운 모습 |
| 요대瑤臺 | 신선이 거처하는 곳 |

## 7월 9일, 내성에서 숙직하면서 벽 위에 쓰다

七月九日, 直內省書壁上

| | |
|---|---|
| 項強啄硬同遊輩, | 올곧은 자세로 굳세게 말하면서 함께 지낸 사람 중에는, |
| 未入黃扉者亦多. | 아직 재상에 오르지 못한 사람들이 또한 많네. |
| 此足此身登此地, | 이 발과 몸으로 이 자리에 올랐으니, |
| 有時慵直意如何. | 이따금 숙직도 귀찮아하는 마음 무엇인가. |

계속 병으로 누워있기 때문에 말한 것이다. [連臥病故爾]

| | |
|---|---|
| 桑楡景迫鬢渾皤, | 노년의 나이가 되어 귀밑털 온통 하얗고, |
| 無德無功竊祿多. | 베푼 것도 없고 공도 없이 녹봉만 많이 받았네. |
| 咫尺嚴城門外客, | 도성의 지척에 있는 문밖의 나그네는, |
| 亦聞更盡尙行何. | 또한 오경五更 소리 다 듣고 다시 어디로 가는가. |

---

**내성內省** 중서문하성中書門下省을 말한다.

**항강項強** 올곧고 강하여 굴하지 않는 것을 말한다.

**탁경啄硬** 굳세게 말하다.

**황비黃扉** 재상을 말한다. 재상집의 문을 황색으로 칠하였다고 한다.

**상유桑楡** 사람의 노년老年을 말한다.

**경박景迫** 저녁의 햇살을 말한다.

**엄성嚴城**　방비가 삼엄한 도성을 말한다.

**문경聞更**　시간 알리는 소리를 듣다.

## 다시 흥성사를 찾아 노닐면서 벽에 쓰다(2수)

再遊興聖寺書壁(二首)

我昔閑遊一散人, 나는 예전에 한가하게 노니는 별 볼 일 없는 사람이었는데,

전집前集에 「유흥성사遊興聖寺」라는 시가 있다. [前集有遊興聖寺詩]

今來擁騎喝聲頻. 지금은 기마騎馬 행렬에 계속 갈성喝聲하면서 왔네.

나는 당시에 아경亞卿 대제待制였다. [予時爲亞卿待制]

寺僧揔換曾知面, 절의 스님은 예전에 알던 얼굴 모두 바뀌었고,

誰識當時短褐身. 누가 그 옛날 짧은 베옷을 입었던 사람인지 알겠는가.

疇昔曾題一首詩, 지난날 한 수의 시를 지은 적이 있었는데,

詩今漫滅主人非. 시는 지금 마모되어 사라졌고 주인도 바뀌었네.

벽이 마모되어 시가 없었다. [壁破無詩]

再來涴壁僧誰認, 다시 와서 벽을 더럽히니 어느 스님이 알아주겠는가,

唯有幽禽傍檻飛. 오직 그윽한 울음소리 내는 새들만이 난간을 스쳐 날아 가네.

---

**흥성사興聖寺** 고려시대 장단도호부長湍都護府 오관산五冠山에 있었던 절

**산인散人** 한가하고 쓸모없는 사람

**갈성喝聲** 소리를 질러 잡인의 출입을 금지하는 것

대제待制 당나라 때 5품 이상의 관직으로 중서성과 문하성에 숙직하면서 천자의 조서를 작성하였다.

옹기擁騎 앞뒤로 기마행렬이 따르는 것을 말한다.

총환揔換 전부 바뀌다.

단갈短褐 짧은 베옷

주석疇昔 지난날

완벽涴壁 벽을 더럽히다. 즉 벽에 글쓰는 것을 말한다.

# VI

# 중국 문인의 시를 읽고 차운함

## 천원 백비화의 집에서 해당화로 시를 지었는데, 백낙천의 시운을 사용하였다

白天院賁華家賦海棠, 用樂天詩韻

[李秀才同賦. 이 수재李秀才와 함께 지었다.]

| | |
|---|---|
| 似識先生用意栽, | 선생이 마음을 써서 심은 것을 아는 듯하니, |
| 故應恰恰趁時開. | 일부러 제때 꼭 알맞게 꽃을 피웠네. |
| 龔妃嬌侍臨春閣, | 공비龔妃가 요염하게 임춘각臨春閣에서 모시는 듯하고, |
| 楚女閑過夢雨臺. | 초녀楚女가 한가롭게 몽우대夢雨臺를 지나가는 듯하네. |
| 映日醺酡顔更爛, | 술기운 오른 듯 해 비추니 얼굴은 더욱 불그스레하고, |
| 隔林羞澁笑猶迴. | 수줍은 듯 숲을 사이에 두고 웃음기 오히려 맴도네. |
| 浮紅一餉終如夢, | 순간 피었다 지는 것이 꿈과 같으니, |
| 更約明朝把酒來. | 다시 다음날 술 가지고 오길 기약했네. |

---

**흡흡恰恰** 꼭 알맞다.

**진시趁時** 제때에, 시기적절하게

**공비龔妃** 진陳 후주後主의 귀빈貴嬪이다.

**임춘각臨春閣** 진陳 후주後主가 세운 누각樓閣 중에 하나로, 자신이 거처한 곳이다. 공비龔妃는 망선각望仙閣에서 지냈다.

**초녀楚女** 무산巫山의 신녀神女를 말한다.

**몽우대夢雨臺** 초楚 양왕襄王과 무산 신녀의 꿈속 정사를 말한다. 송옥宋玉의 「고동부高堂賦」에, 초나라 양왕이 운몽대雲夢臺에서 노닐다가 송옥宋玉에게 조운朝雲에 대하여 물었는데, 옛날 선왕先王이 꿈에서 한 여인과 있었던 일에 대하여 말하였다. 내용은 다음과 같다. "아침에는 구름이 되고, 저녁에는 비가 되어 내리면서, 아침저녁으로 양대陽臺의 아래에 있겠습니다[旦爲朝雲, 暮爲行雨, 朝朝暮暮, 陽臺之下]"라고 하였다.

훈타醺酡 술 취한 듯 얼굴이 불그스레한 것을 말한다.

수삽羞澁 기분이 부자연스러운 상태를 말한다.

부홍浮紅 붉은 해가 뜨다.

일향一餉 순간, 잠시

## 문장로와 박환고가 무궁화[근화槿花]를 논평하면서 지은 시에 차운하다[병서]

### 次韻文長老 · 朴還古論槿花[并序]

장로長老 문공文公과 동고자東皐子 박환고朴還古가 각자 근화槿花의 이름에 대하여 이야기를 나눴는데, 간혹 무궁無窮이라고 하는데, 무궁無窮의 뜻이니, 이 꽃은 끝없이 피고 진다는 것이다. 혹은 무궁無宮이라고 하는데, 무궁無宮의 뜻이니, 옛날 군왕君王이 이 꽃을 아껴서 육궁六宮이 무색해졌다는 것이다. 각자 자신의 생각이 맞는다고 하여 결정하지 못하였다. 백낙천의 시를 찾아서, 그 시운에 따라 각각 한 편씩 지었기에, 또한 나에게도 화답하길 권하였다.
[長老文公 · 東皐子朴還古, 各論槿花名, 或云無窮, 無窮之意, 謂此花開落無窮. 或云無宮, 無宮之意, 謂昔君王愛此花, 而六宮無色. 各執不決. 因探樂天詩, 取其韻各賦一篇, 亦勸予和之]

| | |
|---|---|
| 槿花之二名, | 근화槿花의 이름은 둘이니, |
| 發自吾二友. | 나의 두 친구로부터 시작하였네. |
| 滯一各不移, | 각자 고집이 있어 생각을 옮기지 못하니, |
| 若尙左尙右. | 왼쪽과 오른쪽을 숭상하는 것과 같네. |
| 我將試新勇, | 나는 새롭게 용기를 내어서, |
| 兩敵破一手. | 두 사람을 상대로 한 손에 격파하고자 하네. |
| 嘗聞古之人, | 옛사람들에게 들은 적이 있는데, |
| 戱韭以爲九. | 장난으로 부추[韭]를 '구九'로 여겼네. |
| 宮窮亦似戱, | 궁宮과 궁窮도 모두 장난인 듯하니, |
| 初傳自誰口. | 처음 전할 때 누구의 입으로부터 시작하였는가. |

| | |
|---|---|
| 予獨立可斷, | 나만이 홀로 판단할 수 있으니, |
| 如辨醇醨酒. | 술이 독한지 순한지 구분하는 것과 같네. |
| 此花片時榮, | 이 꽃은 짧은 사이에 피는 것이니, |
| 尙欠一日久. | 오히려 하루도 지나기 어렵네. |
| 人嫌似浮生, | 사람들은 뜬구름 같은 인생을 싫어하여, |
| 不忍見落後. | 차마 떨어진 꽃을 보지 못하네. |
| 反以無窮名, | 도리어 무궁의 이름이라고 했지만, |
| 儻可無窮有. | 과연 무궁無窮할 수 있겠는가. |
| 二子聞之驚, | 두 사람이 들으면 놀라서, |
| 闔吻如閉牖. | 문을 걸어 닫듯이 입을 열지 못할 것이네. |
| 我說誠有憑, | 나의 말은 참으로 근거가 있으니, |
| 問君肯之否. | 그대들이 듣고 받아들이지 않겠는가. |
| 如將移諸朝, | 만약 조정에 이 말을 옮긴다면, |
| 亦可言亥首. | 또한 해수亥首라고 말할 것이네. |

---

장로長老 주지 스님

육궁六宮 후비后妃가 거처하는 공간

근화槿花 무궁화

상좌상우尙左尙右 왼쪽을 숭상하고 오른쪽을 숭상하다.

구韭 부추를 말하는데, 발음이 구九와 같다고 여겼다. 제齊나라의 유고지庾杲之는 매우 청빈淸貧하여 늘 부추 반찬 3가지[삼구三韭]로 밥을 먹었다고 한다. 이에 대하여 사람들이 놀렸는데, 어떠한 사람이 유고지는

27(3×9)가지나 되는 반찬을 놓고 먹는다고 하였다.

순리醇醨　　술의 농도가 짙은 것과 삼삼한 것

편시片時　　순간, 잠깐

해수亥首　　해亥자가 들어간 간지의 해를 가리킨다. 73세를 가리키는 은어이다. 해亥자의 고자古字를 풀이하면 위에 이二자의 모양이 있고, 이를 2만으로 본다. 아래에 있는 글자를 육六자와 비슷한 글자로 보고, 세 개를 합쳐 6,660일로 계산하였다. 해亥자의 머리와 몸통을 합치면 2만 6,660이 된다고 보았다.

## 이백의 시를 읽다

讀李白詩

| | |
|---|---|
| 呼作謫仙人, | 적선인謫仙人이라고 부른 것은, |
| 狂客賀知章. | 광객狂客 하지장賀知章이네. |
| 降從天來得見否, | 하늘로부터 온 것을 본 것인지, |
| 賀老此語類荒唐. | 하지장의 이 같은 말은 참으로 황당하네. |
| 及看詩中語, | 시 안에 있는 말을 보게 된다면, |
| 豈是出自人喉吭. | 어찌 사람의 목구멍에서 나왔다고 하겠는가. |
| 名若不書絳蘂闕, | 만약 조정에서 이름이 쓰이지 못했다면, |
| 口若未吸丹霞漿, | 만약 신선 세계의 음료를 맛보지 못했다면, |
| 千磨百鍊雖欲倣其體, | 수많은 노력을 통하여 비록 그 문체를 모방하더라도, |
| 安可吐出翰林錦繡之肝腸. | 어찌 문사文士로서 뱃속의 가득한 시문詩文을 뱉어 낼 수 있었겠는가. |
| 皇唐富文士, | 당나라에는 문사文士가 많아서, |
| 虎攫各專場. | 각각 범이 덮치는 듯한 뛰어난 필력을 보유하였었네. |
| 前有子昂後韓柳, | 앞에서는 진자앙陳子昂이 뒤에서는 한유韓愈와 유종원柳宗元이 있었고, |
| 又有孟郊張籍喧蜩螗. | 또한 맹교孟郊와 장적張籍이 있어서 매미처럼 울어댔네. |
| 豈無語宏肆, | 어찌 웅대하고 넓은 말이 없겠으며, |
| 豈無詞屈强. | 어찌 강직한 말이 없겠는가. |
| 豈無艷奪春葩麗, | 어찌 봄날 꽃의 아름다움을 빼앗을 정도의 화려한 말이 |

| | |
|---|---|
| | 없겠으며, |
| 豈無深到江流汪. | 어찌 깊이를 헤아릴 수 없는 강물처럼 힘이 넘치는 말이 없겠는가. |
| 如此飄然格外語, | 이처럼 높고 심원深遠하며 특별한 시어는, |
| 非白誰能當. | 이백李白이 아니면 누가 감당할 수 있겠는가. |
| 雖不見乘鸞駕鶴去來三清態, | 비록 난새와 학을 타고 신선 세계 오가는 것을 보지 못했으나, |
| 已似寥廓凌雲翔. | 이미 드넓은 하늘에서 구름 위로 날아다니는 듯하네. |
| 所以呼謫仙, | 그러므로 적선謫仙이라고 부르는 것은, |
| 賀老非眞狂. | 하지장賀知章이 참으로 지나친 것은 아니네. |

---

적선인謫仙人 당唐나라 하지장賀知章이 이백을 적선인謫仙人이라 불렀다.

광객狂客 하지장의 호號인 사명광객四明狂客을 말한다.

인후咽喉 목구멍

강약궐絳藥闕 궁전이나 사관寺觀의 문을 말한다. 조정이나 선궁仙宮을 가리킨다.

단하장丹霞漿 신선이 마시는 음료를 말한다.

천마백련千磨百鍊 수많은 노력을 말한다.

금수간장錦繡肝腸 뱃속이 시문詩文으로 가득한 것을 말한다.

호확虎攫 호랑이가 도망치지 못하도록 덮치는 것을 말한다.

전장專場 필적匹敵할 사람이 없을 정도로 능력을 보유한 것을 말한다.

조당蜩螗 매미

굉사宏肆 웅대하고 넓다.

| | |
|---|---|
| 굴강屈强 | 고집이 세다. 강직하다. |
| 춘파려春葩麗 | 아름다운 말이 봄꽃처럼 화려한 것을 말한다. |
| 왕汪 | 왕양汪洋을 말한다. 문장의 기세가 웅건하거나 헤아릴 수 없을 정도의 깊이를 말한다. |
| 표연飄然 | 높고 심원하다. |
| 격외格外 | 특별한 |
| 삼청三淸 | 도교道敎에서 말하는 최고의 선경仙境을 말한다. 옥청玉淸·상청上淸·태청太淸을 가리킨다. |
| 요곽寥廓 | 드넓은 하늘을 말한다. |

## 속 장진주가

續將進酒歌

이하李賀의 「장진주將進酒辭」에서 말하길, "술은 유령劉伶의 무덤 위 흙까지 이르지 못한다"라고 하였으니, 이것은 참으로 도道에 깊이 통한 사람의 말이다. 그러므로 그 말을 보충하여, 속장진주續將進酒라고 이름한다.

[李賀將進酒曰, "酒不到劉伶墳上土." 此誠達道之言也. 故廣其辭, 命之曰, 續將進酒云]

| | |
|---|---|
| 寄語杯中藍色酒, | 술잔의 남색藍色 술에게 말을 전하니, |
| 百年莫猒相逢遇. | 일생 동안 서로 만나는 것을 싫어하지 말라. |
| 綠髮朱顔能幾時, | 검은 머리에 붉은 얼굴이 얼마 동안이나 가능하겠는가, |
| 此身危脆如朝露. | 이 몸 위태롭고 연약하니 아침 이슬과 같네. |
| 一朝去作松下墳, | 하루아침에 세상을 떠나 소나무 밑의 봉분封墳이 되면, |
| 千古萬古何人顧. | 천년만년 어느 누가 돌아볼 것인가. |
| 不期而生蒿與蓬, | 기약도 없이 생기는 것은 쑥대와 같은 잡초들이고, |
| 不速而至狐與兔. | 부르지 않았는데도 오는 것은 여우와 토끼뿐이네. |
| 酒雖平生手上物, | 술은 비록 평생 손에서 놓지 못하는 물건이지만, |
| 爭肯一來霑我味. | 누가 기꺼이 와서 내 무덤을 적셔 술을 맛보게 할까. |
| 達哉達哉劉伯倫, | 통달하였구나! 유백륜劉伯倫, |
| 載酒自隨長醉倒. | 술을 싣고 곁에 놓고 다니면서 늘 취해있었네. |
| 請君聽此莫辭飮, | 그대는 이 말 듣고 술 마시는 일 그만두지 않길 청하니, |
| 酒不到劉伶墳上土. | 술은 유령劉伶의 무덤 위 흙까지 이르지 못하였네. |

기어寄語　말을 전하다.

녹발주안綠髮朱顔　검은 머리에 붉은 얼굴을 말하고 젊음을 가리킨다.

위취危脆　위태롭고 연약하다.

천고만고千古萬古　천년만년

호봉蒿蓬　쑥대, 잡초

불속不速　부르지 않았는데도 갑자기 오는 것을 말한다.

백륜伯倫　유령劉伶의 자字이다.

## 우연히 산곡집을 읽고, 「빗줄기」라는 시에 차운하다

偶讀山谷集, 次韻雨絲

| | |
|---|---|
| 斜風掣斷乍如稀, | 비스듬한 바람에 끊겨서 잠시 드문 듯하더니, |
| 亂下翻欺繭緖微. | 가는 실 가닥처럼 어지럽게 흩뿌리네. |
| 未補碧羅天忽遠, | 푸른 비단을 깁지도 못했는데 하늘은 문득 멀어지고, |
| 欲成纖縠霧交飛. | 주름진 고운 비단이 되려는 듯 안개가 엇갈리며 날아가네. |
| 漁翁誤喜縫疏網, | 어옹漁翁은 착각하여 구멍난 그물을 고치며 좋아하고, |
| 貧婦虛驚緯廢機. | 빈부貧婦는 괜히 고장난 베틀로 실 만들다 놀라네. |

빈부貧婦가 섬부纖婦로 되어 있는 곳도 있다. [一作纖婦]

| | |
|---|---|
| 收得一番歸紡績, | 한 번에 거두어 실을 만들게 된다면, |
| 四方何處嘆無衣. | 세상 어느 곳인들 옷이 없다고 한탄하겠는가. |

---

**사풍斜風** 비스듬히 부는 바람을 말한다. 사풍세우斜風細雨라는 말이 있다. 가랑비가 바람에 따라서 비스듬히 내리는 것이다.

**체단掣斷** 당겨서 끊기다.

**벽라碧羅** 푸르고 얇은 비단

**섬곡纖縠** 얇으면서도 주름진 비단, 고운 비단을 말한다.

**소망疏網** 틈이 많은 그물

**방적紡績** 실을 만드는 것, 길쌈질을 말한다.

## 백낙천의 「병중」 15수에 차운하다[병서]

### 次韻和白樂天病中十五首[幷序]

내가 본래 시를 즐긴 것은, 비록 오랫동안 가지고 있는 마음의 빚이지만, 병이 들어 더욱 좋아하기를 평일보다 두 배에 이르니, 또한 그러한 이유를 알지 못한다. 사물을 접하고 흥이 일어날 때마다 하루도 읊지 않은 적이 없었고, 그만두려고 하였지만 할 수 없었기에, 이것 또한 병이라고 여겼다. 예전에 「시벽詩癖」편을 지어서 뜻을 드러낸 적이 있었는데, 대체적인 내용은 시 짓기에서 벗어나지 못하는 자신을 슬퍼하는 것이었다. 또한 밥을 먹을 때마다 몇 숟갈밖에 하지 못하였는데, 술만 마셨기 때문이니, 늘 이것을 걱정하였다. 백낙천白樂天의 『백향산집 · 후집白香山集·後集』에서 노경老境에 지은 시를 보니, 병중에 지은 것이 많았으며, 술을 마시는 것 또한 그러했다. 그중 한 시에서 다음과 같이 대략 읊은 것이 있다.

시 짓는 이유를 해석하다[自解]

| | |
|---|---|
| 我亦定中觀宿命, | 내가 다시 선정禪定하는 가운데 숙명宿命을 살펴보니, |
| 多生債負是歌詩. | 몇 번을 태어나더라도 갚아야 할 빚은 시가詩歌이네. |
| 不然何故狂吟詠, | 그렇지 않다면 무슨 이유로 미친 듯이 시를 읊조리고, |
| 病後多於未病時. | 병이 낫는데도 그 이전보다 더 많이 짓겠는가.[1] |

「몽득夢得이 나의 병이 나았다는 좋은 소식을 접하고 지은 시에 수창酬唱하다[酬夢得見喜疾瘳]」에서 다음과 같이 읊었다.

1 「自解」, 『白氏長慶集』36권

| | |
|---|---|
| 昏昏布衾底, | 가물가물 흐릿한 정신으로 이불을 감싼 채로, |
| 病醉睡相和. | 병과 술기운이 서로 어우러져 깊이 잠들었네.[2] |

「아침 일찍 운모산雲母散을 복용하다[早服雲母散]」에서 다음과 같이 읊었다.

| | |
|---|---|
| 藥消日晏三匙食. | 해 질 무렵 약 기운이 떨어지면 세 숟가락을 먹는다.[3] |

나머지 또한 이와 비슷하다. 나는 이러한 이후에 생각보다 많이 스스로 여유로워져서 다음과 같이 말하였다. '나뿐만이 아니라 옛사람들 또한 그러했다. 이것은 모두 오래된 마음의 빚으로 인한 것이니, 어찌할 도리가 없는 것이다.' 또한 백공(백낙천)이 100일 동안의 병 휴가를 채우고 퇴직하였는데, 나도 모일某日에 퇴직하고자 하였고, 병 휴가를 계산해 보니 110일 되었으니, 서로 기약하지는 않았지만 이처럼 비슷하다. 다만 부족한 것은, 번소樊素와 소만少蠻일 뿐이다. 그러나 두 첩은 또한 공의 나이 68세에 모두 놓아 주었으니, 이때에는 나와는 관련이 없다. 아! 재명才名과 덕망德望은 비록 백낙천과는 거리가 멀지만, 그 늘그막에 병중病中에서의 일에 있어서는 종종 나와 비슷한 것이 많다. 그러므로 「병중십오수病中十五首」에 화답하여, 그 뜻을 드러내고자 한다.

[予本嗜詩, 雖宿負也, 至病中尤酷好, 倍於平日, 亦不知所然. 每寓興觸物, 無日不吟, 欲罷不得, 因謂曰此亦病也. 曾著詩癖篇以見志, 盖自傷也. 又每食不過數匙, 唯飮酒而已, 常以此爲患. 及見白樂天後集之老境所著, 則多是病中所作, 飮酒亦然. 其一詩略云, '我亦定中觀宿命, 多生債負是歌詩. 不然何故狂吟詠, 病後多於未病時.' 酬夢得詩云, '昏昏布衾底, 病醉睡相和.' 服雲母散詩云, '藥消日晏三匙食.' 其餘亦倣此. 予然後頗自寬之曰, '非獨予也, 古人亦爾.' 此皆宿負所致, 無可奈何矣. 又白公病暇滿一百日解綬, 予於某日將乞退, 計病暇

2 「酬夢得見喜疾瘳」, 『白氏長慶集』35권

3 「早服雲母散」, 『白氏長慶集』32권

一百有十日, 其不期相類如此. 但所欠者, 樊素·少蠻耳, 然二妾亦於公年六十八, 皆見放, 則何與於此時哉. 噫, 才名德望, 雖不及白公遠矣, 其於老境病中之事, 往往多有類予者. 因和病中十五首, 以紓其情]

[1] 처음 중풍에 걸리다初病風[順和][제목과 시운을 그대로 따르다]

天方猒此翁, 하늘이 이 늙은이를 싫어하는지,
虛熱幸而攻. 허열虛熱이 있었으나 다행스럽게 치료하였네.

온몸이 욱신거리고 가려우니, 바로 허열虛熱로 인한 것이다. [疼癢滿身, 是虛熱所致]

癢似通身疥, 온몸에 옴이 있는 것처럼 가렵고,
搖嫌顫手風. 수전증인 듯 손이 흔들리네.

종종 손이 떨린다. [往往手搖]

案唯堆藥餌, 책상에는 먹을 약만이 쌓여가고,
庭不剗蒿蓬. 뜰에는 쑥대와 같은 잡초를 자르지 못하네.
冬暖蠅猶在, 겨울인데도 따뜻하여 파리들 여전히 있으니,
相謀到枕中. 서로 말을 맞춘 듯 잠자리에 이르네.

---

천방天方 하늘, 조물주

허열虛熱 원기가 쇠약해진 상태에서 나타나는 열을 말한다.

동양疼癢 욱신거리고 가렵다.

전수풍顫手風 수전증手顫症을 말한다.

호봉蒿蓬 쑥대, 잡초

[2] 병으로 누워있으면서 짓다枕上作[順和][제목과 시운을 그대로 따르다]

| | |
|---|---|
| 曉寒衾底怯擡頭, | 새벽 추위에 이불 밑에서 머리 들기 겁나니, |
| 漸近烘爐手足柔. | 조금씩 화로에 가까이하여 불을 쬐면 손발이 풀리네. |
| 閉却幽房猶未出, | 문 닫힌 깊숙한 방에서 여전히 나오지 않고, |
| 悔他當日不窮遊. | 예전에 맘껏 놀지 못한 것을 후회하네. |
| 官如弊屣何妨脫, | 벼슬은 낡은 신발과 같아서 벗은들 해가 되지 않고, |
| 身似孤雲本自浮. | 몸은 외로운 구름과 같아서 본래 알아서 떠다니네. |
| 莫信夢中蕉覆鹿, | 사슴을 땔감으로 덮었던 꿈속의 일 믿지 말며, |
| 那知夜半壑移舟. | 한밤중에 골짜기의 배를 옮기는 일 어찌 알겠는가. |
| 憶曾閑跨尋花騎, | 한가롭게 말 타고 꽃을 찾았던 일 생각나고, |
| 不惜輕抛換酒裘. | 가볍게 갖옷을 던지면서 술과 바꾸며 아까워하지 않았네. |
| 年少狂顚眞可詫, | 젊은 시절 제멋대로 놀았던 일 참으로 자랑할 만하니, |
| 病中追記頗寬憂. | 병중에 옛일 기억하니 생각보다 매우 근심이 누그러지네. |

---

폐사弊屣　낡은 신발을 말하며, 쓸모없는 사물을 가리킨다.

초록蕉鹿　인생의 무상함을 말한다. 사슴을 잡은 나무꾼이 땔감으로 자른 나무로 사슴을 덮어 감추었는데, 그 장소를 잃어버리고는 꿈을 꾸었던 것인가 하고 여겼다. 그 말을 들었던 다른 사람이 찾아내었는데, 나중에 꿈 얘기를 주제로 다투었다는 이야기가 있다.

학주壑舟　사물의 변화를 깨닫지 못하는 것을 말한다. 산골짜기에 배를 숨겨두면 안전하다고 여긴 사람이 있었으나, 한밤중에 힘센 사람이 짊어지고 가도 어리석은 사람은 알지 못한다는 이야기이다.

과기跨騎　말에 올라타다.

광전狂顚 제멋대로 행동하는 것을 말한다.

추기追記 기억을 되돌리다.

[3] 한閑 상인上人의 문병에 답하다答閑上人問病[以答客問病代之]

['손님의 문병에 답하다'라는 제목으로 대신하다]

愁入眉頭鎖不開, 근심에 미간을 찌푸려 풀지 못하니,

只緣無客挈壺來. 다만 술병 들고 오는 손님이 없기 때문이네.

此身微恙何須問, 이 몸의 작은 병을 문병할 필요가 있겠는가,

七十衰羸未是灾. 칠십의 나이에 힘없고 야윈 것은 재앙이 아니네.

---

미두眉頭 미간을 말한다.

미양微恙 작은 병病을 말한다.

쇠리衰羸 힘없고 야윈 것을 말한다.

[4]~[8] 병이 있는 가운데 다섯 절구를 짓다病中五絶[順和][제목과 시운을 그대로 따르다]

當年步捷鮮人隨, 예전에는 걸음이 빨라서 따라오는 이가 드물었으니,

語與詩然世共知. 말과 시도 그러하다는 것을 세상 사람들이 모두 알고 있었네.

옛날에 친구들 사이에서는 나를 지목하여 삼첩三捷이라고 하였으며, 보첩步捷·어첩語捷·시첩詩捷을 가리킨다. [昔朋伴間目予爲三捷, 步捷語捷詩捷也]

平日謾誇三捷在, 평소에 부질없이 삼첩三捷을 자랑하였는데,

| | |
|---|---|
| 獨於沈瘵得痊遲. | 유독 고질병만은 쉽게 낫지 못하네. |

| | |
|---|---|
| 餘喘雖微欲絶絲, | 숨이 가빠져 비록 가는 실처럼 끊어질 것 같으나, |
| 壽殤脩短在天爲. | 오래 살고 일찍 죽는 일 하늘에 달려 있을 뿐이네. |
| 世人只抱貪生志, | 세상 사람들 살려는 뜻만 생각할 뿐이니, |
| 老死猶同夭死時. | 늦게 죽으나 일찍 죽으나 거의 같다네. |

| | |
|---|---|
| 酒澆焦涸吻長濡, | 목이 마르면 술을 마셔 입술은 늘 젖어 있었고, |
| 詩引風流思不枯. | 시는 흥을 돋우어 생각이 마르지 않았네. |
| 唯是癯身肥不得, | 오직 야윈 몸 살찌지 못할 뿐이니, |
| 患緣身有不如無. | 몸으로 인하여 근심 있다면 없는 것보다 못하네. |

| | |
|---|---|
| 算量千事暫妨眠, | 온갖 일 생각하다 순간 잠들지 못하니, |
| 不是觀空衲子禪. | 스님들이 좌선처럼 진리를 찾는 것도 아니네. |
| 唯喜得添閑氣味, | 오직 한가한 기분 더해진 것이 즐거울 뿐이니, |
| 簿書那到退翁前. | 공문서가 어찌 물러난 노인 앞에 이르겠는가. |

| | |
|---|---|
| 豈爲微痾特地憂, | 어찌 작은 병病을 특별히 근심하겠는가, |
| 步欹唯礙出門遊. | 비틀거리는 걸음만이 문을 나서서 노니는 것을 방해하네. |
| 出門未必心開豁, | 문을 나서면 마음이 확 트이는 것은 아니지만, |
| 猶望滄溟去去舟. | 여전히 큰 바다에 멀어져 가는 배를 바라보네. |

---

**보첩步捷** 걸음이 빠르다.

붕반朋伴　　붕우朋友, 벗을 말한다.

만과謾誇　　공연히 자랑하다.

침채沈瘵　　오랫동안 고치지 못하는 병을 말한다.

여천餘喘　　죽을 지경에 이르러 가쁘게 쉬는 숨을 말한다.

수상수단壽殤脩短　오래 살고 일찍 죽는 것을 말한다.

탐생貪生　　살기만을 바라다.

초학焦涸　　목이 마르다.

주요酒澆　　술을 뿌리다. 술을 마시다.

문유吻濡　　입술을 적시다.

관공觀空　　공관空觀을 말한다. 불교에서 진리를 달관하는 세 가지의 지智 가운데 하나이다.

납자衲子　　스님을 말한다.

기미氣味　　의지와 취향을 말한다.

부서簿書　　관청의 출납 장부를 의미하며, 조정의 일을 비유한다.

미아微痾　　작은 병病을 말한다.

특지特地　　특별히

보의步欹　　비틀거리는 걸음을 말한다.

창명滄溟　　큰 바다를 말한다.

거거去去　　멀어져 가다.

### [9] 숭산嵩山에 가는 손님을 전송하다送嵩客[以送族僧之南代之]

['집안의 스님이 남쪽으로 가는 것을 전송하다'라는 제목으로 대신하다]

適來京輦似前期,　　이전에 약속이라도 한 듯이 때마침 도성에 왔으니,

갑오년甲午年에 남쪽에서 우리 집에 와서 잠시 머물렀다가, 지금 막 돌아간다. [甲午年, 自南來寓予家, 今方還]

千里之南又訪誰. 　　천리千里 떨어진 남쪽으로 가면 다시 누가 방문할 것인가.
此去能傳消息否, 　　이번에 가면 소식을 전할 수 있을지 모르겠으나,
天涯生死杳難知. 　　하늘 끝에서의 삶과 죽음 아득하여 알 수 없을 것이네.

---

**경연京輦** 　도성都城을 말한다.

**갑오년甲午年** 　1234년(고종 21년), 공의 나이 67세.

**천애天涯** 　하늘 끝, 아득히 먼 곳을 말한다.

[10] 뜸 치료를 그만두고 짓다罷灸[以退藥與食代之]

['약과 음식을 물리다'라는 제목으로 대신하다]

兒勤進藥猶慵應, 　　아이들 부지런히 약을 올리지만 응대하기 귀찮고,
妻勸加飧亦莫聞. 　　아내가 밥 한술 더 뜨기를 바래도 듣지 않네.
養得此身何處用, 　　이 몸 받들어 모신다 한들 어디에 쓰겠는가,
聚如漚點散如雲. 　　물거품처럼 모였다가 구름처럼 흩어질 텐데.

---

**구점漚點** 　물방울이 떨어질 때 생기는 물거품을 말한다.

[11] 흰말을 팔면서 짓다賣駱[以傷痩馬代之]['마른 말을 안타까워하다'라는 제목으로 대신하다]

| | |
|---|---|
| 白沙堤上幾年行, | 백사제白沙堤 위를 몇 년이나 지났던가, |
| 破廏天寒叫數聲. | 낡은 마구간 추위에 몇 번 소리 내서 우네. |
| 汝與主人俱老矣, | 너와 주인은 모두 늙었으니, |
| 相看瘦骨忽傷情. | 서로 야윈 몰골을 보면서 문득 슬픔에 잠기네. |

---

백사제白沙堤 당唐나라 백낙천이 항주자사杭州刺史로 있을 때 신축新築했다는 둑을 말한다.

파구破廏 낡은 마구간

수골瘦骨 야윈 몰골

상정傷情 슬픔에 잠기다.

[12] 번소樊素와 소만小蠻을 놓아 보내며 짓다放柳枝[以憶舊妓代之]

['옛 기녀를 생각하다'라는 제목으로 대신하다]

| | |
|---|---|
| 少年携妓夢魂中, | 젊은 시절 기생과 함께 노닌 일 꿈속의 혼과 같고, |
| 已是蕭然白首翁. | 이미 쓸쓸하고 초라하게 나이 들어 흰 머리 늙은이 되었네. |
| 紅頰翠娥何處散, | 붉은 빰과 검은 눈썹은 어디로 사라졌는가, |
| 落花飄蕩揔隨風. | 떨어진 꽃 공중에 흩날리며 모두 바람 따라서 날아가네. |

---

유기柳枝 당唐나라 백낙천의 첩이었던 번소樊素와 소만小蠻을 말한다. 소만은 버들가지처럼 허리가 가냘프면서도 춤을 잘 추었으며, 번소는 「양유지楊

柳枝」를 잘 불렀다고 한다. 그래서 두 사람을 함께 유기柳枝라고 부른다.

소연蕭然　쓸쓸하고 초라한 모습을 말한다.

홍협紅頰　불그레한 뺨

취아翠娥　푸른 눈썹의 미인

표탕飄蕩　공중에서 바람에 흩날리는 모습을 말한다.

[13] 햇볕이 따뜻해서 나왔다가 우연히 술을 마시면서 짓다就暖偶酌[以睡起酌酒代之]

['자다 일어나 술잔을 들다'라는 제목으로 대신하다]

睡罷南軒六尺床,　남헌南軒의 여섯 자 침상에서 잠을 깨고,
欠伸方起已殘陽.　하품하며 기지개를 켜고 막 일어나니 벌써 해 질 무렵이네.
閑傾綠醑霞昇臉,　한가하게 좋은 술 기울이니 뺨이 불그스레 오르고,
細嚼黃柑雪入腸.　잘게 황감黃柑을 씹으니 뱃속에 눈이 들어오는 듯하네.
醉興暫來歌亦可,　순간 술 취하면 노래하는 것 또한 좋고,
病客猶在臥何妨.　여전히 병객病客으로 있으니 누워있어도 무방하리라.
莫言神思都昏喪,　정신이 혼미하다고 말하지 말게,
二十年前事不忘.　이십 년 전 일도 잊지 않고 있다네.

---

흠신欠伸　하품을 하고 기지개를 켜다.

잔양殘陽　석양夕陽

녹서綠醑　녹색의 좋은 술

황감黃柑　누런 감귤을 말한다.

세작細嚼　잘게 씹다.

신사神思　　정신精神

혼상昏喪　　정신이 혼미하여 죽다.

[14] 한 해의 끝자락에 시를 지어 사암思黯께 삼가 드리다歲暮呈思黯[以曉贈來客代之]

['새벽에 온 손님에게 주다'라는 제목으로 대신하다]

幸訪懸車老大夫,　　운 좋게도 퇴임한 늙은 대부를 찾아주었으니,

임금의 허락이 아직 내려오지 않았으나, 이미 퇴임을 요청하였기에 말한 것이다. [制未下, 然已乞退故云]

曉寒能飮一盃無.　　새벽 추위에 어찌 마실 술 한 잔 없겠는가.

身欹步仄君休笑,　　몸은 기울어져 비틀비틀 걷는다고 그대 웃지 말게,

已免君門吏挾扶.　　이미 궁궐 문 앞에서 관리들의 부축을 면했다네.

한漢나라 재상이었던 채의蔡義의 고사이다. [漢相蔡義事]

---

사암思黯　　당唐나라 때, 재상을 지냈던 우승유牛僧孺를 말한다.

현거懸車　　수레를 폐기하고 집에서 쉰다는 것을 말한다.

보측步仄　　비뚤비뚤 걷다.

군문君門　　궁전의 문

협부挾扶　　부축하다.

채의蔡義　　채의는 집안이 가난하여 항상 걸어서 다녔는데, 호사가好事家가 돈을 거두어 수레를 사 주었다고 한다. 이후에 승상이 되었으며, 양평후陽平侯에 봉해졌다.

### [15] 스스로 시를 좋아하는 이유를 해석하여 짓다 自解[順和]

[제목과 시운을 그대로 따르다]

| | |
|---|---|
| 老境忘懷履坦夷, | 늘그막에 득실得失을 잊으니 평탄한 길 밟듯 편하고, |
| 樂天可作我爲師. | 백낙천白樂天은 나의 스승으로 삼을 만하네. |
| 雖然未及才超世, | 비록 그러하나 뛰어난 재주에는 미치지 못하니, |
| 偶爾相侔病嗜詩. | 병들었어도 시를 즐기는 것은 우연히 서로 견줄만하네. |
| 較得當年身退日, | 당시에 퇴임한 날을 비교해 보면, |
| 類予今歲乞骸時. | 내가 지금 퇴직을 청할 때와 비슷하네. |

---

망회忘懷 마음속에 득실을 잊었다[忘懷得失]는 말이다.

탄이坦夷 평탄하다.

초세超世 세상에서 뛰어남을 말한다.

우이偶爾 우연히

걸해乞骸 관리가 스스로 퇴직을 청하는 것이다. 자신의 유골이 고향에 묻히기를 바라는 마음을 반영한 것이다.

## 백낙천의 「병중」 15수 시에 화답하고, 시집 뒤에 쓰다

既和樂天十五首詩, 因書集背

| | |
|---|---|
| 今古相懸地各殊, | 시간적 거리도 멀고 살아간 곳도 각각 다르지만, |
| 詞人襟韻暗如符. | 시인으로서 간직한 기개는 알게 모르게 꼭 맞은 듯하였네. |
| 樂天曾唱吾追和, | 백낙천白樂天이 일찍이 노래한 것을 내가 화답하였으니, |
| 何問詩朋有也無. | 시 친구 있고 없는지를 왜 묻겠는가. |

---

상현相懸　차이가 크다.

금운襟韻　마음에 간직한 기개

암합暗符　나도 모르는 사이에 꼭 맞다.

추화追和　옛사람의 시에 화답하는 것을 말한다.

## 다시 백낙천의 「마음과 몸이 묻고 답하다」라는 시에 화답하다

又和樂天心身問答

### 마음이 몸에게 묻다心問身

| | |
|---|---|
| 世路煩君久擾然, | 인생사 그대를 번거롭게 하여 오래 힘들었지만, |
| 從今但許醉兼眠. | 지금부터는 술 취하고 잠자는 것만 해도 되네. |
| 如何先我多衰弱, | 어찌하여 나보다 먼저 심하게 쇠약해졌는지, |
| 我壯猶如始冠年. | 건장健壯한 나는 여전히 처음 스무 살 때와 같은데. |

### 몸이 마음에 답하다身報心

| | |
|---|---|
| 多幸如今作爾宮, | 다행스럽게 지금 그대의 집이 되었으나, |
| 知應捨去六天中. | 나를 버리고 하늘로 가리라는 것을 짐작하네. |
| 凌烟閣上如圖像, | 능연각凌烟閣에 그려진 초상肖像과 같으니, |
| 我獨留眞自擅功. | 나만 홀로 그림으로 남아 직접 공功을 차지하리라. |

### 마음이 다시 몸에 답하다心復答身

| | |
|---|---|
| 人行底處不爲家, | 사람이 가는 어느 곳인들 집이 되지 않겠는가, |
| 所宅殘頹棄者多. | 사는 집 부서지고 무너지면 버리는 사람이 많네. |
| 兜率天中吾若去, | 도솔천兜率天으로 내가 만약 간다면, |
| 古宮雖在奈如何. | 오래된 집 비록 있다 해도 어찌하겠는가. |

세로世路　세상 길, 사람의 인생을 비유한다.

요연擾然　성가시게 굴다.

관년冠年　20살의 남자

사거捨去　버리고 가다.

육천六天　하늘을 가리킨다.

능연각凌烟閣　당唐나라 태종太宗이 공신들의 초상을 그려서 걸어 두었던 누각을 말한다.

유진留眞　초상肖像을 남기다.

자천自擅　자신의 생각대로 정하다.

잔퇴殘頹　부서지고 무너지다.

도솔천兜率天　불교 용어로, 생전에 불경을 잘 수행한 사람이 죽어서 가는 곳이다.

## 다시 백낙천의 「백일 동안의 휴가를 마친 뒤에 관직을 그만두고 스스로 기뻐하다」라는 시에 화답하다

又和假滿百日停官自喜詩

| | |
|---|---|
| 老病支離壽七旬, | 노병老病으로 야위고 지친 가운데 70의 나이가 되었으니, |
| 快哉今幸乞殘身. | 유쾌하게도 지금 다행히 퇴직한 몸 되었네. |
| 腰間誤怯猶垂綬, | 허리 사이에 여전히 인끈이 드리워진 듯 오해하여 겁을 내지만, |
| 頭上何妨大岸巾. | 머리 위 큰 두건을 젖혀 쓴들 무슨 상관이 있겠는가. |
| 無復喝呼喧里巷, | 다시는 지날 때 소리 내며 마을을 시끄럽게 하지 않고, |
| 有時饋問謝親姻. | 시간 있으면 선물 주고 안부를 물으며 친척들에게 사례하리라. |
| 懸車相位眞難事, | 재상의 자리에서 물러나기 참으로 어려운 일이니, |
| 莫道蕭條退散人. | 벼슬에서 물러나 한가한 사람이라 쓸쓸하다 말하지 말게. |

---

지리支離 허망하다. 야위고 지치다.

걸잔乞殘 걸잔해乞殘骸, 관리가 스스로 퇴직을 청하는 것이다. 자신의 유골이 고향에 묻히기를 바라는 마음을 반영한 것이다.

오겁誤怯 잘못 생각하여 겁을 내다.

수인垂綬 관리의 등급을 나타내는 끈이 아래로 드리워져 있다.

안건岸巾 두건을 뒤로 젖혀 써서 이마를 드러내는 것이다. 격식을 차리지 않는 모습을 가리킨다.

갈호喝呼 거리에서 관리들이 지나갈 때, 앞에서 소리를 질러서 사람들을 물러서게 하는 것을 말한다.

궤문饋問 선물을 주고 안부를 묻는 것이다.

현거懸車 수레를 폐기하고 집에서 쉰다는 것을 말한다.

소조蕭條 분위기가 매우 쓸쓸한 것을 말한다.

산인散人 벼슬하지 않고 한가하게 보내는 사람을 말한다.

## 백낙천의 「재계를 마치고 나왔는데 황보십이 찾아와 기뻐하다」라는 시에 차운하다

次韻白樂天出齋日喜皇甫十訪

[欲飮故喜. 술을 마시려는 뜻이 맞아 기뻐한 것이다.]

飢喫慵眠渴飮盃, 배고프면 먹고 피곤하면 자고 목마르면 술 마시니,
寧關佛法有遮開. 불법佛法에서 허가하고 금지하는 것과 무슨 관련이 있는가.

불법佛法에는 차문遮門과 개문開門이 있다. [佛法, 有遮門開門]

樂天齋出眞堪笑, 백낙천白樂天이 재계를 마치고 나온 일 참으로 웃을 만하니,
齋在何邊更出來. 재계齋戒를 어디에 놓고 다시 나온다는 것인가.

---

재계齋戒 부정한 일을 멀리하고, 심신을 깨끗이 함을 말한다.

차개遮開 불교에서 허가하고 저지하는 것을 말한다.

재출齋出 재계를 마치고 나오는 날

## 『백낙천집』의 「집에서 빚은 술이 익어서 가지고 나왔는데, 술을 마실 때마다 문득 취하니, 처와 조카들에게 조금 마셔 보길 권하다」라는 시를 보고, 이것도 또한 나와 비슷하였기에, 화답하여 시를 지었다
觀白樂天集, 家釀新熟, 每嘗輒醉, 妻姪等勸令少飮之詩, 此亦類予, 故和之云

| | |
|---|---|
| 兒曹亦解得傾卮, | 아이들 또한 술 마실 줄은 알지만, |
| 眞味何曾仔細知. | 참맛을 언제인들 자세히 안 적이 있었겠는가. |
| 早失山林長往計, | 일찍 산림에서 늘 보내려던 계획 어긋났었고, |
| 未忘盃酒半酣時. | 아직 술 마시며 반쯤 취하던 때를 잊지 못하네. |
| 我年雖老猶能飮, | 나는 비록 늙은 나이지만 오히려 술 마실 수 있고, |
| 浮世長醒卽大癡. | 뜬구름 같은 세상에서 늘 깨어 있으니 바로 큰 바보이네. |
| 白首殘翁經事了, | 흰 머리에 힘없는 늙은이 여러 일을 겪었으니, |
| 如今方聽爾言爲. | 지금은 너희들이 말하는 것을 들으리라. |

---

아조兒曹　아이들
경치傾卮　술잔을 기울이다. 술을 마시다.
장왕長往　세상을 피해 은거하다.
반감半酣　술에 반쯤 취하다.
대치大癡　큰 바보
경사經事　일을 겪다.
잔옹殘翁　힘없는 늙은이

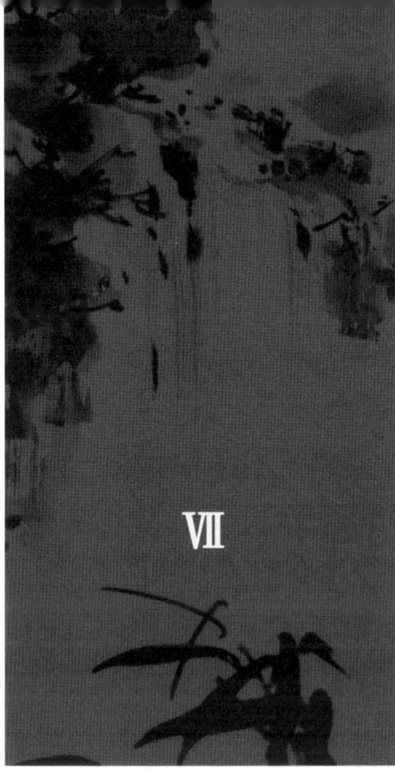

# Ⅶ

## 영물시詠物詩

### 계절과 사물을 노래함

## 8월에 배꽃이 갑자기 핀 것을 보고 짓다(2수)

八月見梨花忽開(二首)

| | |
|---|---|
| 秋光春色忽同枝, | 가을과 봄의 경치 문득 같은 가지에 있으니, |
| 造物由來固莫涯. | 세상 만물의 유래는 참으로 헤아리기 어렵네. |
| 若驗一年花再發, | 한 해에 꽃이 다시 피는 징조를 경험한다면, |
| 衰顔儻有更紅時. | 쇠약한 얼굴도 혹시 젊어질 때가 있으려나. |

| | |
|---|---|
| 颯颯金風肅, | 스산한 가을바람 쓸쓸히 불어오는데, |
| 娟娟玉蘂新. | 고운 배꽃이 새로 피었네. |
| 羲和天上醉, | 희화羲和가 하늘 위에서 취했는지, |
| 錯遣已歸春. | 잘못하여 이미 돌아간 봄을 보낸 것인가. |

---

**추광秋光** 가을날의 경치

**춘색春色** 봄의 경치

**삽삽颯颯** 스산한 바람 소리

**연연娟娟** 자태가 부드럽고 아름다움

**옥연玉蘂** 배꽃을 말한다.

**희화羲和** 요堯 임금 시절 천지天地와 사시四時를 다스려 온, 희씨羲氏와 화씨和氏를 말한다.

## 눈을 읊다

詠雪

| | |
|---|---|
| 匝地渾天同浩浩, | 하늘과 땅을 모두 뒤덮어 끝이 없고, |
| 埤高塡塹混茫茫. | 높아진 담장 메워진 구덩이 합쳐져 아득하네. |
| 飄颻點袂逡巡滅, | 펄펄 날다 옷소매에 붙고 정처 없이 다니다 사라지니, |
| 六出功夫未細詳. | 육각형 눈 만든 이유를 자세히 알지 못하겠네. |
| | |
| 入水無蹤着地堆, | 물에 들어가면 흔적도 없고 땅에 내리면 쌓이고, |
| 過簷飛去遇風迴. | 처마를 지나 날아가더니 바람에 다시 돌아오네. |
| 却因喜舞全欺蝶, | 도리어 즐겁게 춤추니 완전히 나비인가 생각하였고, |
| 若更儲名莫辨梅. | 다시 이름을 짓는다면 매화와 구분할 수 없으리라. |
| | |
| 簇成銀嶺擁窓前, | 눈 쌓인 은색의 산봉우리 창 앞을 둘러싸고, |
| 推作瓊輪委路邊. | 옥 수레바퀴 만들어 굽은 길가에 밀어 놓은 듯하네. |
| 若是白塩兼粉麪, | 이것이 흰 소금과 밀가루라면, |
| 自家庭砌尙難專. | 자신의 집에 쌓인 것도 오히려 다 쓰기 어렵겠네. |

---

**잡지匝地** 도처에 널려 있다.

**호호浩浩** 넓고 끝이 없는 모습

| | |
|---|---|
| 망망茫茫 | 아득한 모습 |
| 전참塡塹 | 구덩이를 메우다. |
| 표요飄颻 | 펄펄 날리다. |
| 준순逡巡 | 정처 없이 돌아다니다. |
| 육출六出 | 육각형의 눈을 말한다. |
| 공부功夫 | 일하는 데 드는 비용과 정력 |
| 저명儲名 | 이름을 마련하다. |
| 은령銀嶺 | 눈 쌓인 봉우리 |
| 옥륜瓊輪 | 옥 수레바퀴 |
| 백염白塩 | 흰 소금 |
| 분면粉麪 | 밀가루 |

## 꾀꼬리 소리를 듣다

聞鶯

| | |
|---|---|
| 已分年年殿暮春, | 해마다 늦은 봄에 오는 것을 이미 알고 있으니, |
| 千紅半謝不須嗔. | 온갖 꽃 반쯤 시들었다고 원망할 필요 없네. |
| 解調淸管聲音雅, | 맑은 피리를 연주하는 듯 소리가 단아하고, |
| 偸鍍黃金羽翼新. | 황금을 칠한 듯 깃털이 새롭네. |
| 薄行少年誇聽早, | 가벼운 행실의 소년들 일찍 듣는 것을 자랑하고, |
| 學歌嬌女妬啼頻. | 노래 배우는 소녀들 빈번히 지저귀는 소리를 질투하네. |
| 擡頭欲賞毛衣好, | 머리를 들어 아름다운 꾀꼬리를 보고 싶은데, |
| 飛轉喬林未易親. | 날아서 높은 나무로 옮기니 가까이할 수 없네. |

---

**전춘殿春** 음력 3월

**성음聲音** 음악, 시가

**모의毛衣** 새의 깃털

**교림喬林** 나무가 우뚝 솟은 숲

## 노니는 물고기

游魚

| | |
|---|---|
| 圉圉紅鱗沒復浮, | 기운 없이 붉은 비늘만 잠겼다 다시 뜨니, |
| 人言得意好優游. | 사람들은 뜻을 얻어 여유롭게 즐기는 것을 좋아한다고 말하네. |
| 細思片隙無閑暇, | 가만히 생각하면 한가할 틈도 없으니, |
| 漁父方歸鷺更謀. | 어부가 막 돌아가자 해오라기가 다시 잡으러 오네. |

---

어어圉圉 지쳐서 마음껏 펴지 못하는 모습

우유優游 여유롭게 즐기는 모습

편극片隙 조그마한 틈, 순간

## 꾀꼬리 소리를 듣다(3수)

聞鸎(三首)

| | |
|---|---|
| 公子王孫擁綺羅, | 공자公子와 왕손王孫은 꾀꼬리에 둘러싸여, |
| 要憑嬌唱助歡多. | 즐거움을 돋우려 자주 고운 소리에 기대네. |
| 東君亦學人間樂, | 동군東君은 또한 인간의 즐거움을 배워서, |
| 開了千花遣爾歌. | 온갖 꽃을 피운 이후에 너를 보내서 노래하게 하네. |
| | |
| 斂去藏何處, | 뒷걸음치며 떠나서는 어디에 숨었는지, |
| 啼來必此時. | 반드시 이때 와서 지저귀네. |
| 有期還有信, | 때를 정하는 약속도 있고 또한 믿음도 있으니, |
| 爲鳥頗靈奇. | 새 중에서는 자못 훌륭하구나. |
| | |
| 鵶鳶不堪見, | 까마귀와 솔개 보는 것이 싫은데, |
| 朝夕尙觝觝. | 아침저녁으로 여전히 날아다니네. |
| 將爾色音好, | 너의 모습과 소리를 좋아하는데, |
| 其來何苦遲. | 그 오는 것이 무엇 때문에 더딘가. |

---

**기라綺羅** 부귀한 사람들을 말한다.

**동군東君** 봄의 신

| | |
|---|---|
| 염거斂去 | 뒷걸음치며 떠나다. |
| 영기靈奇 | 신기神奇하다. 매우 영특하다. |
| 아연鴉鳶 | 까마귀, 솔개 |
| 시시𤟯𤟯 | 날아다니는 모습 |
| 색성色音 | 아름다운 목소리와 얼굴 모습 |

## 꽃을 시샘하는 바람

妬花風

| | |
|---|---|
| 花時多顚風, | 꽃이 필 때 바람이 거센 경우가 많으니, |
| 人道是妬花. | 사람들은 꽃을 시샘하는 것이라고 하네. |
| 天工放紅紫, | 천공天工이 꽃을 피울 때, |
| 如剪綺與羅. | 비단을 자르듯이 하네. |
| 旣自費功力, | 이미 스스로 공력功力을 써버렸으니, |
| 愛惜固應多. | 사랑하고 아끼는 마음 참으로 많을 것이네. |
| 豈反妬其豔, | 어찌 도리어 그 고운 모습을 시샘하여, |
| 而遣顚風加. | 거센 바람을 더하여 보내는 것인가. |
| 風若矯天令, | 바람이 만일 천령天令을 거스른다면, |
| 天豈不罪耶. | 하늘이 어찌 벌주지 않겠는가. |
| 此理必不爾, | 이러한 이치는 반드시 없을 것이니, |
| 我謂人言訛. | 나는 사람들이 말을 잘못한 것이라 생각하네. |
| 鼓舞風所職, | 바람의 소임은 만물을 북돋우는 것이라, |
| 被物無私阿. | 사물을 편애偏愛하지 않네. |
| 惜花若停簸, | 꽃을 아껴서 만일 바람 불지 않았다면, |
| 其奈生長何. | 그 꽃이 어찌 나서 자랄 수 있었겠는가. |
| 花開雖可賞, | 꽃이 피면 비록 감상할 수 있으나, |
| 花落亦何嗟. | 꽃이 진다고 하여 또한 어찌 한숨짓겠는가. |
| 開落摠自然, | 피고 지는 일은 모두 자연스러운 일이니, |

有實必代華. 열매가 있어서 반드시 꽃을 대신하네.
莫問天機密, 하늘의 기밀機密을 묻지 말고,
把杯且高歌. 술잔 들고 소리 높여 노래 부르세.

---

전풍顚風 폭풍暴風, 광풍狂風

홍자紅紫 붉은 꽃과 자주색 꽃

애석愛惜 사랑하고 아끼는 것을 말한다.

고무鼓舞 북돋아서 용기를 내게 하는 것을 말한다.

피물被物 사물에 영향을 주다.

사아私阿 편애偏愛하다.

정파停簸 바람을 불어 키질하듯 흔드는 것을 멈추다.

## 거미줄

蛛網

| | |
|---|---|
| 蜘蛛乘秋候, | 거미들이 가을을 맞아서, |
| 緣霤工織網. | 처마 끝에 솜씨 좋게 거미줄을 쳤네. |
| 蟹足行掛絲, | 게와 같은 다리를 실에 걸어 다니고, |
| 疾若梭來往. | 베틀 북이 오가는 것처럼 빠르네. |
| 兒童黏以竿, | 아이들이 긴 막대기에 붙이니, |
| 遺片隨風颺. | 끊어진 줄이 바람 따라 나부끼네. |
| 須臾復結成, | 순간 다시 뭉쳐졌다가, |
| 纖細不堪望. | 너무 가늘어져 볼 수도 없네. |
| 飛蟬誤見絓, | 날아가는 매미가 잘못하여 걸리는 것을 보았고, |
| 空作繅車響. | 공중에서 물레 돌아가는 것과 같은 소리 들었네. |
| 胡蝶亦來縈, | 나비 또한 오다가 걸렸고, |
| 翻翻徒自强. | 날개짓하니 절로 강하게 옥죌 뿐이네. |
| 我本疾網蟲, | 나는 본래 거미를 싫어하여, |
| 呼奴釋且放. | 하인을 불러 풀어주었네. |
| 凡有血氣者, | 모든 혈기血氣가 있는 것은, |
| 口腹誰不養. | 어느 것이든 음식을 섭취하지 않겠는가. |
| 大則虎與熊, | 크게는 호랑이와 곰은, |
| 擇獸行舐掌. | 짐승을 가리고 손바닥을 핥네. |
| 小則鷄與鶩, | 작게는 닭과 오리는, |

| | |
|---|---|
| 啄蟲於糞壤. | 더러운 흙에서 벌레를 쪼아서 먹네. |
| 若此非一類, | 만일 이와 같은 부류가 하나라면, |
| 胡獨憎爾狀. | 어찌 유독 거미를 싫어하겠는가. |
| 機巧吾所忌, | 교묘하게 속이는 것을 내가 싫어하는 것이니, |
| 汝巧誰與伉. | 너의 기교는 누가 함께 나란히 하겠는가. |
| 吐絲細於蠶, | 실을 뱉으면 누에보다 가늘고, |
| 不惜腹中纊. | 뱃속에 실을 아끼지 않네. |
| 以此引癡蟲, | 이것으로 어리석은 벌레를 끌어들이니, |
| 焉得不見誑. | 어찌 속지 않겠는가. |

---

| | |
|---|---|
| 지주蜘蛛 | 거미 |
| 연류椽霤 | 처마의 가장자리, 처마 끝 |
| 괘사掛絲 | 실을 걸다. |
| 풍양風颺 | 바람이 불어서 날리다. |
| 섬세纖細 | 가냘프고 가는 모습 |
| 소거繅車 | 고치를 뽑는 도구, 물레를 말한다. |
| 번번翻翻 | 날갯짓하는 모습 |
| 석방釋放 | 풀어주다. |
| 구복口腹 | 먹고 살기 위하여 음식을 섭취하는 배와 입 |
| 지장舐掌 | 손바닥을 핥다. |
| 분양糞壤 | 더러운 흙, 썩은 흙 |
| 기교機巧 | 교묘하게 속이다. |
| 치충癡蟲 | 어리석은 벌레 |

## 국화를 읊다(2수)

詠菊(二首)

| | |
|---|---|
| 青帝司花剪刻多, | 봄의 신이 꽃을 담당하여 자르고 새긴 것이 많은데, |
| 如何白帝又司花. | 무엇 때문에 가을의 신이 또한 꽃을 담당하는가. |
| 金風日日吹蕭瑟, | 가을바람 날마다 소슬하게 불어대는데, |
| 借底陽和放豔葩. | 어디서 따뜻한 기운을 빌려서 고운 꽃을 피웠는지. |

| | |
|---|---|
| 不憑春力仗秋光, | 봄의 힘에 기대지 않고 가을 경치에 의지하니, |
| 故作寒芳勿怕霜. | 과연 국화는 서리를 겁내지 않네. |
| 有酒何人辜負汝, | 술 있으니 누가 그대를 저버리겠는가, |
| 莫言陶令獨憐香. | 도연명만 국화 향기 사랑했다고 말하지 말게. |

---

**청제靑帝** 봄을 주재하는 신을 말한다.

**사화司花** 백화百花를 관장하다.

**전각剪刻** 치수에 맞게 자르다. 꽃을 피우게 하다.

**백제白帝** 가을을 주재하는 신을 말한다.

**금풍金風** 가을바람

**소슬蕭瑟** 풀과 나무에 바람 부는 소리

**양화陽和** 봄의 따뜻한 기운 혹은 봄을 말한다.

| | |
|---|---|
| 염파艶葩 | 아름다운 꽃 |
| 고부辜負 | 저버리다. |

## 술이 없다

無酒

| | |
|---|---|
| 我本嗜酒人, | 나는 본래 술을 즐기는 사람이니, |
| 口不離杯巵. | 입에서 술잔이 떨어진 적 없었네. |
| 雖無與飮客, | 비록 술 함께 마실 사람 없으나, |
| 獨酌亦不辭. | 홀로 술 마시는 일 또한 마다하지 않네. |
| 顧無樽中綠, | 둘러보면 술통에 좋은 술 없으니, |
| 燥吻何由滋. | 마른 입술을 무엇으로 적실까. |
| 憶昨在京輦, | 개경에 있었을 때를 생각하면, |
| 月俸有餘貲. | 봉급은 넉넉히 남음이 있었네. |
| 釀得如許甕, | 술을 빚으면 술독을 채울 만했고, |
| 挹酌無停時. | 끊임없이 술잔 들었었네. |
| 家醞或未繼, | 집에서 빚은 술이 간혹 떨어지면, |
| 沽飮良足怡. | 술사와 마시니 참으로 즐거웠었네. |
| 嗟嗟桂陽守, | 계양의 태수로서 참으로 슬프니, |
| 祿薄釀難支. | 적은 봉급에 술빚기 어렵네. |
| 蕭條數家村, | 마을에는 쓸쓸히 몇 집만 있으니, |
| 何處有靑旗. | 어느 곳에 술집의 푸른 깃발 있겠는가. |
| 亦無好事者, | 또한 일벌이기 좋아하는 사람도 없으니, |
| 載酒相追隨. | 술 싣고 서로 뒤따르겠는가. |
| 端坐一堂上, | 단정하게 마루 위에 앉아서, |

| | |
|---|---|
| 竟日獨支頤. | 온종일 홀로 손으로 턱을 괴고 있네. |
| 業已爲逐臣, | 이미 쫓겨난 신하가 되었으니, |
| 飢渴固其宜. | 배고프고 목마른 일 참으로 당연하네. |
| 胡爲浪自恨, | 무엇 때문에 부질없이 스스로 한스러워하면서, |
| 攢我數寸眉. | 내 몇 자 안 되는 눈썹을 찡그리는가. |
| 開口强大笑, | 입을 열어 억지로 크게 웃으니, |
| 笑冷反嗅咿. | 차가운 웃음 도리어 슬퍼서 눈물이 나네. |
| 此語勿輕洩, | 이 말을 가볍게 흘리지 말라, |
| 聞者當哂之. | 듣는 사람들이 당연히 비웃으리라. |

---

| | |
|---|---|
| 녹주綠酒 | 좋은 술 |
| 조문燥吻 | 건조한 입술 |
| 경연京輦 | 수도, 개경을 말한다. |
| 여자餘貲 | 돈이 남는 것을 말한다. |
| 차차嗟嗟 | 북받쳐 오르는 감정에 한숨 쉬는 것을 말한다. |
| 난지難支 | 지탱하기 어렵다. |
| 소조蕭條 | 분위기가 매우 쓸쓸한 것을 말한다. |
| 청기靑旗 | 술 파는 집에 달린 푸른 기를 말한다. |
| 추수追隨 | 뒤따르다. |
| 지이支頤 | 손으로 턱을 괴다. |
| 업이業已 | 이미, 벌써 |
| 기갈飢渴 | 배가 고프고 목이 마르다. |
| 오칠噢咿 | 슬퍼서 우는 소리 |

## 밤을 읊은 시[병서]

栗詩[幷序]

밤은 사람들에게 이로움이 많다. 풀명자나무(아기위나무)·배나무·귤나무·유자나무는 일시적인 어려움을 해결해줄 뿐만이 아니다. 그러나 옛사람들의 시집詩集에는 시로 지은 것이 대체로 적기에, 나는 밤을 시로 읊는다.

[栗實利人多矣. 非若楂梨橘柚之特一時解煩而已. 然古人詩集中, 賦者蓋寡, 予爲賦之]

| | |
|---|---|
| 葉生朱夏候, | 잎은 여름에 생기고, |
| 實熟素秋時. | 열매는 가을에 익네. |
| 罅發呀鈴口, | 드러난 틈으로 방울 입 벌어지고, |
| 苞重祕玉肌. | 두텁게 싸여 옥 피부 숨겨졌네. |
| 饋籩兼棗設, | 제사 음식으로 대추와 함께 차리고, |
| 女贄與榛隨. | 폐백 음식으로 개암과 함께 놓이네. |
| 不但供來客, | 찾아오는 손님에게 줄 뿐만 아니라, |
| 偏工止哭兒. | 우는 아이 그치게 하는 재주도 있네. |
| 堪將千戶等, | 부유하기로는 천호千戶의 부와 나란하고, |
| 足濟萬人飢. | 만인萬人의 굶주림을 충분히 구제할 수 있네. |
| 握重緣貪味, | 맛이 좋기에 탐내서 거듭 손에 쥐게 되고, |
| 牙銛易褫皮. | 껍질을 쉽게 벗기려 어금니로 깨무네. |
| 煨憑爐底火, | 구울 때는 화롯불 밑불에 기대고, |
| 烹代竈中炊. | 삶을 때는 부엌 안 밥 짓는 불로 대신하네. |

| | |
|---|---|
| 始拾遭猿奪, | 처음 주우면 원숭이를 만나 빼앗기고, |
| 收藏杜鼠窺. | 거두어 숨기면 쥐를 막으려 살피네. |
| 莫嫌攢刺棘, | 가시가 많은 것을 꺼리지 말아야 하고, |
| 聊愛蘊甘飴. | 오로지 단맛 간직하고 있음을 아껴야 하네. |
| 品入三秦錄, | 등급은 「삼진기三秦記」에 기록되어 들어갔고, |
| 名標五苑奇. | 명성은 오원五苑에서 기이함을 드러내었네. |
| 尙宜方穀粒, | 또한 마땅히 곡식의 낟알과 견줄만하니, |
| 詎可譬楂梨. | 어찌 아가위·배나무에 비유하겠는가. |
| 遺殼蝟毛積, | 껍질을 남겨서 고슴도치 털처럼 쌓이면, |
| 薪樵尙可期. | 땔감으로 오히려 쓸 만할 것이네. |

---

주하朱夏　여름

소추素秋　가을

하발罅發　틈이 갈라져 사이가 뜸

하呀　입을 벌리다.

포중苞重　두껍게 감싸다.

변제籩祭　대추와 밤을 제물로 바치는 제사

진榛　신부가 예물을 가지고 올 때, 개암나무를 포함한 밤, 대추 등을 높은 분에게 올리는데, 정성을 표시하는 것이다.

천호千戶　『사기史記·화식열전貨殖列傳』에는 위천渭川에 천 이랑의 대나무가 있으며, 그 부는 천호후千戶侯와 견줄 수 있다고 하였다.

아섬牙銛　날카로운 어금니

자극刺棘　　찌르는 가시

감이甘飴　　단맛

삼진록三秦錄　한漢나라 무제武帝의 과수원에 있는 큰 밤은 열다섯 개로 한 말이 될 정도라고 한 기록이, 『삼진기三秦記』에 있다.

오원五苑　　『한비자韓非子』권14에는, 진秦나라에 기근이 들어서 범수范雎가 오원五苑의 밤과 채소로 백성을 구제하자는 내용이 있다.

곡립穀粒　　쌀 알갱이

## 길 위에서 눈을 읊다(2수)

路上詠雪(二首)

| | |
|---|---|
| 學花工翦刻, | 꽃을 모방하여 자르고 새기는 것을 잘하고, |
| 解舞巧徘徊. | 춤을 아는 듯 이리저리 잘도 돌아가네. |
| 我鬢曾渾白, | 내 머리털 일찌감치 온통 하얗고, |
| 何須更點來. | 구태여 다시 하늘에서 내려오는가. |

| | |
|---|---|
| 初愛輕飄袂, | 처음에는 가볍게 소매에 나부끼는 것을 좋아했는데, |
| 都忘備障身. | 몸 뒤덮는 것을 모두 잊었네. |
| 漸堆寒弁重, | 점점 쌓여서 차가운 고깔이 무거우니, |
| 翻羨笠簦人. | 도리어 삿갓 쓴 사람이 부럽네. |

---

전각翦刻　재단하여 새기다.

해무解舞　춤을 알다, 배우다.

장신障身　몸을 가리다. 몸을 뒤덮다.

입등笠簦　삿갓

## 꽃을 슬퍼하다

惜花

| | |
|---|---|
| 春君用意翦成花, | 봄의 신이 마음을 써서 꽃을 피우지만, |
| 其奈狂風擺落何. | 거센 바람에 흔들려 떨어지는 것을 어찌할 수 없네. |
| 風是春風春不制, | 바람은 봄바람이지만 봄도 어찌하지 못하니, |
| 忍敎紅錦委泥沙. | 붉은 비단을 진흙과 모래에 어찌 버린단 말인가. |

---

파락擺落　흔들려 떨어지다.

홍금紅錦　붉은색의 비단

니사泥沙　진흙과 모래

## 더위에 고생하다(2수)

苦熱(二首)

| | |
|---|---|
| 酷熱甚於火, | 혹독한 더위가 불보다 심하니, |
| 千爐扇炭紅. | 천 개의 화로에 부채질하는 숯 붉어지는 것과 같네. |
| 馮夷應暍死, | 풍이馮夷가 아마도 더위 먹어 죽을 것이니, |
| 燒及水精宮. | 열기가 수정궁水精宮에 이르리라. |

| | |
|---|---|
| 臥欲起奮飛, | 누워서는 일어나 훌쩍 날아가고 싶고, |
| 起思還裸臥. | 일어나자마자 다시 옷 벗고 눕고 싶네. |
| 誰憐甑底蒸, | 누가 시루 속 찜처럼 가엾게 여겨서, |
| 移向水中坐. | 물 안으로 옮겨 주려나. |

---

**풍이馮夷** 물의 신神인 하백河伯을 말한다.

**수정궁水精宮** 물의 신 혹은 용왕龍王의 궁전을 말한다.

**분기奮飛** 훌쩍 날다.

## 중구일에 짓다

九日

| | |
|---|---|
| 少年遇重陽, | 소년 시절 중구일을 만나면, |
| 汲汲索黃菊. | 황국黃菊을 찾는 데 정신을 집중했었네. |
| 不論酒醇醨, | 독한 술과 약한 술을 가리지 않았고, |
| 泛此香馥馥. | 술의 그윽한 향기가 주변을 감쌌었네. |
| 如今祿稍豐, | 지금은 봉급도 조금 많아졌고, |
| 甕有浮蟻綠. | 술독에는 익어가는 술에 개미 거품 있네. |
| 緣我老且慵, | 나는 늙고 게을러졌기에, |
| 索莫情味薄. | 삭막하여 운치도 줄어들었네. |
| 任爾霜葩開, | 너희 마음대로 서리 맞은 꽃을 피우든 말든, |
| 但悲時節促. | 시절이 빨리 지나감을 슬퍼할 뿐이네. |
| 客來強洗盞, | 손님이 와서 억지로 술잔을 비우니, |
| 一酌歡已足. | 한 잔 술에도 즐거움이 충분하네. |
| 免使籬邊花, | 울타리 옆의 국화에게, |
| 厚顏終愧恧. | 마지막에는 뻔뻔한 얼굴로 보는 부끄러움을 면하게 되었네. |

---

급급汲汲 한 가지 일에 정신을 쏟는 모습

| | |
|---|---|
| 순리醇醨 | 술의 농도가 짙은 것과 삼삼한 것 |
| 복욱馥郁 | 향기가 그윽함 |
| 의록蟻綠 | 거품이 있는 술 |
| 삭막索莫 | 생각이 아득하다. |
| 정미情味 | 정과 맛, 운치 |
| 상파霜葩 | 서리 맞은 꽃, 국화 |
| 세잔洗盞 | 술잔을 비우다. |
| 괴육愧恧 | 부끄럽다. |
| 후안厚顔 | 두꺼운 낯가죽, 뻔뻔한 얼굴 |

## 눈을 읊다

詠雪

| | |
|---|---|
| 今古形容語已陳, | 예나 지금이나 형용하는 말은 이미 진부해졌으니, |
| 欲裁新意倒前人. | 신의新意로 지어서 옛사람을 앞서고자 하네. |
| 豈知爾反令心苦, | 네가 도리어 마음을 고달프게 함을 어찌 알겠는가, |
| 不入詩來入鬢新. | 시에 들어오지 않고 귀밑털에 들어와 희게 하였네. |
| | |
| 入鬢新痕都是雪, | 귀밑털에 들어와 남긴 흔적 모두 흰 눈이니, |
| 不勞譬況此相同. | 힘써 비유하지 않아도 서로 같네. |
| 唯餘一段未同處, | 다만 나머지 하나 아직 같지 않은 곳은, |
| 鬢上難融汝易融. | 귀밑털 위는 녹지 못하는데 너는 쉽게 녹는 것이네. |
| | |
| 融成流水凍成氷, | 녹으면 흐르는 물이 되고 차가우면 얼음이 되고, |
| 變化無窮獨爾能. | 변화가 끝없으니 유독 너만 가능하네. |
| 作雪爭吾雙鬢白, | 눈이 되면 내 흰색의 양 귀밑털과 다툴 만하고, |
| 爲氷學我一心澄. | 얼음은 나의 일관된 맑은 마음을 닮았네. |

---

비황譬況　비유하다.

일단一段　한 부분, 한 토막

## 비에 시달려서 짓다

苦雨

| | |
|---|---|
| 雨絲紛似織, | 빗줄기는 베를 짠 실 가닥 같으니, |
| 天罅裂難緘. | 틈이 벌어진 하늘을 깁기 어렵네. |
| 堂上猶持繖, | 마루 위에서 오히려 우산을 쓰고 있으니, |
| 街中直掛帆. | 거리 한가운데는 바로 돛을 달만 하겠네. |

---

우사雨絲　가랑비

하열罅裂　틈이 벌어지다.

괘범掛帆　돛을 달다.

## 매미를 읊다

詠蟬

| | |
|---|---|
| 緬思齊日夐迢迢, | 제齊나라 왕비의 일 생각하면 아득하니, |
| 宮女千年怨未銷. | 궁녀宮女의 오래된 원망 아직 다하지 않은 듯하네. |
| 聲續山僧敲罷磬, | 소리는 산승山僧이 경쇠 두드리는 일 마친 이후에도 이어지고, |
| 翼偸淵客織殘綃. | 날개는 연객淵客 짜서 남겨 놓은 명주와 겨룰 만하네. |
| 曉淸露重綠槐葉, | 새벽의 맑은 이슬 푸른 홰나무 잎에 맺혀 있고, |
| 雨霽日斜高柳梢. | 비 그친 뒤 햇볕은 높은 버드나무 끝에 비스듬히 비치네. |
| 莫爲秋深空訴別, | 가을 깊어졌다고 공허하게 이별을 고하지 말아라, |
| 典刑猶在侍中貂. | 전형典刑은 여전히 시중侍中의 관모에 있네. |

---

면사緬思　추억하다.

초초迢迢　까마득히 멀다.

제일齊日　진晉나라 최표崔豹의 『고금주古今注』에는 제왕齊王의 왕비가 왕을 원망하여 죽은 뒤, 매미가 되어 나무 위에서 울었다고 하였다. 이후로 제녀齊女를 매미로 부르게 되었다.

연객淵客　인어[교인鮫人]를 말한다. 교인鮫人이 인가人家에 있으면서 비단을 짜서 팔았다. 그 집을 떠나려 할 때, 주인에게 그릇을 달라고 하여 눈물을 흘리니 바로 진주였다는 이야기가 있다.

괴엽槐葉　　쾌나무 잎

전형典刑　　전범典範

시중초侍中貂　문하성門下省에 시중侍中이 두 사람 있는데, 그 관모官帽는 담비의 꼬리와 매미의 날개로 장식하였다. 초선관貂蟬冠이라고 부른다.

## 해당화를 읊다

海棠

| | |
|---|---|
| 海棠眠重困欹垂, | 해당화 깊게 잠들어 나른하게 기울어 드리웠고, |
| 恰似楊妃被酒時. | 양귀비가 술에 취했을 때와 비슷하네. |
| 賴有黃鶯呼破夢, | 꾀꼬리 소리에 꿈에서 깨어나니, |
| 更含微笑帶嬌癡. | 다시 미소를 머금고 사랑스러운 모습 보이네. |

---

**교치嬌癡** 천진난만하고 사랑스러운 모습

## 붉은 작약을 읊다

紅芍藥

| | |
|---|---|
| 嚴粧兩臉醉潮勻, | 잘 화장한 양 볼에 취기醉氣가 고르게 퍼진 듯, |
| 共導西施舊日身. | 모두 서시西施의 옛 모습이라고 하네. |
| 笑破吳家猶不足, | 웃음으로 오吳나라를 망친 것에 만족하지 않는지, |
| 却來還欲惱何人. | 오가며 다시 누구를 괴롭히는가. |

---

엄장嚴粧　화장하다.

서시西施　춘추시대 월越나라의 미녀인 서시西施는, 전설에 의하면, 범려范蠡가 오왕吳王 부차夫差에게 그녀를 보내 오나라를 패망케 하였다고 한다.

## 쥐를 놓아 주다

放鼠

| | |
|---|---|
| 人盜天生物, | 사람은 하늘이 만들어 낸 사물을 훔치는데, |
| 爾盜人所盜. | 너는 사람이 훔친 것을 훔치는구나. |
| 均爲口腹謀, | 모두 먹고살기 위한 일이니, |
| 何獨於汝討. | 어찌 유독 너만을 꾸짖겠는가. |

---

**구복口腹** 먹고 살기 위하여 음식을 섭취하는 배와 입

## 딱따구리를 읊다

啄木鳥

| | |
|---|---|
| 木穴得蟲藪, | 나무 구멍 깊숙한 곳에서 벌레를 찾으려, |
| 剝剝如扣戶. | 딱딱 문 두드리듯이 소리를 내네. |
| 將汝五色姸, | 너는 오색의 고운 몸으로, |
| 胡爲好啄蠱. | 어찌 벌레 쪼는 것을 좋아하는가. |

한 본에는, '누가 너의 부리를 빌려서, 사람들 사이의 벌레를 쪼게 할까[一作誰能借汝觜, 啄去人中蠱]'라고 하였다.

---

| | |
|---|---|
| **수藪** | 구석진 깊숙한 곳을 말한다. |
| **박박剝剝** | 나무를 쪼는 소리 |
| **고蠱** | 벌레 |

## 눈을 읊다

雪詠

| | |
|---|---|
| 翦水作浮花, | 잘라서 물 위에 꽃을 띄운 듯한데, |
| 須臾復爲水. | 순간 다시 물이 되었네. |
| 此甚似幻戲, | 이것은 참으로 마술과 같고, |
| 想天必不爾. | 생각해보면 하늘이 반드시 그렇게 한 것은 아니네. |
| 常疑雨墮空, | 아마도 늘 비가 하늘에서 떨어지니, |
| 苦逼寒威被. | 혹한의 위세에 핍박을 받는 것이리라. |
| 半路凍凝華, | 길 가운데 화려하게 얼어붙어, |
| 偶肖瓊葩耳. | 우연히 옥 같은 빛깔의 꽃을 닮게 되었네. |
| 若是雨所化, | 만일 이것이 비가 변한 것이라면, |
| 翦刻者誰是. | 자르고 새긴 자는 누구인가. |
| 詳看六出巧, | 자세히 교묘한 육각의 결정을 보면, |
| 定自天工費. | 틀림없이 조물주가 힘쓴 것이리라. |
| 天果幻戲耶, | 하늘이 과연 마술을 부린 것인가, |
| 終未測其意. | 끝내는 그 뜻을 헤아릴 수 없네. |
| 見日融成汁, | 해가 뜨면 녹아서 진눈깨비 되고, |
| 還與雨潦似. | 다시 장맛비가 내리는 듯하네. |
| 雖欲復爲花, | 비록 다시 꽃이 되고자 하여도, |
| 其奈已淪地. | 이미 땅에 빠져버린 것을 어찌할 수 없네. |
| 天機祕難詰, | 하늘의 기밀 신비하여 묻기 어려우니, |

置酒但一醉. 술상 차려 놓고 한바탕 취할 뿐이네.

---

환희幻戲 마술

고핍苦逼 핍박을 받다.

한엄寒威 혹한의 위세

동응凍凝 얼어붙다.

경파瓊葩 빛깔이 옥과 같은 꽃

전각翦刻 재단하고 새기다.

육출六出 육각형의 눈을 말한다.

우료雨潦 비가 많이 내려 물이 고이는 것을 말한다.

## 동백꽃을 읊다

冬柏花

| | |
|---|---|
| 桃李雖夭夭, | 도리桃李는 비록 아름다우나, |
| 浮花難可恃. | 꽃이 쉽게 사라져 믿을 수 없네. |
| 松柏無嬌顏, | 송백松柏은 고운 모습은 없으나, |
| 所貴耐寒耳. | 추위를 잘 견뎌내네. |
| 此木有好花, | 이 나무는 좋은 꽃이 있고, |
| 亦能開雪裏. | 또한 눈 속에서도 꽃을 피울 수 있네. |
| 細思勝於柏, | 자세히 생각하면 잣나무보다 나으니, |
| 冬柏名非是. | 동백冬柏의 이름 옳지 못하네. |

---

도리桃李　복숭아와 자두

요요夭夭　젊고 아름다운 모습

부화浮花　아름다움이 쉽게 사라지는 꽃

세사細思　자세히 생각하다.

## 음력 2월의 눈

二月雪

| | |
|---|---|
| 二月融怡氣欲舒, | 2월에 온화한 기운 퍼지려고 하는데, |
| 連霄放雪意何如. | 하늘에 가득 내리는 눈은 어떠한 뜻인가. |
| 狂風應散春工手, | 거센 바람이 아마도 봄의 재주를 흩어지게 하여, |
| 無限梅花翦出餘. | 매화를 끝없이 만들어 내는 것이네. |

---

| | |
|---|---|
| 융이融怡 | 온화하다. |
| 연소連霄 | 하늘에 가득하다. |
| 공수工手 | 손재간, 솜씨 |

## 앵두를 읊다

櫻桃

| | |
|---|---|
| 天工獨何妙, | 하늘의 재주 어찌 그리 묘한지, |
| 調味適酸甘. | 신맛과 단맛이 꼭 알맞게 조화를 이뤘네. |
| 徒爾圓如彈, | 다만 둥근 탄알과 같으니, |
| 難防衆鳥含. | 많은 새의 입으로 가는 것을 막기 어렵네. |

---

조미調味　　조화로운 맛

초감酸甘　　신맛과 단맛

## 마른 구름을 읊다

旱雲

| | |
|---|---|
| 如蓋如旌復似幡, | 일산과 깃발 같기도 하고 다시 번기幡旗와 비슷하고, |
| 去來屯散本無根. | 오가며 뭉쳤다 흩어지니 본래 뿌리가 없네. |
| 狂風愼勿輕吹卷, | 거센 바람 조심하여 가벼이 불어 거두지 말아라, |
| 儻作霏霏雨一番. | 문득 한 부슬비라도 내리게 해야 하네. |

다른 본에는, '어찌 수많은 모습으로 변하게 하면서, 아직 부슬비 한 번 내리게 하지 않는가[一作使渠變化多千狀, 未作霏霏雨一番]'라고 하였다.

---

**비비霏霏** 끊이지 않고 계속 내리는 모습, 부슬부슬 내리는 비

## 단오절 외곽에서 느낌이 있어서 짓다

端午郭外有感

| | |
|---|---|
| 舊墳新壙接相隣, | 오래된 무덤과 새 무덤이 서로 이웃해 붙어 있고, |
| 幾許平生醉倒人. | 평생 술 취하여 쓰러진 사람 얼마나 되나. |
| 今日子孫爭奠酒, | 오늘 자손이 다투어 술을 올리니, |
| 可能一滴得霑脣. | 한 방울이라도 입술을 적실 수 있을까. |

## 음력 2월에 추위에 힘들어하다

二月苦寒

| | |
|---|---|
| 北帝已去東君來, | 북제北帝는 벌써 가고 동군東君이 왔는데도, |
| 胡奈餘寒猶烈烈. | 어찌하여 남은 한기寒氣가 여전히 맹위를 떨치는가. |
| 應是玄鑣去未遙, | 아마도 겨울이 아직 멀리 떠나가지 못하였는지, |
| 蒼精退讓方弭節. | 봄의 신이 물러나서 절기를 늦춘 것이리라. |
| 春風無力日色淡, | 봄바람 힘없어 햇빛도 약하고, |
| 未掃臘前三丈雪. | 섣달 전에 내려 쌓인 눈도 치우지 못했네. |
| 會待東君行定位, | 마침 동군東君이 자리 잡기를 기다렸다가, |
| 緘桃蘊杏芳心泄. | 다물었던 복숭아와 살구가 꽃술을 보여줄 것이네. |

---

| | |
|---|---|
| 북제北帝 | 겨울을 담당하는 신 |
| 동군東君 | 봄을 담당하는 신 |
| 열렬烈烈 | 건잡을 수 없이 센 것을 말한다. |
| 창정蒼精 | 봄의 신 |
| 미절弭節 | 절기를 머무르게 하다. 절기를 늦추다. |
| 함온緘蘊 | 입을 다물다. |
| 방심芳心 | 꽃술 |

## 봄날 흥취에 부쳐서 시를 짓다

春日寓興

| | |
|---|---|
| 春光蕩起詞人興, | 봄빛이 설레게 하여 사인詞人의 흥을 일으키니, |
| 淸嘯聲高莫自禁. | 맑은 휘파람 소리 높아지는 것을 막을 수 없네. |
| 鳥亦喃喃終日哢, | 새 또한 하루 내내 낮은 소리로 지져대니, |
| 安知不爲賞花吟. | 꽃 구경하면서 읊조리지 않았다고 어찌 알겠는가. |

---

| | |
|---|---|
| 탕기蕩起 | 설레게 하다. 울렁이게 하다. |
| 남남喃喃 | 낮은 소리를 말한다. |
| 상화賞花 | 꽃 구경하다. |

## 더위에 힘겨워하다

苦熱

| | |
|---|---|
| 酷熱與愁火, | 가혹한 열기와 불구덩이와 같은 더위, |
| 相煎心腑中. | 서로 심장을 녹이는 듯하네. |
| 渾身起赤纇, | 온몸에 붉은 땀띠가 일어나고, |
| 困臥一軒風. | 지쳐서 바람 부는 난간에 누웠네. |
| 風來亦炎然, | 바람이 불어도 뜨겁기만 하고, |
| 如扇火爞爞. | 불에 부채질하듯 덥기만 하네. |
| 渴飮一杯水, | 목말라서 물 한 잔 마시는데, |
| 水亦與湯同. | 물 또한 끓인 것과 같네. |
| 嘔出不敢吸, | 토가 나와서 마시기 어렵고, |
| 喘氣塡喉嚨. | 가벼운 천식이 목구멍을 막네. |
| 欲寐暫忘却, | 침상에 잠시 잊고자 하였는데, |
| 又被蚊蝨攻. | 또한 모기와 등에의 시달림을 받네. |
| 如何流謫地, | 어찌하여 유배를 당한 곳에서, |
| 遭此百端凶. | 이러한 온갖 어려운 일을 당하는가. |
| 死亦非所懼, | 죽음 또한 두렵지 않으니, |
| 天胡令我窮. | 하늘이 어찌하여 나를 어렵게 하는가. |

수화愁火 불구덩이와 같은 더위

심부心腑 심장心臟

적뢰赤纇 붉은 반점, 땀띠를 말한다.

충충爞爞 더운 기운이 더해지는 모습을 말한다.

구출嘔出 구역질하다.

천기喘氣 가벼운 천식

후롱喉嚨 목구멍

망각忘却 잊어버리다.

문맹蚊蝱 모기와 등에

유적流謫 유배流配

백단百端 온갖 일의 실마리

## 비에 시달리다

苦雨

| | |
|---|---|
| 逐客難自由, | 축객逐客이 되어 자유롭지 못하고, |
| 遠遊非所擬. | 멀리 유람하는 것과는 비교하기 어렵네. |
| 往來村巷間, | 마을의 골목길을 오가는데, |
| 尙足寬愁思. | 오히려 근심스러운 마음을 풀기에 충분하네. |
| 霪雨鏁不開, | 오래 내리는 비 그치지 않고, |
| 平地數尺水. | 평지에는 물이 몇 자나 불었네. |
| 出門猶不得, | 문을 나서려고 해도 여전히 할 수 없고, |
| 窘若在籠裏. | 막혀서 새장 속에 있는 듯하네. |
| 此是囚中囚, | 이것은 감옥 중의 감옥이니, |
| 憂豈一段耳. | 근심이 어찌 한가지 뿐이겠는가. |
| 多方以侵之, | 다방면으로 힘들게 하여, |
| 然後使我死. | 그런 이후에 나를 죽이려는 것이겠지. |

---

원유遠遊 먼 곳을 유람하다.

촌항村巷 마을의 골목길

음우霪雨 오랫동안 내리는 비

## 떠도는 먼지를 읊다

游塵

| | |
|---|---|
| 身在塵中元不識, | 몸은 먼지 속에 있어도 본래 알 수 없는데, |
| 日穿窓隙始詳看. | 창틈으로 해 비쳐야 비로소 자세히 보이네. |
| 細如毛碎輕如霧, | 빠진 털처럼 가늘고 안개처럼 가벼우니, |
| 暗著人顔障亦難. | 몰래 사람의 얼굴에 붙어도 또한 막기 어렵네. |

## 병신년 설날에 짓다

丙申元日

| | |
|---|---|
| 甲子相循已六申, | 갑자가 서로 돌아서 이미 여섯 번이 되었으니, |

내가 태어나서 여섯 번째의 신년申年이 지났다. [予生凡度六申]

| | |
|---|---|
| 天遺遮箇一殘身. | 하늘에서 나와 같은 한 명의 약한 사람을 보냈네. |
| 調元贊化俱無用, | 재상이 되어 교화를 도운 일 모두 쓸모없으니, |
| 竊祿今還坐得春. | 봉급만 축내다 지금 다시 앉아서 봄을 맞이하네. |

| | |
|---|---|
| 故故新新密自移, | 오래된 것과 새로운 것 나름대로 옮겨가고, |
| 春來春去坐成衰. | 봄이 오가니 가만히 있어도 늙어가네. |
| 得年未是人間慶, | 새해가 사람들에게 좋은 일이 아닌데, |
| 賀客紛紛意莫知. | 축하하는 사람들로 어수선하니 뜻을 알지 못하겠네. |

| | |
|---|---|
| 少年踊躍喜迎正, | 어린 시절 뛸 뜻이 기뻐 새해를 맞이했고, |
| 老境蕭然小興情. | 늙어서는 쓸쓸하니 흥취興趣 작네. |
| 賓客塡門慵受謁, | 축하하는 사람들 문에 가득해 인사받는 것도 귀찮고, |
| 兒孫滿座懶諮名. | 자손들 자리에 가득하니 이름 묻는 것조차 내키지 않네. |

---

**병신년丙申年** 1236년(고종 23년), 공의 나이 69세.

치개遮箇　　이것, 강조의 의미로 쓰임

조원調元　　음양을 조화하며 국가의 정무를 관장하는 것으로, 보통 재상의 임무를 가리키는 말로 사용한다.

찬화贊化　　교화를 돕다.

절록竊祿　　봉급만 축내다.

분분紛紛　　갈피를 잡을 수 없이 어수선함을 말한다.

용약踊躍　　기뻐서 뛰는 모습을 말한다.

소연蕭然　　쓸쓸하고 초라한 모습을 말한다.

흥정興情　　흥취興趣

## 이른 시기 꾀꼬리 소리를 듣다

聞早鶯

| | |
|---|---|
| 寂寂山花裏, | 조용하고 쓸쓸한 산 꽃 안에서, |
| 黃鶯意外鳴. | 꾀꼬리 뜻밖에 지저귀네. |
| 爲緣新邑聽, | 새로운 도읍에서 들어서인지, |
| 似勝舊京聲. | 개경에서 들었던 것보다 나은 듯하네. |

---

적적寂寂　조용하고 쓸쓸하다.

## 첫가을 연못가에서 짓다

初秋池上

| | |
|---|---|
| 才開碧沼謀淸暑, | 비로소 푸른 연못을 만들고 더위를 씻으려고 하였는데, |
| 一葉秋聲意已闌. | 한 잎에 스치는 가을 소리에 마음은 이미 한창이네. |
| 何事閑禽猶苦熱, | 무슨 일로 한가로운 새가 오히려 더위에 지쳤는지, |
| 日斜偸浴淺流寒. | 날 저물자 다투어 차갑게 흐르는 물에 멱을 감고 가네. |

---

**청서淸暑** 더위를 피하다.

## 돌아가는 제비

歸燕

| | |
|---|---|
| 社後辭巢燕, | 추사秋社 이후에 제비가 둥지를 떠나려는데, |
| 依依訴別哀. | 섭섭하니 이별의 슬픔을 하소연하네. |
| 汙梁吾不厭, | 들보를 더럽혀도 나는 싫지 않으니, |
| 好去莫忘廻. | 기분 좋게 가서 잊지 말고 돌아왔으면. |

---

사연社燕　제비는 춘사春社(봄철 토지신에게 지내는 제사)에 돌아왔다가 추사秋社에 돌아간다.

의의依依　섭섭해하는 모습을 말한다.

오양汙梁　들보를 더럽히다.

## 중양절 뒤의 국화를 읊다

重陽後菊

| | |
|---|---|
| 霜寒偏艷艷, | 서릿발 차가운 가운데 유독 곱고 아름다우며, |
| 煙暝更煌煌. | 저녁 안개에 다시 눈부시도록 빛나네. |
| 已負重陽飮, | 이미 중양절에 마시지 못하였지만, |
| 從渠此日黃. | 오늘 너를 따라서 마시리라. |

---

상한霜寒　서릿발 같은 차가운 빛이 번쩍이는 모습을 말한다.

염염艷艷　곱고 아름답다.

연명煙暝　저녁 안개

황황煌煌　눈부시게 빛나는 모습을 말한다.

## 취한 서시와 같은 작약을 읊다

醉西施芍藥

| | |
|---|---|
| 好箇嬌饒百媚姿, | 작약의 아주 아름다운 온갖 자태가 좋으니, |
| 人言此是醉西施. | 사람들은 작약을 취한 서시西施와 같다고 하네. |
| 露葩欹倒風擡擧, | 이슬 머금은 꽃봉오리 기울어졌다 바람 타고 올라서니, |
| 恰似吳宮起舞時. | 오궁吳宮에서 춤출 때와 비슷하네. |

---

서시西施　춘추시대 월越나라의 미녀인 서시西施는, 전설에 의하면, 범려范蠡가 오왕吳王 부차夫差에게 그녀를 보내 오나라를 패망케 하였다고 한다. 서시는 오吳나라에 있으면서 온갖 총애를 받았으며, 작약芍藥을 취서시醉西施라고도 부른다.

교요嬌饒　아름다운 여성을 말한다.

미자媚姿　아름다운 자태

노파露葩　이슬을 머금은 꽃

의도欹倒　한쪽으로 쏠려 기울어지다.

대거擡擧　들어 올리다.

# 송화
松花

| | |
|---|---|
| 松公猶不負春芳, | 소나무도 여전히 봄날의 꽃향기 내고자 하여, |
| 強自敷花色淡黃. | 억지로 담황색의 꽃을 피운 듯하네. |
| 堪笑貞心時或撓, | 곧은 마음 간혹 흔들려 비웃을 만하지만, |
| 却將金粉爲人粧. | 도리어 노란 꽃가루로 사람들을 위해 화장하는가. |

---

**춘방春芳** 봄날의 화초

**금분金粉** 노란 꽃가루

## 추위에 시달리다

苦寒

| | |
|---|---|
| 氷上寒風生一敵, | 얼음 위 차가운 바람 하나의 적 생겨난 꼴이니, |
| 雪中暖酒直千金. | 눈 내린 가운데 따뜻한 술은 천금千金의 가치네. |
| 明年三伏流金暑, | 내년에 삼복더위는 쇠도 녹이리니, |
| 愼勿輕忘此日心. | 삼가 오늘의 마음을 가볍게 잊지 않으리. |

---

유금流金 고온으로 금속을 녹이는 것을 말하고, 혹독한 더위를 가리킨다.

## 국화를 읊다

詠菊

| | |
|---|---|
| 春風三月百花紅, | 봄바람 불던 3개월 동안 온갖 꽃을 피웠지만, |
| 不及秋天菊一叢. | 가을 국화 한 떨기에 미치지 못하네. |
| 芳艶耐寒猶可愛, | 추위를 이겨낸 고운 꽃 더욱 사랑스러우니, |
| 殷勤更入酒盃中. | 정이 깊어 살며시 다시 술잔 속에 들어와 있네. |
| | |
| 耐霜猶足勝春紅, | 차가운 서리 견뎠으니 더욱 봄꽃보다 낫고, |
| 閱過三秋不去叢. | 가을 내내 지냈어도 꽃떨기 떨어지지 않았네. |
| 獨爾花中剛把節, | 유독 너는 꽃 중에서 강한 절조 있으니, |
| 未宜輕折向筵中. | 가벼이 꺾어서 술자리로 보내지 말아야 하네. |

## 매미

蟬

| | |
|---|---|
| 喜擇深深美蔭淸, | 깊숙하고 맑고 좋은 그늘을 잘 가려서, |
| 質何微小韻何宏. | 바탕은 그렇게 작으면서도 소리는 어찌 웅장한가. |

굉宏이 갱鏗으로 된 곳도 있다. [宏一作鏗]

| | |
|---|---|
| 不知孤客偏愁聽, | 외로운 나그네가 유독 근심스럽게 듣고 있는 줄 모르고, |
| 移遍千林盡日鳴. | 온갖 숲 옮겨 다니면서 온종일 울어대네. |

---

미청美淸 맑고 아름답다.

## 졸음이 오는데 파리를 미워하다(2수)

睡次疾蠅(二首)

| | |
|---|---|
| 驅去還來力亦疲, | 쫓아내도 다시 와서 또한 힘을 다하여 지치는데, |
| 掩衾謀睡夢成遲. | 이불로 가리고 자려고 해도 잠들기 쉽지 않네. |
| 干人身分何須責, | 사람의 일에 간여하는 일 꾸짖어 무엇하리, |
| 飛墮盃觴自不知. | 날다가 술잔에 빠지는 것도 모르는데. |

| | |
|---|---|
| 貪逐腥膻捨汝誰, | 비린내와 누린내만을 쫓는 너희를 누가 없애겠는가, |
| 點成緇白任渠爲. | 검은 점과 흰 점을 너희들 맘대로 만드네. |
| 蕭然衾枕看何物, | 쓸쓸히 이부자리에서 무엇을 보겠는가, |
| 侶集喧喧必睡時. | 무리 지어 떠들어대는 것은 잠들 때만 그러네. |

---

**성단腥膻** 비린내와 누린내

**금침衾枕** 이부자리와 베개, 잠자리

**소연蕭然** 쓸쓸하고 초라한 모습을 말한다.

**훤훤喧喧** 시끄럽게 떠드는 모습을 말한다.

## 다시 병중에 파리를 미워하다

又病中疾蠅

| | |
|---|---|
| 平生猒汝逐人偏, | 평생 유독 사람을 쫓는 너희를 싫어했는데, |
| 第一深憎鬪耳邊. | 가장 싫은 것은 귓가에서 싸우는 것이네. |
| 病裏逢來重値病, | 피로한 가운데 만나면 중병에 걸리니, |
| 滋繁此物怨皇天. | 파리를 번성하게 한 하늘이 원망스럽네. |

---

자번滋繁 더욱 번성하다.

황천皇天 하늘

## 미친 듯이 날뛰는 쥐를 읊다[장단구]

鼠狂[長短句]

| | |
|---|---|
| 畜猫非苟屠爾曺, | 고양이를 기르는 것은 참으로 너희들을 잡으려는 것이 아니라, |
| 欲爾見猫深自竄. | 너희가 고양이를 보고 깊은 곳으로 숨게 하려는 것이네. |
| 胡爲不遁藏, | 무엇 때문에 숨지 않고, |
| 穴壁穿墉來往慣. | 담장에 구멍을 뚫어서 계속해서 오가는가. |
| 出遊已云頑, | 나와서 노는 일 나쁘다고 할만한데, |
| 矧復狂且亂. | 게다가 미쳐 날뛰는 데 있어서랴. |
| 鬪喧妨我眠, | 소란스럽게 다퉈 내 잠을 방해하고, |
| 竊巧奪人饌. | 살며시 교묘하게 사람들의 반찬을 빼앗네. |
| 猫在汝敢爾, | 고양이가 있어도 너희는 감히 그렇게 하니, |
| 實自猫才緩. | 실로 고양이의 재주가 없는 것이네. |
| 猫職雖不供, | 고양이가 소임을 비록 다하지 못하였으나, |
| 汝罪亦盈貫. | 너희의 죄는 또한 돈꿰미에 가득 찰 정도로 많네. |
| 猫可鞭而逐, | 고양이는 매질하여 쫓을 수 있으나, |
| 汝難擒以絆. | 너희는 잡아서 묶기 어렵네. |
| 鼠乎鼠乎若不悛, | 쥐야! 쥐야! 만일 고치지 않는다면, |
| 更索猛猫懲爾慢. | 다시 사나운 고양이를 찾아서 너희들의 오만함을 벌하리라. |

이조爾曹　　너희들

벽용壁墉　　담장

광란狂亂　　미쳐서 어지럽게 날뛰다.

투훤鬪喧　　다투어 시끄럽게 하다.

절교竊巧　　살며시 약삭빠르게 하다.

영관盈貫　　돈꿰미에 가득 찰 정도로 많다.

금반擒絆　　잡아서 묶다.

## 개를 타이르다

諭犬

| | |
|---|---|
| 我家雖素貧, | 우리 집이 비록 소박하고 가난한지만, |
| 食祿許多斛. | 조정에서 받는 봉급은 상당히 많네. |
| 恐爾舐穢物, | 네가 더러운 것을 핥아먹을까 염려하여, |
| 亦許日飡穀. | 또한 날마다 밥을 먹도록 해 주었네. |
| 胡奈不知足, | 어찌하여 충분할 줄 모르고서, |
| 盜我所藏肉. | 내가 숨겨 놓은 고기를 훔치는 것인가. |
| 戀主雖可尊, | 주인을 사모하는 것은 비록 존중할 만하나, |
| 巧偸良不淑. | 교묘하게 훔치니 참으로 착하지 못하네. |
| 我有手中杖, | 나는 손안에 몽둥이가 있으니, |
| 鞭之足令服. | 너를 때려서 복종하게 할 수 있네. |
| 守門任莫重, | 문을 지키는 소임 막중하니, |
| 未忍加慘酷. | 차마 더욱 잔인하고 무자비하게 하지는 못하네. |

---

**소빈素貧** 소박하고 가난하다.

**식록食祿** 관리로서 받는 급료

**허다許多** 대단히 많다.

**막중莫重** 매우 중요하다.

**참혹慘酷** 잔인하고 무자비하다.

## 눈을 읊다

詠雪

| | |
|---|---|
| 北皇應羨百花叢, | 겨울의 신이 아마도 온갖 꽃의 무리를 부러워하여, |
| 故學東君剪刻工. | 일부러 동군東君의 자르고 새기는 솜씨를 배운 것이네. |
| 直欲凌他春造化, | 바로 봄의 조화造化를 넘어서고자 하여, |
| 剩裁六出示新工. | 육각의 눈을 만들어 남기니 새로운 솜씨를 보여주네. |

| | |
|---|---|
| 飄空尙作先來霰, | 하늘에 날리며 싸라기눈이 먼저 오고, |
| 撲地粗同厚着霜. | 땅에 닿으면 두께가 서리와 거의 같네. |

오늘은 눈이 조금 내렸다. [是日微雪]

| | |
|---|---|
| 豈爲澤微輕負喜, | 어찌 은택이 적다고 경솔하게 기쁨을 저버리겠는가, |
| 亦知金闕賀新祥. | 또한 조정에서 새해의 상서로움 축하함을 알겠네. |

---

| | |
|---|---|
| **표공飄空** | 공중에 날리다. |
| **박지撲地** | 땅에 가득하다. |
| **조동粗同** | 거의 같다. |
| **착상着霜** | 땅에 내려앉은 서리 |
| **택미澤微** | 작은 은택 |
| **금궐金闕** | 궁궐 |
| **하신賀新** | 새해를 축하하다. |

## 등불 앞에 비친 그림자를 읊다

燈前炤影

| | |
|---|---|
| 骨相難如畵, | 체격과 용모는 그리기 쉽지 않으나, |
| 頭形略似眞. | 머리 모양은 대략 꼭 같은 듯하네. |
| 蕭條一隻影, | 쓸쓸한 한 사람의 그림자, |
| 榮辱備嘗身. | 영예와 치욕을 모두 맛보았네. |

영욕榮辱은 만사萬事로 되어 있는 곳도 있다. [榮辱一作萬事]

---

**골상骨相** 체격과 용모

**두형頭形** 머리 모양

**소조蕭條** 분위기가 매우 쓸쓸한 것을 말한다.

**일척一隻** 한 사람

**영욕榮辱** 영예와 치욕

## 거울 속에 비친 모습을 보다

鏡中鑑影

| | |
|---|---|
| 未知形大瘦, | 모습이 크게 마른 것을 알지 못하였으나, |
| 猶不愧於人. | 그래도 사람들에게 부끄럽지는 않았네. |
| 今日鏡中炤, | 오늘 거울에 비춰보니, |
| 飜慚見自身. | 도리어 부끄러운 내 모습이 보이네. |

## 깨진 벼루를 읊다

硯破

| | |
|---|---|
| 墮落已無及, | 떨어뜨렸으니 이미 손쓸 수 없고, |
| 提攜未遽捐. | 급하게 버리지도 못하고 간직하고만 있네. |
| 詩膓如未破, | 시정詩情이 아직 사라지지 않았다면, |
| 何石不堪研. | 어느 돌인들 갈지 못하겠는가. |

---

**무급無及** 손을 쓸 수 없다.

**제휴提攜** 손으로 잡다.

**시창詩膓** 시정詩情

# VIII

# 한가한 일상

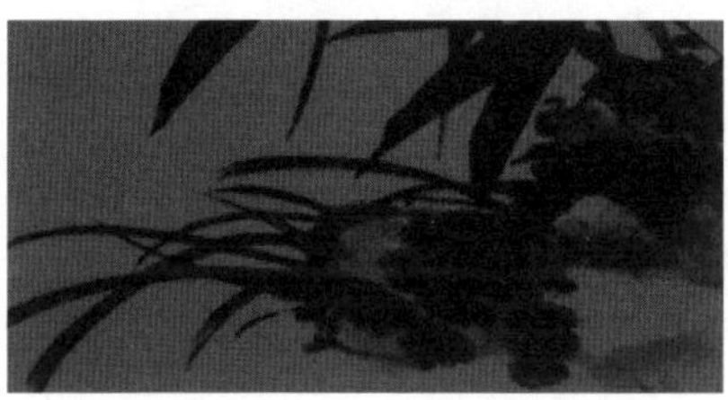

## 해 질 무렵 초당에서 금객을 만나서 술자리를 차리다

草堂日暮, 値琴客置酒

| | |
|---|---|
| 落日無端百感生, | 해 질 무렵 밑도 끝도 없이 온갖 느낌 생기는데, |
| 茅齋閑坐若爲情. | 초가집에서 한가롭게 앉았으니 생각이 어떠하겠는가. |
| 霜風醸作秋光釅, | 서릿바람 가을 분위기를 무르익게 하고, |
| 烟月裝成晩景淸. | 안개에 희미한 달빛 저물녘 경치 맑게 만들어 주네. |
| 賴有故人彈綠綺, | 친구가 있어서 거문고를 연주할 수 있고, |
| 時呼稚子酌烏程. | 때마침 아이를 불러서 좋은 술 따르게 하네. |
| 此時酒令吾先畫, | 이날 주령酒令을 내가 먼저 생각하여, |
| 弄一聲來輒數觥. | 한 곡조 타고나서 바로 몇 잔 돌렸네. |

---

모재茅齋 초가집

녹기綠綺 거문고 이름

오정烏程 옛날 명주名酒를 만들던 지역의 이름으로, 이후에는 좋은 술이라는 의미로 사용한다.

주령酒令 여러 사람이 술을 마실 때, 흥을 높이기 위하여 술 마시는 방법을 정하는 것을 말한다.

## 칠석에 친구 집에서 술을 마시다

七夕飮友人家

| | |
|---|---|
| 銀漢橫斜月漸彎, | 은하수 비스듬하고 달은 점점 휘어가니, |
| 良宵靈匹正成歡. | 좋은 밤 견우는 마침 즐기리라. |
| 憑君要喚娥眉豔, | 그대가 아름답고 고운 여성을 불러주길 바라니, |
| 天上人間樂一般. | 하늘 위나 사람이나 즐기는 것은 같네. |

---

은한銀漢 은하수

영필靈匹 견우牽牛를 말한다.

아미娥眉 아름다운 여성

## 거울을 보고, 양 교감에게 보내다(2수)

覽鏡, 贈梁校勘(二首)

| | |
|---|---|
| 怯把菱花拂古塵, | 능화경菱花鏡의 오래된 먼지 터는 것이 겁나니, |
| 恐緣形瘦轉傷神. | 수척한 모습에 더욱 마음의 상처를 받을까 염려되네. |
| 今朝一覽眞堪詫, | 오늘 아침 한 번 보고 참으로 자랑할 만하니, |
| 面暈猶紅鬢尙春. | 불그스레한 얼굴 여전히 붉고 귀밑털 여전히 검네. |

| | |
|---|---|
| 千首詩中雙白鬢, | 천수千首의 시 짓는 가운데 양 귀밑털 희었고, |
| 萬家盃底一朱脣. | 만가萬家의 술잔 밑으로 입술 붉어졌네. |
| 分明邂逅坐相笑, | 분명히 오랜만에 거울 보면서 가만히 웃어보니, |
| 却勝丹靑謾寫眞. | 그림으로 그린 것보다 오히려 실물이 낫네. |

---

**교감校勘** 왕실 도서관의 기능을 하는 비서성에서 경적과 축문·소장을 짓는 일을 담당하였다.

**능화菱花** 능화경菱花鏡을 말하고, 뒤쪽에 마름꽃 무늬를 새겼기 때문에 붙은 이름이라고 한다.

**해후邂逅** 오랫동안 헤어졌다 다시 만남

**단청丹靑** 화상畵像(사람의 얼굴을 그림으로 그린 형상)

## 사공 전원균의 집으로부터 술 취하여 돌아가다가 순라군에게 들키다

自田司空元均宅, 醉迴犯夜

| | |
|---|---|
| 醉客那能分早晏, | 취객醉客이 어찌 시간이 늦고 빠름을 알겠는가, |
| 金吾不用更誰何. | 금오金吾가 쓸모없이 다시 누구냐고 묻네. |
| 城東嗜酒花甎客, | 성城 동쪽 술 좋아하는 화전객花甎客이니, |
| 痛飮城西宰相家. | 성城 서쪽의 재상宰相댁에서 술을 흠뻑 마셨네. |

---

사공司空　고려 때 삼공三公의 하나로 정일품正一品에 해당한다.

범야犯夜　밤에 통행금지 시간을 어기고 다니는 것을 말한다.

조안早晏　시간의 늦고 빠름

금오金吾　개경의 치안을 담당하는 군대

수하誰何　누구냐고 물어보는 일

화전花甎　대궐의 안의 바닥에 까는 벽돌을 말한다.

통음痛飮　술을 흠뻑 마시다.

## 술 취한 나무꾼

醉樵人

| | |
|---|---|
| 犢鼻麻褌白葛衣, | 삼베 쇠코잠방이에 흰색 갈옷, |
| 革鞭筠笛草間遺. | 가죽 채찍과 대나무피리 풀 가운데 버렸네. |
| 牡牛逐牝奔騰去, | 암소를 수소가 따라가며 쏜살같이 달려가는데, |
| 醉臥山邊都不知. | 취하여 산자락에 누웠으니 온통 모르고 있네. |

---

**독비마곤犢鼻麻褌** 삼베 쇠코잠방이

**균적筠笛** 대나무피리

**분등奔騰** 쏜살같이 달리다.

## 길 위에서 친구를 만나서 즉석에서 시를 짓다

路上逢故人口號

| | |
|---|---|
| 握手長安路, | 장안長安의 길에서 손을 잡고, |
| 潸然涕自零. | 슬픔에 절로 눈물이 떨어지네. |
| 鬢從何日白, | 귀밑털은 언제부터 희었는가, |
| 眼是舊年青. | 눈은 예전 그대로 반가운 눈빛이네. |

---

잠연潸然　슬프고 침울한 모습

## 동쪽 교외에서 앞에 보이는 경물을 읊다

東郊卽事

| | |
|---|---|
| 三尺藍輿取次行, | 석 자의 남여藍輿 차례대로 가니, |
| 池南池北稱幽情. | 연못의 남북으로 그윽한 정취 걸맞네. |
| 黑雲將雨環山過, | 비를 몰고 온 먹구름 산을 둘러 지나가고, |
| 綠麥搖風際岸平. | 바람에 흔들리는 푸른 보리 언덕 사이로 평평하네. |
| 出沒游魚欺白鷺, | 출몰하며 노니는 물고기 백로를 속이고, |
| 高低輕燕護黃鶯. | 위아래로 나는 가벼운 제비 꾀꼬리를 보호하네. |
| 野庵不敢鼓門訪, | 교외의 암자 문 두드리며 찾지 않는 것은, |
| 恐使閑人費送迎. | 아마도 한가한 사람이 맞이하고 보내는 허비를 염려해서네. |

---

남여藍輿　덮개가 없는 가마인데, 두 사람이 어깨에 메고 이동한다.

취차取次　차례의 순서

야암野庵　교외의 암자

## 친구가 은잔으로 말을 바꾸었다는 소식을 듣고 짓다

聞友人以銀杯換馬

| | |
|---|---|
| 脣足皆君身上物, | 입술과 발은 모두 그대의 몸에 있는 것이니, |
| 忘脣愛足意難知. | 입술을 잃고 발을 아끼는 뜻 알기 어렵네. |
| 君言瓦盞尙堪醉, | 그대는 질그릇 잔에 여전히 취할 수 있다고 하지만, |
| 醉後驕馳兩得宜. | 취한 이후에 말 달려야 모두 어울리네. |

---

**와잔瓦盞** 질그릇 잔

## 병중에 시를 지어서 친구에게 보이다

病中作, 示友人

| | |
|---|---|
| 洞想形骸同木偶, | 몸뚱이의 모습을 살피니 나무 인형과 같고, |
| 孰敎矉頞苦啾啾. | 누가 이마 찡그리고 고달프게 울게 하는가. |
| 杯蛇妄意如能釋, | 술잔에 비친 뱀 그림자 헛된 생각을 풀어줄 수 있고, |
| 床蟻虛聲亦少收. | 침상 밑 개미가 움직이는 헛된 소리 또한 조금 거두었네. |
| 造化小兒謀欲困, | 조화옹이 괴롭히려고 꾀를 내는 것이고, |
| 死生一夢我何憂. | 죽음과 삶은 한바탕 꿈같으니 내가 무엇을 근심하겠는가. |
| 此非常痛眞堪賀, | 이번에 특별히 아픈 것은 참으로 위로할 만하니, |
| 天惜勞生擬遣休. | 하늘이 고달픈 생활을 애석히 여겨 쉬게 하려는 것이네. |

---

**형해形骸** 육체를 말한다.

**목우木偶** 나무 인형

**빈액矉頞** 이마를 찌푸리다.

**추추啾啾** 처량하게 우는 소리, 망령이 우는 소리

**배사杯蛇** 진晉나라 악광樂廣이 술잔 속의 뱀 그림자를 보고 놀란 뒤, 병이 들었다. 나중에 그 뱀의 모습이 벽에 걸린 활이라는 것을 알고 병이 나았다. 쓸데없는 일에 괴로워하는 것을 말한다.

상의床蟻 진晉나라 은중감殷仲堪의 아버지가 몸이 허약하였을 때, 침상 밑에 개미가 움직이는 소리를 들었는데, 소가 다투는 듯한 소리가 들렸다고 한다.

조화소아造化小兒 조물주를 장난스럽게 일컫는 말이다.

노생勞生 고달픈 생활

## 귀밑털을 보고 느낌이 있어서 짓다

炤鬢有感

| | |
|---|---|
| 霜雪之於物, | 서리와 눈의 사물은, |
| 秋冬各有司. | 가을과 겨울을 각각 담당하네. |
| 如何人鬢上, | 어찌하여 사람의 귀밑털에, |
| 一著不曾離. | 한 번 붙은 뒤로 떠나질 않는가. |

## 취가행

醉歌行

[走筆. 주필로 짓다.]

| | |
|---|---|
| 天若使我不飮酒, | 하늘이 나를 술 마시지 못하도록 하려면, |
| 不如不放花與柳. | 꽃과 버들을 피어나지 못하도록 해야 하네. |
| 花柳芳時能不飮, | 꽃과 버들이 피어날 때 안 마실 수 없고, |
| 春寧負我我不負. | 봄이 나를 저버릴지언정 나는 버리지 못하네. |
| 把酒賞春春更好, | 봄 감상하며 술잔 드니 봄이 더욱 좋고, |
| 起舞東風醉揮手. | 봄바람에 일어나 춤추니 취기에 손을 휘젓네. |
| 花亦爲之媚笑顔, | 꽃 또한 그러하여 얼굴에 고운 미소 머금고, |
| 柳亦爲之展眉皺. | 버들 또한 그러하여 찌푸린 눈썹 펴네. |
| 看花翫柳且高歌, | 꽃과 버들을 즐기며 보니 또한 노랫소리 높고, |
| 百歲浮生非我有. | 백년의 뜬구름같은 인생 내 것이 아니네. |
| 君不見千金不散將何用, | 그대는 보지 못했는가 흩뿌리지 않는 천금千金을 어디에 쓰려고 하는 것인가, |
| 癡人只爲他人守. | 어리석은 사람은 다른 사람을 위해 지키고 있을 뿐이네. |

---

**방시芳時** 좋은 시절, 꽃이 피는 시절

**추皺** 주름

**간완看翫** 보면서 즐기다.

## 교방의 기생인 화수에게 주다

贈敎坊妓花羞

| | |
|---|---|
| 玉顔嬌媚百花羞, | 고운 얼굴과 자태 온갖 꽃이 부러워하는 듯하고, |
| 第一風流飮量優. | 첫째가는 풍류風流는 주량이 넉넉한 것이네. |

술을 잘 마시기 때문에 말한 것이다. [善飮酒故云]

| | |
|---|---|
| 笑待詩人情最密, | 웃으면서 시인詩人을 친밀한 정으로 잘 대해주니, |
| 麤狂如我亦同遊. | 나처럼 볼품없는 사람과도 함께 놀아주네. |

---

교방敎坊　기생에게 가무歌舞를 가르치는 학교를 말한다.

교미嬌媚　자태와 목소리가 부드러워 사람들을 감동하게 하는 것을 말한다.

추광麤狂　볼품없고 분별없다.

## 화수가 주량이 많다는 시구에 대하여 생각보다 매우 언짢아하여, 다시 절구 하나를 지어 주다

花羞以飮量之句, 頗不悅, 復以一絶贈之

| | |
|---|---|
| 愛酒神仙事, | 술을 좋아하는 것은 신선의 일이니, |
| 西施醉亦多. | 서시西施 또한 취한 적이 많았네. |
| 欲添渠態度, | 그 모양새를 더하고자 하니, |
| 欹倒似風花. | 기대어 쓰러지는 모습이 바람에 떨어지는 꽃과 같네. |

## 주역을 읽다

讀易

| | |
|---|---|
| 屈指行年僅六旬, | 손을 꼽아서 나이를 헤아리니 겨우 60인데, |
| 方觀易象讀千巡. | 마침 주역의 괘를 천 번 반복해 읽었네. |
| 乾坤摠入胸襟內, | 건곤乾坤이 모두 마음속 안으로 들어왔으니, |
| 朝是凡夫暮已神. | 아침의 평범한 사내가 저녁에는 벌써 신神이 되었네. |

늘그막에 주역을 좋아하여, 글을 외워서 암송하기에 이르렀다. [晩好易, 至背書遙誦]

---

굴지屈指　　손가락을 꼽아서 헤아리다.

역상易象　　주역의 괘에 나타난 형상, 주역을 말한다.

## 머리카락이 없는 것을 스스로 비웃다

頭童自嘲

| | |
|---|---|
| 髮落頭盡童, | 머리털 떨어져 머리가 전부 벗어지니, |
| 譬之禿山是. | 민둥산 같다고 하네. |
| 脫帽得不慙, | 모자 벗기가 부끄럽지 않으나, |
| 容梳已無意. | 빗질하려는 생각 벌써 사라졌네. |
| 若無鬢與鬚, | 귀밑털과 수염조차 없었다면, |
| 眞與老髡似. | 참으로 늙은 중과 같으리. |
| 冠弁飾其顚, | 관모冠弁로 정수리를 꾸미고, |
| 強自備騶騎. | 억지로 말몰이꾼과 하인을 갖추었네. |
| 黃裾雙引行, | 앞을 인도하는 사람 둘이서 끌면서, |
| 呵喝喧道里. | 큰 소리 내니 도로가 떠들썩하네. |
| 行者錯擬人, | 지나가는 사람 사람인가 착각하고, |
| 趁趯走相避. | 이리저리 서로 피하기 바쁘네. |
| 其實乃妄庸, | 실체는 평범한 사람보다 못하고, |
| 於國無所利. | 나라에서 도움 될 것이 없네. |
| 徒將一腹膰, | 다만 배 하나 볼록하게 나왔으니, |
| 多喫國廩耳. | 나라의 봉급만 많이 받았을 뿐이네. |
| 自尙厚顏深, | 스스로 여전히 얼굴만 두꺼워지고, |
| 人誰不嘲戲. | 누구인들 비웃고 희롱하지 않겠는가. |
| 不如速卷藏, | 빨리 사직하고 숨지 않는다면, |

| | |
|---|---|
| 無重己之累. | 자신만을 생각하는 잘못이 아니겠는가. |

---

| | |
|---|---|
| 동童 | 머리가 벗어지다. |
| 독산禿山 | 민둥산 |
| 노곤老髡 | 늙은 스님 |
| 관모冠弁 | 의례에 쓰던 모자를 말한다. |
| 추기騶騎 | 말을 타고 높은 관리를 수행하는 사람을 말한다. |
| 황거黃裾 | 높은 관리가 행차할 때, 앞을 인도하면서 소리를 지르는 사람을 말한다. |
| 가갈呵喝 | 큰소리로 호통치다. |
| 참담趻踔 | 이리저리 달리다. |
| 망용妄庸 | 평범한 사람보다 못하다. |
| 복번腹膰 | 배가 불룩한 것을 말한다. |
| 국름國廩 | 나라에서 식량을 저장한 창고, 국록을 말한다. |
| 후안厚顏 | 낯두꺼운 얼굴을 말한다. |
| 권장卷藏 | 일을 그만두고 숨어 지내다. |

## 집 뒤에 작은 연못을 만들다

舍後開小池

| | |
|---|---|
| 利鑿斲巖根, | 날카롭게 산기슭을 파고 깎았는데, |
| 氷漿湧罅隙. | 차가운 물이 벌어진 틈으로 샘솟네. |
| 於焉始開井, | 여기에 처음 우물을 만들고, |
| 抔飮眞甘液. | 한 움큼 마시니 참으로 물이 달았네. |
| 流派濫如觴, | 흐르는 물은 한 잔을 넘길 정도이고, |
| 曲折隨所適. | 굽이를 따라서 흐르네. |
| 去井十許步, | 우물과의 거리 열 걸음 정도 되는 곳에, |
| 闢池長一席. | 길이는 한 자리 정도의 못을 팠네. |
| 始得渟其流, | 비로소 흐르는 물을 모을 수 있었고, |
| 涵涵漾寒碧. | 일렁이는 물결 푸르고 청량하였네. |
| 非欲備觀游, | 구경하고 놀려고 하는 것이 아니고, |
| 洩水聊可惜. | 새는 물이 오로지 아까울 뿐이네. |
| 盛暑浴淸瀾, | 한창 더울 때 맑은 물에 멱감고, |
| 亦省汲引役. | 또한 물 긷는 수고를 줄일 수 있네. |
| 兒童眞好事, | 아이들 참으로 일 만들기 좋아하니, |
| 萑葦被其側. | 그 주변을 억새와 갈대로 덮었네. |
| 我笑命去之, | 내가 웃으면서 치우라고 하였는데, |
| 此意非乃測. | 이 뜻을 너희들이 알 바가 아니네. |

| | |
|---|---|
| 암근巖根 | 산기슭, 바위의 밑 |
| 착착鑿斲 | 파고 깎다. |
| 하극罅隙 | 벌어진 틈 |
| 어언於焉 | 어느새, 갑자기 |
| 부음抔飮 | 한 움큼 마시다. |
| 유고流泒 | 흐르는 물줄기 |
| 함함涵涵 | 물결이 일렁이다. |
| 설수洩水 | 새는 물 |
| 급인汲引 | 우물을 길러 가지고 오다. |
| 관위雚葦 | 억새와 갈대 |

## 샘물이 사방에서 나와 짓다

泉出四面有作

| | |
|---|---|
| 繞家皆湧溜, | 집을 둘러싼 모든 곳에서 물이 흐르니, |
| 無處不笙蕭. | 여기저기에서 생황과 퉁소 소리 들리네. |
| 仙樂中間坐, | 신선의 음악 가운데 앉았으니, |
| 身疑在紫霄. | 몸이 하늘 세계에 있는 듯하네. |

---

**용류湧溜** 물이 미세하게 흐르는 것

**생소笙蕭** 생황과 퉁소

**자소紫霄** 상제上帝가 있는 하늘

## 우물에 비추어 보면서 희롱하여 짓다

炤井戲作

| | |
|---|---|
| 不對靑銅久, | 청동 거울을 오랫동안 마주하지 않았으니, |
| 吾顏莫記誰. | 내 얼굴이 누구인지 기억하기도 어렵네. |
| 偶來方炤井, | 우연히 우물에 비춰보니, |
| 似昔稍相知. | 옛날에 조금 서로 알고 지낸 듯하네. |

## 정원을 거니는 가운데 느낌이 있어서 짓다(2수)

行園中有感(二首)

| | |
|---|---|
| 竹杖扶身勝健僕, | 대나무 지팡이 몸을 부축하니 건강한 하인보다 낫고, |
| 花枝媚眼當佳人. | 꽃가지 간드러진 눈 아름다운 사람을 마주한 듯하네. |
| 行慵暫坐思前事, | 걷기 귀찮아 잠시 앉아서 지난 일 생각하니, |
| 四十年前放浪身. | 40년 전 떠돌아다니던 몸이네. |
| | |
| 臺上葵花嬌引我, | 누대 위에 해바라기 고와 나를 이끌고, |
| 臺高才尺尚難登. | 누대는 겨우 한 자 높이지만 오르기 어렵네. |
| 雖關老病身無力, | 비록 늙고 병들어 몸에 힘이 없다고는 하지만, |
| 亦爲鈞衡重莫勝. | 또한 재상의 무게를 이기지 못해서네. |

---

**미안媚眼** 사람을 사로잡는 아름다운 눈

**행용行慵** 걷기 귀찮다.

**규화葵花** 해바라기

**균형鈞衡** 재상의 직위를 말한다.

## 고인이 된 학사 이백순의 집을 바라보면서 느낌이 있어서 짓다

望故李學士百順家有感

| | |
|---|---|
| 我來此地亦因君, | 내가 이곳에 온 것은 또한 그대 때문이니, |

처음 개경에 와서, 공이 터를 잡은 곳에 함께 살았으니, 마치 서로 마주 보는 듯했다. [初入此京, 公卜地而處, 以一與子, 猶望相對]

| | |
|---|---|
| 幸卜芳隣日與親. | 다행히 좋은 이웃 있어서 날마다 친하게 지냈네. |
| 舊宅依然山下在, | 오래된 집 예전 그대로 산 아래 있으나, |
| 草荒苔老闃無人. | 황폐한 풀과 오래된 이끼만 있고 인기척 없네. |
| | |
| 被招無日不經過, | 부르면 날마다 방문하였고, |
| 大醉扶來趁晩鴉. | 크게 취해 부축받으며 오면 저녁때 맞추어 까마귀 울었네. |
| 今日定將誰擧爵, | 오늘은 누구와 술잔 들기를 정해야 하나, |
| 出門痛哭望君家. | 문을 나와 통곡하면서 그대의 집을 바라보네. |
| | |
| 地下應無一滴春, | 저승에는 아마도 술 한 방울도 없을 텐데, |
| 我今獨吸杯中酒. | 내 지금 홀로 잔 속의 술을 마시네. |
| 誰能作筧連泉扃, | 누가 홈통 만들어 저승까지 이어서, |
| 激此淡觴霑子咮. | 이 술잔의 술을 보내 그대의 입술을 적실 수 있을까. |

방린芳隣 좋은 이웃

만아晩鴉 해 질 무렵의 까마귀

천경泉扃 황천黃泉을 말한다.

## 말한 것에 대하여 후회하다

言悔

| | |
|---|---|
| 我性本訥言, | 나는 본래 말 더듬는 것을 타고나서, |
| 庶幾無口過. | 말로 인한 잘못이 거의 없었네. |
| 昨日率爾言, | 어제는 경솔하게 이 말을 하였으니, |
| 我死誰代者. | 내가 죽으면 대신할 사람은 누구인가. |
| 有客笑而對, | 어떠한 손님이 웃으며 대답하길, |
| 子語似未可. | 그대의 말 맞지 않는 듯하다고 하네. |
| 才俊世所稀, | 재주가 뛰어난 것은 세상에 드문 일이니, |
| 當憂代者寡. | 대신할 사람이 적은 것은 근심할 만하네. |
| 子非異於人, | 그대는 다른 사람과 다르지 않으니, |
| 所益無一箇. | 이익될 것이 하나도 없네. |
| 何必見代爲, | 대신할 사람을 볼 필요가 있겠는가, |
| 俚唱宜無和. | 시골의 노랫소리는 화답할 필요가 없네. |
| 其言雖似訐, | 그 말 비록 비방하는 듯하지만, |
| 其意未大左. | 그 뜻은 크게 틀리지 않네. |
| 我悔前言失, | 나는 앞의 말실수를 뉘우치니, |
| 起拜再三謝. | 일어나 절하고 여러 번 사례했네. |

눌언訥言 말을 무디게 하다.

이창俚唱 시골의 노랫소리

## 오랫동안 앓다

久病

| | |
|---|---|
| 一嬰沈瘵度三秋, | 한 번 고질병에 걸려 3년이 지났고, |
| 臥腐公家俸祿優. | 누웠으니 조정에서 받은 넘쳐나는 봉록만 썩히네. |
| 乞退欲休君不頷, | 물러나 그만두기를 요청하였으나 임금의 허락 받지 못하였으니, |
| 天將使我大休休. | 하늘이 나를 크게 필요로 하지 않는 것인가. |

---

침채沈瘵 고질병, 오랫동안 병에 시달리다.

공가公家 조정, 국가의 관서官署

휴휴休休 금지하다.

## 마음과 어긋남을 희롱하여 시를 짓다

違心詩戲作

| | |
|---|---|
| 人間細事亦參差, | 인간의 작은 일들 또한 일정하지 않으니, |
| 動輒違心莫適宜. | 움직이면 문득 어긋나 마음에 꼭 맞지 않네. |
| 盛歲家貧妻尙侮, | 좋은 시절에 집은 가난하여 아내는 여전히 얕보지만, |
| 殘年祿厚妓將追. | 늘그막에 봉급은 넉넉하여 기생이 따르고자 하네. |
| 雨霪多是出遊日, | 나가서 노닐 때 자주 오래도록 비가 오고, |
| 天霽皆吾閑坐時. | 내가 한가롭게 있을 때 언제나 하늘이 맑네. |
| 腹飽輟飡逢羔肉, | 배불러 그만 먹으면 양고기가 나오고, |
| 喉瘡忌飮遇深巵. | 목에 상처로 마시는 것을 조심할 때 많은 술 생기네. |
| 儲珍賤售市高價, | 쌓은 진주 싸게 팔면 시장에서 가격이 높아지고, |
| 宿疾方痊隣有醫. | 묵은 병이 나을 때면 이웃에 의원이 있네. |
| 碎小不諧猶類此, | 사소한 일 어긋나는 것이 이와 같으니, |
| 楊州駕鶴况堪期. | 학을 타고 양주楊州 하늘을 나는 일 바랄 수 있겠는가. |

---

**세사細事** 작은 일

**우음雨霪** 여러 일 동안 비가 오다.

**철손輟飡** 먹는 것을 그치다.

**후창喉瘡** 목구멍의 상처

쇄소碎小 자질구레하거나 사소한 일

양주가학楊州駕鶴 옛날에 사람들이 자신이 하고 싶은 것을 말하게 되었다. 양주자사가 되기를 바라는 사람이 있었고 혹은 재물을 얻길 바라는 사람, 학을 타고 하늘에 오르고 싶다는 사람이 있었다. 이때 한 사람은, 허리에 10만 관의 황금을 차고서 학을 타고 양주 상공을 날았으면 좋겠다고 하였다. 즉, 모든 바람이 이뤄진 것을 말한다.

## 희 선사에게 보내다

贈希禪師

| | |
|---|---|
| 相逢未及問寒溫, | 서로 만나서 안부도 묻지 못하였는데, |
| 笑道狂奴舊態存. | 웃으며 옛 모습 그대로 자유분방하네. |

내가 천수天壽 방장方丈에 있을 때, 항상 크게 취했었는데, 스님은 지금 그 일을 가지고 농담을 하였다. [予於天壽方丈, 常醉狂, 師今戲之]

| | |
|---|---|
| 一別五年無限思, | 한 번 이별하고 5년 동안 계속 그리워했으니, |
| 請看雙鬢雪初繁. | 양 귀밑털 흰 눈처럼 무성하기 시작한 것을 봐주길 바라네. |

---

**한온寒溫** 날씨의 춥고 더움을 말하여 서로 안부를 묻는 것을 말한다.

**광노狂奴** 자유분방한 사람을 말한다.

**방장方丈** 스님이 거처하는 공간을 말한다.

## 꽃가지를 꺾고 읊다

折花吟

| | |
|---|---|
| 折得花枝作酒籌, | 꽃가지 꺾어서 술잔을 헤아리니, |
| 花枝未盡人先醉. | 꽃가지는 다 꺾지 못하였는데 사람이 먼저 취하였네. |
| 請君留却最繁叢, | 가장 많은 꽃떨기 남겨주길 그대에게 청하니, |
| 客惡何妨明日至. | 손님은 상관없이 내일도 찾으리라. |
| 必須滿揷窮歡遊, | 반드시 꽃을 가득 꽂고 한없이 즐겁게 노닐 것이고, |
| 然後送春無歉意. | 그런 연후에 봄을 보내도 섭섭하지 않으리라. |
| 爲問花心亦肯無, | 꽃의 마음을 물으면 또한 그렇다고 하지 않겠는가, |
| 愼勿負期輕墮地. | 조심하여 약속을 어기고 땅에 떨어지지 않기를 바라네. |
| 君不見貴人園苑惜花深, | 귀인貴人이 동산에서 꽃을 매우 아꼈다는 것을 그대는 보지 못하였는가, |
| 雨惡風顚那忍視. | 거센 비와 바람에 떨어지는 것을 어찌 차마 보겠는가. |

---

**하방何妨** 무슨 상관이 있겠는가, 무방하다.

**협의歉意** 섭섭하거나 불만스러운 마음

## 시악

詩樂

[樂讀作音樂之樂. 악樂은 음악의 악樂으로 읽는다.]

| | |
|---|---|
| 詩筵賡唱玉交鳴, | 시를 주고받는 자리에서 주옥과 같은 소리 오가니, |
| 大勝金絲迭奏聲. | 악기를 교대로 연주하는 것보다 더 낫네. |
| 世俗不知眞樂在, | 세상에 참된 음악이 있는지 모르겠으나, |
| 徒稱嘯月冷書生. | 다만 달이나 읊는 차가운 서생이라고 하겠지. |

---

갱창賡唱 시가詩歌를 서로 주고받는 것을 말한다.

금사金絲 악기를 말한다.

질주迭奏 교대로 음악을 연주하다.

## 주악

酒樂

| | |
|---|---|
| 手拍肩搖拊髀多, | 손으로 박수치고 어깨를 흔들며 자주 허벅지를 두드리니, |
| 跳成舞節叫成歌. | 뛰면 절도 있는 춤이 되고 소리 지르면 노래가 되네. |
| 此身自有天生樂, | 내 몸에는 타고난 즐거움이 있으니, |
| 不用笙簫更倩他. | 생황과 퉁소를 다시 다른 사람에게 요청할 필요 없네. |

---

| | |
|---|---|
| 수박手拍 | 손뼉 치다. |
| 부拊 | 가볍게 두드리다. |
| 무절舞節 | 춤추는 절도 |
| 생소笙簫 | 생황과 퉁소 |

## 술집의 깃발(2수)

酒旆(二首)

| | |
|---|---|
| 春風斜拂酒旗青, | 봄바람 술집의 푸른 깃발을 비스듬히 스치고, |
| 一望猶寬渴飮情. | 한 번 바라보니 오히려 술 마시고 싶은 생각을 풀어주는 듯하네. |
| 無賴垂楊搖眩綠, | 밑도 끝도 없이 수양버들 이리저리 흔들리니, |
| 不敎詩眼見分明. | 시안詩眼으로 분명하게 못 보게 하네. |

| | |
|---|---|
| 但將百萬錢相擲, | 백만전百萬錢을 가지고 술집에 던질 뿐, |
| 豈問青帘得見不. | 어찌 술집 깃발 보이는가를 묻겠는가. |
| 天上酒旗猶傍柳, | 하늘 위 주성酒星은 여전히 유성柳星 옆에 있어, |
| 綠楊相映亦風流. | 푸른 수양버들과 서로 마주하니 또한 멋스럽게 노니네. |

---

**갈음渴飮** 갈증이 나면 마시다.

**요현搖眩** 이리저리 흔들다.

**무뢰無賴** 밑도 끝도 없이 행동하는 것을 말한다.

**시안詩眼** 시를 볼 줄 아는 안목을 말한다.

**청렴青帘** 술집의 푸른 깃발

**주기酒旗** 술을 관장하는 별이다. 유성柳星에 속한다.

## 두 가지를 경계하는 시를 짓고 친구에게 보내다

二誡詩贈友人

| | |
|---|---|
| 予以燕伐燕, | 내가 연나라가 연나라를 정벌하는 것으로, |
| 酒色誡親友. | 술과 여색을 벗에게 경계하라고 하였네. |
| 蠱人莫若色, | 사람을 유혹하는 것은 여색만 한 것이 없으며, |
| 毒人莫如酒. | 사람을 해치는 것은 술만 한 것이 없네. |
| 丈夫貴嗇身, | 장부丈夫는 몸 아끼는 것을 중요시하는데, |
| 子可割斷不. | 그대는 끊을 수 있겠는가 하였네. |
| 荅云君之言, | "자네의 말은, |
| 百不中吾意. | 내 마음에 맞는 것이라고는 하나도 없네. |
| 與其薄味生, | 심심하게 살아가는 것이, |
| 孰若快意死. | 어떻게 즐거운 마음으로 살다 죽는 것과 비교할 수 있는가. |
| 人生要有死, | 인생은 반드시 죽음이 있으니, |
| 但存先後耳. | 다만 먼저 가고 늦게 가는 것일 뿐이네. |
| 毋謂生可娛, | 사는 것만이 즐겁다고 말하지 말게, |
| 焉知死亦如. | 죽음 또한 그와 같으리라고 어찌 알겠는가. |
| 苟謂生甚勞, | 참으로 사는 것이 힘들다고 한다면, |
| 死逸迺良圖. | 죽어서 편안함이라는 적절한 생각이 있네. |
| 何必要其生, | 그 사는 것을 중요하게 생각하여, |
| 枯槁守一軀. | 야위어서 힘없는 한 몸뚱이를 지킬 필요가 있는가. |

| | |
|---|---|
| 子言與吾左, | 그대의 말은 내 생각과는 다르니, |
| 孰得孰失歟. | 누가 맞고 누가 틀리겠는가. |
| 酒色人所嗜, | 술과 여색은 사람이 즐기는 것이니, |
| 必以我言迂. | 반드시 내가 세상 물정 모르고 하는 말이라고 하리라"<br>라고 답하네. |

---

연벌연燕伐燕 연燕나라가 연燕나라를 공격한다는 것으로, 전국시대 혼란한 틈을 타서 제齊나라가 연燕나라를 공격하였다. 맹자가 이를 빗대어 말한 것이다. 같은 처지에 있는 상대방을 꾸짖는 것을 말한다.

색신嗇身 몸을 아끼다.

할단割斷 단절斷絶하다.

박미薄味 심심하다.

곽약孰若 어떻게 비교할 수 있겠는가.

하필何必 무슨 일이 있어서 꼭, 어찌 반드시

고고枯槁 야위어서 파리하다.

언우言迂 사리에 어둡고 세상 물정을 모르고 하는 말

## 미인과 이별하는 시를 대신 쓰다

代別美人

| | |
|---|---|
| 不問儂歸幾日迴, | 나에게 돌아가서 언제 올 것인지 묻지 못하고, |
| 謾牽衫袖重徘徊. | 부질없이 소매 끌며 거듭 배회하기만 하네. |
| 千行玉淚休多費, | 천 가닥 옥 같은 눈물 다 쓰지 말고, |
| 作雨時時入夢來. | 비가 되어 수시로 꿈에 들어왔으면 하네. |

---

기일幾日　어느 날

삼수衫袖　소매

## 고 기 상국이 은거한 곳을 지나면서 짓다

過故奇相國林泉

[今爲他有. 지금은 다른 사람의 소유가 되었다.]

相公曾此日開筵, 상공相公은 이곳에서 날마다 잔치를 열곤 하였는데,
一擲青錢僅百千. 한 번에 거의 수 백천의 돈을 썼네.
爲問華堂誰幻出, 화려한 집으로 누가 변화시켰는지 물었는데,
不如茅榭舊天然. 예전 모정茅亭의 자연스러움보다 못하네.

공은 연못 위에 모정茅亭 짓고, 둘러앉아서 술 마시는 것을 좋아하였는데, 지금은 화려한 가옥으로 바뀌었다. [公架茅亭於池上, 環坐飮酒可愛, 今以華屋換之]

金釵零落歸何處, 금비녀 꽂은 기생 나이 들어 어느 곳으로 갔는가,
珠履參羅記昔年. 지난 시절 자리에 참석했던 사람의 신발과 자리 기억나네.
我亦當時陪飮客, 나 또한 당시 함께 술 마시던 손님이었는데,
白頭重過淚如泉. 흰머리에 다시 지나니 눈물 샘솟듯 하네.

---

청전青錢 청동으로 만든 돈
환출幻出 변화시키다.
화당華堂 화려한 집
모사茅榭 띠로 엮은 정자

| | |
|---|---|
| 금채金釵 | 금비녀를 꽂은 여성들, 기생을 말한다. |
| 영락零落 | 초목이 시든 모습을 말한다. |
| 주리珠履 | 장식이 있는 좋은 신발 |
| 참라參羅 | 참석했던 사람들이 펼쳐 놓았던 것 |

## 병이 좋아진 이후의 술자리에서 시를 지어 기생에게 보내다

病後飮席贈妓

| | |
|---|---|
| 酒能皷舞狂吟興, | 술 마셨을 흥에 겨워 춤추고 정신없이 노래하였는데, |
| 藥解飛騰久病身. | 오래 앓던 몸은 약을 먹고 나았는지 날고뛸 듯하네. |
| 誰更將春供老眼, | 누가 다시 봄을 늙은이에게 줄 수 있을지, |
| 似花含笑玉顔人. | 꽃처럼 미소를 머금은 아름다운 기생들이네. |

---

**고무皷舞** 손발을 움직여 춤추다.

**광흥狂興** 몹시 흥겨운 것을 말한다.

**약해藥解** 약을 복용하여 병이 해소된 것을 말한다.

**옥안玉顔** 아름다운 여성의 얼굴

## 꿈속의 시를 이어서 짓다[병서]

續夢中作[幷序]

을해년 3월 어느 날, 꿈에서 깊은 산을 유람하다가 한 골짜기에서 길을 잃었는데, 아름다운 누대가 생각보다 매우 달라 보였다. 옆에 있는 사람에게 다음과 같이 물었다. "여기가 어딘가요?" 다음과 같이 답하였다. "선녀대仙女臺입니다." 순간 아름다운 여성 6~7명이 문을 열고 나와 맞이하여, 자리에 앉았더니 간곡하게 시를 써 달라고 요청하였다. 내가 바로 다음과 같이 읊었다. "길에 들어서니 옥대玉臺의 푸른 문이 열리고, 아름다운 선녀가 나와서 맞이하네[路入玉臺呀碧戶, 翠娥仙女出相迎]." 선녀들이 생각보다 그렇게 좋아하지 않았는데, 나는 그 이유를 알지 못하여, 빠르게 고쳐서 다음과 같이 읊었다. "맑은 눈과 흰 치아의 아름다운 여성이 웃으며 맞이하니, 비로소 선녀와 인간 세상의 통하는 정 있었음을 알겠네[明眸皓齒笑相迎, 始識仙娥亦世情]." 선녀들이 계속하여 다음 구를 이어달라고 하였으나, 나는 선녀들에게 양보하였고, 한 선녀가 이어서 다음과 같이 읊었다. "인간 세상의 정이 우리에게 이른 것이 아니라, 그대의 남다른 재주를 아끼기 때문이네[不是世情能到我, 爲憐才子異於常]." 내가 다음과 같이 말했다. "신선 또한 압운押韻을 틀립니까?" 바로 손뼉을 치며 크게 웃었다. 꿈을 깬 뒤에 다음과 같이 이어 지었다.

[乙亥三月日, 夢遊深山, 迷路至一洞, 樓臺明麗頗異, 問傍人云, "是何處也." 曰, "仙女臺也." 俄有美女六七人開戶出迎, 入座苦請詩. 予卽唱云, "路入玉臺呀碧戶, 翠娥仙女出相迎." 女等頗不肯之. 予雖未知其故, 遽改曰, "明眸皓齒笑相迎, 始識仙娥亦世情." 女等請續下句. 予讓於女等, 有一女續之云, "不是世情能到我, 爲憐才子異於常." 予曰, "神仙亦誤押韻耶." 遂拍手大笑. 因破夢追續之]

| | |
|---|---|
| 明眸皓齒笑相迎, | 맑은 눈과 흰 치아의 아름다운 여성이 웃으며 맞이하니, |
| 始識仙娥亦世情. | 비로소 선녀와 인간 세상의 통하는 정 있었음을 알겠네. |
| 一句才成驚破夢, | 하나의 시구 완성하고 놀라서 꿈에서 깨었는데, |
| 故留餘債約尋盟. | 일부러 빚을 남겨 두어 계속 만나길 기약한 것이네. |

---

**을해乙亥** 1215년(고종 2년), 공의 나이 48세.

**명려明麗** 풍경이 맑고 아름답다.

**고청苦請** 힘들게 청하다.

**취아翠娥** 아름다운 여성을 말한다.

**명모호치明眸皓齒** 밝은 눈과 흰 치아, 즉 아름다운 여성의 외모를 말한다.

**선아仙娥** 선녀를 말한다.

**세정世情** 인간 세상과 정이 통함을 말한다.

## 7월 3일 바람을 읊다

七月三日詠風

| | |
|---|---|
| 間闊難逢六月天, | 6월의 여름에는 오랜 시간이 지나도 만나기 어렵더니, |
| 入秋三日斗凄然. | 가을에 들어선 지 3일 만에 차가운 느낌이 늘었네. |
| 隣家童子渾多事, | 이웃집 아이들 모두 쓸데없이 바쁜 구석이 있으니, |
| 喜向長空送紙鳶. | 높은 하늘에 종이연을 날리며 기뻐하네. |

---

간활間闊　오랫동안 이별하다.

처연凄然　춥고 차갑다.

지연紙鳶　종이로 만든 연을 말한다.

## 술자리에서 어린 기녀에게 보이다

飮席示小妓

| | |
|---|---|
| 十五女兒顏稍姸, | 열다섯의 아이 얼굴이 작고 고우니, |
| 呼之使前佯不睞. | 앞으로 오라고 부르니 못 본 체하네. |
| 白首衰翁何所爲, | 흰머리에 힘없는 늙은이가 무엇을 하겠는가, |
| 不須多作嬌羞態. | 여리고 수줍은 모습 많을 필요 없네. |

이 이상은, 수습하면서 얻은 것이니, 날짜의 선후가 없다. [此已上, 收拾所得, 無日月先後]

---

초연稍姸　작고 곱다.

교수嬌羞　여리고 수줍음이 많다.

## 노비가 도망가다

奴逋

[移都後. 도읍을 옮긴 이후에 지었다.]

| | |
|---|---|
| 西江已渡僕逋亡, | 서강西江을 건넜을 때 이미 노비가 달아났으니, |
| 應恐新京餒爾腸. | 아마도 새 도읍에서 배 주릴까 염려해서네. |
| 取雞折蓌猶未覓, | 닭의 뼈로 점치고 나뭇가지도 구해보았으나 여전히 찾지 못했으니, |
| 問渠何處固深藏. | 너는 참으로 어느 곳에 깊이 숨었는지 물어보고 싶네. |
| | |
| 蕭家僕有猒嚴笞, | 소가蕭家의 노비는 자주 엄하게 매질을 하여도, |
| 猶解憐文莫敢離. | 오히려 글을 좋아하여 감히 떠나지 못했음을 알고 있네. |
| 爾主才麤宜且去, | 네 주인의 재주 좋지 못하여 마땅히 떠날 만하지만, |
| 胡爲略不德吾慈. | 어찌하여 너는 나의 자비로운 마음을 작게 여기는가. |

---

서강西江　예성강

취계取雞　닭의 뼈나 달걀을 가지고 길흉을 점치는 것을 말한다.

절종折蓌　긴 나뭇가지를 꺾다. 당唐나라 두생杜生이라는 사람이 점을 잘 쳤는데, 노비를 잃은 사람이 와서는 방법을 물었다. 두생이 사자使者를 만나서 채찍을 얻으면 찾게 될 것이라고 하였다. 그 사람은 사자使者를 만났는데, 채찍이 없으면 말을 몰 수 없으니 긴 나뭇가지를 꺾어 오라고 하였고, 나뭇가지를 구하러 간 곳에 노비가 숨어 있었다고 한다.

소가蕭家 당唐나라 문인 소영사蕭穎士가 자신의 노비에게 자주 매질을 하였다. 그러자 다른 사람이 노비에게 도망가라고 하였으나, 그의 곁을 떠나지 않았다. 그 노비는 소영사의 재주를 좋아할 뿐이라고 하면서 떠나지 않았다고 한다.

## 하음의 객사 서쪽 행랑에 지내면서 짓다

寓河陰客舍西廊有作

[移都後, 予獨於新京未構屋, 擧家借河陰客館西廊居之. 累月乃去. 도읍을 옮긴 이후에, 나만 홀로 새 도읍에서 아직 집을 짓지 못하였고, 가족들과 함께 하음河陰의 객사客舍 서쪽 행랑에서 지냈다. 수개월이 지난 뒤 떠났다.]

新京構屋日滋多, 새 도읍에서 집을 지은 지 여러 날이 지났고,
猶似千蚕競作窠. 수많은 누에가 다투어 고치를 만든 것과 같네.
我豈孤獐堪野處, 내 어찌 갈 데 없는 노루처럼 들판에서 지낼 수 있겠는가,
河陰官舍借爲家. 하음河陰 객사官舍를 빌려 집으로 삼았네.

數間虛館借西偏, 빈 관사館舍 서쪽에 치우친 몇 칸을 빌렸는데,
榛莽深深碧峀邊. 푸른 산봉우리 근처 깊고 깊은 초목만 무성한 곳이네.
瓢飮自寬聊勉耳, 가난해도 자신을 위로하며 지내는 데 힘쓸 뿐이니,
이때 받은 봉급이 많지 않아서, 자주 식량이 떨어졌었다. [時受祿未周, 屢在陳]
從今始有僞顔淵. 지금부터 가짜 안연顔淵인 척해야겠네.

---

일자日滋 날이 더해지다.

고장孤獐 갈 데 없는 노루

진망榛莽 잡초더미가 무성한 초목草木, 황폐한 들판

벽수碧峀 푸른 산봉우리

표음瓢飮 단사표음簞食瓢飮을 말한다. 가난하고 소박한 삶을 가리킨다.

자관自寬 자신을 위로하다.

재진在陳 기아飢餓와 빈곤貧困 등 어려운 상황을 말한다. 『논어論語』·「위령공衛靈公」에, "공자가 진나라에 계실 때, 식량이 떨어져서 따르던 제자들이 굶어서 일어날 수 없었다. 자로가 화난 모습으로 공자를 뵙고 말하였다. '군자도 곤궁할 때가 있습니까.' 공자가 답하였다. '군자는 본래 궁할 때가 있지만, 소인이 곤궁하여 분수를 넘어 잘못을 저지르는 것과 같지 않을 뿐이다[在陳絶糧, 從者病, 莫能興. 子路慍, 見曰, '君子亦有窮乎' 子曰, '君子固窮, 小人窮斯濫矣']"라고 하였다.

## 왼쪽 귀가 조금 어두워지다

左耳稍聾

| | |
|---|---|
| 年來已分鬢霜盈, | 요사이 완연하게 귀밑털 많아지는 것을 알았고, |
| 耳復將聾聽未明. | 귀 또한 어두워져 분명하게 잘 듣지 못하네. |
| 無限愁中還有喜, | 끝없는 걱정 속에서도 도리어 기쁨이 있으니, |
| 不聞人世是非聲. | 인간 세상의 옳고 그른 소리 듣지 못하는 것이네. |

---

이분已分　　완연히, 거의

**롱聾**　　귀가 어둡다.

## 개경을 추억하면서 세 수를 읊다
憶舊京三詠

### 천수사天壽寺의 문전門前[天壽寺門前]

| | |
|---|---|
| 春天三月送將歸, | 봄 3월에 배웅하고 돌아오는 사람들로, |
| 天壽門前景特奇. | 천수사天壽寺 문 앞의 광경은 특별히 기이했었네. |
| 柳色依依今在不, | 수양버들의 모습 여전히 그대로인지, |
| 渭城三疊聽何時. | 위성삼첩渭城三疊을 어느 때 들을 수 있으려나. |

### 귀법사歸法寺의 냇가[歸法寺川邊]

[年年學子等夏課處也 해마다 학생들이 하과회夏課會를 열던 곳이다]

| | |
|---|---|
| 故國荒凉忍可思, | 옛 도읍 황폐해져 인적 없음을 차마 생각할 수 있겠는가, |
| 不如忘却故憨癡. | 사실을 잊고 일부러 바보가 되는 것보다 못하네. |
| 唯餘一段關情處, | 오직 한 토막 마음을 움직이는 부분 남아 있으니, |
| 歸法川邊踞送巵. | 귀법사歸法寺 냇가에서 걸터앉아 술잔 보내던 기억이네. |

유생儒生이 자주 냇가에 모여서, 물속에 발을 담그고 술을 마셨다. [諸儒多會川上, 垂足水中飮酒]

### 안화사安和寺의 연의정漣漪亭[安和寺漣漪亭]

| | |
|---|---|
| 漣漪亭下水漣漪, | 연의정漣漪亭 아래 잔잔한 물결, |
| 豈爲無人有損虧. | 사람 없다고 하여 어찌 상하지 않겠는가. |
| 莫道泠泠依舊響, | 물 흐르는 소리 예전과 같다고 말하지 말라, |

聞根不在許聲誰.　　청각은 끊겼으나 소리 들을 수 있는 사람 누구인가.

부재不在는 이단已斷으로 된 것도 있다. [不在一作已斷]

『능엄경楞嚴經』에, '들을 수 있는 것은 소리 때문이다'라고 하였다. [楞嚴經云, '許聲因聞.']

---

위성渭城　양관陽關으로 떠나는 사람들이 있으면, 중국에서는 「양관삼첩陽關三疊」, 즉 「위성곡渭城曲」을 불렀다. 이 노래는 이별의 정을 대표하는 것으로, 이후에는 악곡에 편입하였다.

감치憨癡　어리석은 바보

관정關情　마음을 움직이다.

거송치踞送巵　걸터앉아서 술잔을 보내다.

연의漣漪　잔잔한 물결

손휴損虧　손상되다.

영령泠泠　물 흐르는 소리

문근聞根　청각聽覺을 말한다.

## 술을 줄이다

省酒

| | |
|---|---|
| 猒聽人間誚酒狂, | 사람들에게 술주정뱅이라는 비난을 지겹도록 들어서, |
| 邇來省飮亦無傷. | 요사이 술을 줄이니 또한 몸이 축나지 않네. |
| 唯於放筆高吟處, | 붓을 놓고 높은 소리 읊조리는 처지일 뿐이니, |
| 一翮微摧莫欻張. | 날개 죽지 하나 조금 부러진 듯 재빨리 펼치지 못하네. |

---

주광酒狂 술주정뱅이

방필放筆 붓을 놓다.

## 쓸데없이 짓다

漫成

[丁酉八月. 정유년丁酉年 8월.]

| 霜鬢一老漢, | 수염이 하얀 늙은이, |
|---|---|
| 身不盈六尺. | 몸은 여섯 자도 채 안 되네. |
| 食祿凡幾何, | 봉급은 얼마인가, |
| 三百五十碩. | 350여 석이네. |
| 有腹外膰然, | 배는 밖으로 불룩하고, |
| 內實狹且窄. | 안쪽은 실로 몹시 좁네. |
| 尋常如病人, | 항상 병든 사람과 같고, |
| 不過數匙食. | 먹는 것은 몇 수저에 불과하네. |
| 日飮三四盃, | 날마다 서너 잔 술을 마시고, |
| 以此度朝夕. | 이러다 하루가 지나네. |
| 親戚與故舊, | 친척과 친구, |
| 僮僕及兒息, | 노비들과 자식들에 이르기까지, |
| 所仰唯老夫, | 오직 늙은이만 올려다볼 뿐이니, |
| 醉飽不自識. | 취하고 배부르며 스스로 알지 못하네. |
| 是皆天祿餘, | 이는 모두 봉급이 넉넉해서이니, |
| 衆口房霑液. | 식구들과 친척 은택을 받았네. |
| 富貴爲他人, | 부귀富貴는 다른 사람을 위한 것이라는, |
| 古人言不忒. | 옛사람의 말 어긋나지 않았네. |
| 今朝炤淸鏡, | 오늘 아침 맑은 거울에 비춰보니, |

| | |
|---|---|
| 顏色不如昨. | 얼굴빛이 예전과 같지 못하네. |
| 迨我一就木, | 내가 관속에 들어가는 날에 이르면, |
| 此屬皆安適. | 이들은 모두 어디로 가겠는가. |

---

| | |
|---|---|
| 정유년丁酉年 | 1237년(고종 24년), 공의 나이 70세. |
| 번연膰然 | 커 보이는 배 |
| 협착狹窄 | 몹시 좁음 |
| 천록天祿 | 봉급 |
| 점액霑液 | 은택恩澤을 비유한다. 흠뻑 젖다. |
| 취목就木 | 입관入棺, 죽음을 의미한다. |

## 병중에 짓다

病中

[丁酉九月. 정유년丁酉年 9월.]

| | |
|---|---|
| 造物在冥冥, | 조물주는 존재가 잘 드러나지 않으니, |
| 形狀復何似. | 모습이 또한 무엇과 비슷한가. |
| 必爾生自身, | 반드시 자신에게서 생겨났으니, |
| 病我者誰是. | 나를 병에 걸리게 한 자는 누구인가. |
| 聖人能物物, | 성인聖人은 사물을 사물로 존재할 수 있게 하고, |
| 未始爲物使. | 사물에 이용을 당한 적이 없었네. |
| 我爲物所物, | 나는 사물에 조종당하여, |
| 行止不由己. | 몸을 움직이는 것이 자유롭지 못하네. |
| 遭爾造化手, | 조물주의 수법을 만나게 되어, |
| 折困致如此. | 좌절하여 곤욕을 치르는 것이 이처럼 지극하네. |
| 四大本非有, | 사대四大는 본래 있지 아니한 것이니, |
| 適從何處至. | 마침 어느 곳에서 온 것인가. |
| 浮雲起復滅, | 뜬구름은 생겼다 다시 사라지니, |
| 了莫知所自. | 유래를 알 수 없네. |
| 冥觀則皆空, | 깊이 있게 관찰하면 모두가 공空이고, |
| 孰爲生老死. | 누가 태어나며 늙고 죽는가. |
| 我皆堆自然, | 나는 모두 자연이 쌓인 것이니, |
| 因性循理耳. | 본성대로 이치에 따를 뿐이네. |
| 咄彼造物兒, | 소리 내서 너 조물주 부르니, |

何與於此矣. 어찌 여기에 관여하는가.

---

명명冥冥 사리에 어둡다.

형상形狀 생김새

물물物物 사물을 사물로 존재하게 하다.

절곤折困 좌절하여 곤욕을 치르다.

사대四大 불교에서 말하는 만물의 기본인 땅·물·불·바람을 말한다.

명관冥觀 심오하게 관찰하다.

순리循理 이치에 따르다.

조물아造物兒 조물주를 장난삼아서 일컫는 말이다.

## 다시 이가 아프다

又齒痛

| | |
|---|---|
| 人以食而生, | 사람은 먹어야 살 수 있는데, |
| 食必以其齒. | 먹을 때는 반드시 이를 써야 하네. |
| 齒痛莫加飡, | 이가 아파서 더 먹지 못하니, |
| 天殆使我死. | 하늘이 이제 나를 죽이려는 것인가. |
| 剛折亦云經, | 강하면 부러지는 것은 이치라고 할 수 있는데, |
| 老豁更堪恥. | 늙어서 이가 아프니 더욱 부끄럽네. |
| 餘有幾箇存, | 남아 있는 것은 몇 개나 되는지, |
| 浮動根無寄. | 뿌리가 붙어 있지 않고 떠서 흔들거리네. |
| 今者又復痛, | 오늘 다시 더욱 아프다 보니, |
| 延及頭亦爾. | 계속 이어서 머리도 아프네. |
| 水寒不可飮, | 차가운 물은 마시지 못하고, |
| 湯亦不可試. | 뜨거운 탕 또한 맛볼 수 없네. |
| 糜粥候冷熱, | 죽은 열기가 식을 때까지 기다리고, |
| 然後僅能舐. | 그런 이후에 겨우 혀로 먹을 수 있네. |
| 矧可齕肉爲, | 게다가 고기를 씹을 수 있겠는가, |
| 有肉空在杫. | 고기가 있어도 그냥 도마에 있을 뿐이네. |
| 是實老所然, | 바로 늙어서 그런 것이니, |
| 無身始迺已. | 죽어서야 이를 그칠 것이네. |

노활老豁　　나이 들어 이가 아프다.

미죽糜粥　　죽

무신無身　　죽음

## 늙은 기생

老妓

| | |
|---|---|
| 紅顔換作落花枝, | 고운 얼굴 바뀌어 가지에서 떨어진 꽃처럼 되었고, |
| 誰見嬌饒十五時. | 누가 어린 시절 아름다웠던 여성으로 보겠는가. |
| 歌舞餘姸猶似舊, | 노래와 춤에 남겨진 아름다움은 여전히 예전과 같으니, |
| 可憐才技未全衰. | 재주는 전혀 녹슬지 않아서 아낄 만하네. |

---

**교요嬌饒** 아름다운 여성을 말한다.

## 늙은 장수

老將

[此與前篇皆自況. 이것은 앞의 시와 함께 나를 비유한 것이다.]

| | |
|---|---|
| 當年身似鶻飛揚, | 예전의 몸은 날아다니는 송골매와 같아서, |
| 東北曾馳百戰場. | 동북 지역에서 말을 몰아 온갖 전쟁터를 누비곤 하였네. |
| 雪霽錯應看箭影, | 눈 그치면 화살의 모습이 보이는 듯 착각하였고, |
| 天陰時復發金瘡. | 하늘이 흐릴 때는 다시 칼로 인한 상처가 드러났네. |
| 彫弓蛇蟄堂中掛, | 무늬 새긴 칼을 방 안에 걸어 두니 숨어 있는 뱀과 같고, |
| 白刃龍蟠匣裏藏. | 예리한 칼을 상자 속에 보관하니 자리를 잡은 용과 같네. |
| 報國壯心長凜凜, | 나라에 보답하고자 하는 웅장한 마음 늘 늠름하니, |
| 夢中鳴鏑射戎王. | 꿈속에서도 활 소리 울리며 오랑캐 왕을 쏘네. |

---

천음天陰 하늘이 음침하다. 하늘이 흐리다.

금창金瘡 칼로 인한 상처

조궁彫弓 무늬를 새긴 활

백인白刃 예리한 칼

늠름凜凜 당당하다. 위엄이 있다.

명적鳴鏑 활을 쏠 때 나는 소리, 전란戰亂을 의미한다.

## 남헌에서 장난삼아 짓다(2수)[병서]

南軒戲作(二首)[幷序]

나는 언제나 집 한편의 남헌南軒에서 지냈는데, 평안하고 조용하였다. 그래서 남헌거사南軒居士라고 스스로 호를 짓거나 혹은 남헌장로南軒長老라고 스스로 부르기도 하였다.

[予常居室偏之南軒, 澹如也. 因自號南軒居士, 或自稱南軒長老云]

| | |
|---|---|
| 南軒居士計如何, | 남헌南軒 거사居士의 생계는 어떠한가, |
| 所蓄雖多擧最奢. | 쌓아 놓은 것 많으나 가장 사치스러운 것도 있네. |

'대략 자랑할 만하다'라고 한 곳도 있다. [一作略可誇]

| | |
|---|---|
| 淡酒一壺詩一篋, | 옅은 술 한 병에 시 한 상자, |
| 冲虛經卷與楞伽. | 『충허경冲虛經』과 『능가경楞伽經』 한 권이네. |

| | |
|---|---|
| 頭禿身閑坐作趺, | 대머리에 한가로운 몸 가부좌를 틀고 앉았지만, |
| 不同僧處獨髭鬚. | 스님과 다른 점은 수염이 있는 것이네. |
| 南軒長老修何業, | 남헌南軒 장로長老는 무슨 업을 닦고 있는가, |
| 案有楞伽得解無. | 책상에 있는 『능가경楞伽經』을 알지도 못하는데. |

---

담주淡酒 도수가 낮은 술

충허경冲虛經 열어구列禦寇가 지은 『열자列子』를 말한다.

**능가楞伽**　　『능가경楞伽經』을 말한다.

**자수髭鬚**　　수염

## 남헌에서 우연히 읊다

南軒偶吟

| | |
|---|---|
| 南軒長老日高眠, | 남헌南軒 장로長老는 해가 한낮이어도 잠을 자고, |
| 起擁孤衾坐壞氈. | 이불을 안은 채로 일어나 낡은 방석에 앉네. |
| 膾却紅鱗方喫得, | 붉은 생선회를 마침 먹을 수 있어서, |
| 半傾瓶醞已頹然. | 술을 반쯤 마시니 벌써 취하여 쓰러질 듯하네. |

---

고금孤衾　이불 한 채

괴전壞氈　낡은 방석

홍린紅鱗　붉은 생선

퇴연頹然　취하여 쓰러질 듯함

## 남헌에서 손님을 물리치다

南軒屛客

| | |
|---|---|
| 昔爲丞相慵開閣, | 옛날 재상이었을 때는 현사賢士 만나기를 귀찮아하였고, |
| 退作閑人又杜門. | 물러나 한가로운 사람이 되어서는 다시 문을 닫고 있네. |
| 公不迎賢私屛客, | 조정에서는 어진 사람을 맞이하지 않고 집에서는 손님을 물리치니, |
| 釀成孤拙是南軒. | 고졸孤拙함을 지키는 이곳이 바로 남헌南軒이네. |

---

개각開閣　한漢나라 재상宰相 공손홍公孫弘은 객관客館을 짓고, 집안의 문을 열어 현사賢士를 초빙하여 나랏일을 의논하였다고 한다. 대신大臣이 현사賢士를 예우하고 아끼는 모습을 말한다.

양성釀成　분위기나 감정 등을 만들다.

고졸孤拙　세상의 명리에 부합하지 못하고 자신의 천성을 지켜가는 것을 말한다.

### 11월 18일 햇볕을 쬐면서, 시의 제재를 찾아서 시를 짓고자 하여, 서책을 펴고는, 바로 백자를 얻었다. 바로 백은 바탕을 말한다. 나는 방금 퇴직을 요청하였고, 본래의 바탕을 따르고자 하는 것은 내 뜻에 부합하는 것이다. 바로 '백을 읊다'를 제목으로 삼았고, 다시 정자를 찾아서 운자로 하여 시를 지었다. 나도 모르는 사이에 많은 시구가 쌓이게 되었는데, 바로 이 시랑을 맞이하여 함께 지었다

十一月十八日暴日, 南軒欲覓題爲詩, 因披書冊, 遂得白字. 乃曰白者質也. 吾方乞退, 將從本質, 愜吾志也. 遂以詠白爲題, 復探得庭字爲韻賦之, 不覺多至累句, 仍邀李侍郞同賦

| | |
|---|---|
| 質素由來貴, | 흰색 바탕은 본래 귀하니, |
| 丹黃勿要經. | 붉은색과 노란색을 중요하게 여기지 말아야 하네. |
| 圭磨寧有玷, | 흰 옥돌을 갈면 어찌 티가 있겠으며, |
| 璧碎不渝形. | 둥근 옥을 부숴도 본질은 변하지 않네. |
| 積雪鋪寒屋, | 쌓인 눈은 차가운 지붕에 펼쳐져 있고, |
| 平沙布漫汀. | 평평한 모래는 아득한 모래톱에 깔려 있네. |
| 三冬氷正合, | 겨울에는 얼음이 바로 얼고, |
| 八月露初零. | 8월에는 이슬이 처음 맺히네. |
| 杲杲當中日, | 하늘 가운데 해는 밝기만 하고, |
| 盈盈報曙星. | 새벽을 알리는 별은 맑고 영롱하네. |
| 華堂崇瑙砌, | 화려한 집 옥돌 계단 높고, |
| 香寢擁銀屛. | 좋은 향의 침실 은색 병풍 둘러싸여 있네. |
| 詩老衰髯變, | 시 짓는 늙은이 구레나룻 힘없이 변하고, |
| 佳姬醉面醒. | 고운 여성은 얼굴이 붉게 취하였다가 깨었네. |
| 梨花開滿苑, | 배꽃은 정원에 가득 피었고, |

| | |
|---|---|
| 柳絮落堆庭. | 버들개지는 뜰에 떨어져 쌓였네. |
| 蚕緖抽難斷, | 누에가 뽑는 실은 끊기 어렵고, |
| 鮫綃織不停. | 인어가 짜는 명주는 멈추지 못하네. |
| 謫仙名可記, | 이백李白의 이름 기억할 만하고, |
| 居易姓堪銘. | 백거이白居易의 성姓 새길 만하네. |
| 海澨鯨遺骨, | 바닷가에 고래의 뼈가 남겨져 있고, |
| 山陬鶴墮翎. | 산모퉁이에 학의 깃털이 떨어져 있네. |
| 道裝披羽服, | 도사道士의 복장은 깃털 옷을 걸치고, |
| 商律肅金刑. | 상률商律은 형부刑部에서 엄숙하네. |
| 石齒舂奔瀨, | 돌부리에 빠르게 여울물 부딪치고, |
| 潮頭起大溟. | 밀려오는 파도 큰 바다에서 일어나네. |
| 雉來彰魏德, | 꿩이 오니 위나라의 덕德이 빛나고, |
| 蛇死哭秦靈. | 뱀이 죽으니 진나라 신神을 곡하네. |
| 粲粒方硏臼, | 깨끗한 쌀알은 바로 절구에서 찧은 것이고, |
| 新刀始發硎. | 새 칼은 처음 숫에서 갈아 나온 것이네. |
| 悲絲應自惜, | 염색한 실을 슬퍼한 것은 아마도 스스로 안타까워함 이고, |
| 歌紵亦宜聽. | 백저무가白紵舞歌를 또한 들어야 하네. |
| 縞帶垂瑤佩, | 흰 명주의 띠에 흔들리는 패옥佩玉 걸렸고, |
| 瓊漿酌玉瓶. | 신선의 음료 옥병玉瓶으로 따르네. |
| 邇來憎俗子, | 요사이 세속의 사람들 싫어져, |
| 無復眼迴青. | 다시 청안青眼으로 돌아오지 않네. |

| | |
|---|---|
| 폭일暴日 | 햇볕을 쬐다. |
| 요경要經 | 중요한 기준 |
| 규마圭磨 | 흰 옥돌을 갈다. |
| 벽쇄璧碎 | 둥근 옥을 부수다. |
| 불유不渝 | 변하지 않다. |
| 만정漫汀 | 아득한 모래톱 |
| 고고杲杲 | 환하다. |
| 영영盈盈 | 맑고 영롱한 모습 |
| 서성曙星 | 새벽별, 샛별 |
| 화당華堂 | 화려한 집 |
| 향침香寢 | 좋은 향의 침실 |
| 전서蚕緖 | 누에의 실 |
| 교초鮫綃 | 교인鮫人이 인가人家에 있으면서 비단을 짜서 팔았다. 그 집을 떠나려 할 때, 주인에게 그릇을 달라고 하여 눈물을 흘리니 바로 진주였다는 이야기가 있다. |
| 적선謫仙 | 이백李白을 말한다. |
| 거이居易 | 백거이白居易를 말한다. |
| 해서海澨 | 바닷가 |
| 산추山陬 | 산모퉁이 |
| 도장道裝 | 도가道家에서의 옷차림 |
| 우복羽服 | 도사道士의 의복衣服 |
| 상률商律 | 가을을 나타내는 음율, 상商은 가을을 가리킨다. 금金은 가을이며, 색은 흰색이다. 가을[秋]은 엄혹嚴酷한 모습을 나타내고, 율령律令과 형량 |

및 감옥에 관련한 일을 가을[秋]이라고 여겼다.

석치石齒 뾰족한 이 모양의 돌

조두潮頭 밀려오는 흰 파도

위덕魏德 위魏나라 문제文帝가 임금 자리에 오르려 할 때 군국郡國에서 흰 꿩이 열아홉 마리가 나타났다고 한다.

사사蛇死 뱀으로 변한 백제白帝의 아들이 죽었다는 것을 말한다. 진秦나라는 서방西方의 백제신白帝神을 받들면서 자신들을 백제자白帝子라고 불렀고, 한漢나라 유방劉邦은 적룡赤龍의 정기를 받고 태어나서 적제자赤帝子라고 하였다. 유방劉邦이 술에 취하여 길을 가다가 큰 뱀이 길을 막고 있는 것을 보고, 칼을 휘둘러 뱀을 죽였다. 이후에 한 노파가 울면서, 적제자赤帝子가 백제자白帝子를 죽였다고 하였다. 이것은 한나라가 진나라를 무너뜨리고 천하를 차지한다는 예언이었다.

찬립粲粒 깨끗한 쌀알

비사悲絲 실을 염색하는 것을 보고 슬퍼했다는 말이다. 묵자는 염료의 색에 따라서 실의 색이 변하는 것을 보고 탄식했다고 한다. 사람이 환경에 따라서 심성이 변화하는 것을 말한다.

가저歌紵 백저무가白紵舞歌를 말한다. 악부樂府로 춤추는 사람의 아름다움을 노래한 것이다.

호대縞帶 흰 명주 띠

경장瓊漿 신선이 마시는 좋은 술과 음료를 비유한다.

안회청眼迴靑 진晉나라 완적阮籍은 뜻에 맞는 친구를 만나면 청안靑眼으로 대하고, 속인들을 만나면 백안白眼으로 대했다고 한다.

## 12월 12일 말이 죽었고, 마음이 상하여 시를 짓다

十二月十二日馬斃, 傷之有作

[前所傷瘦馬也. 앞에서 여위어서 마음 아파하던 말이다.]

| | |
|---|---|
| 吾欲退懸車, | 나는 벼슬에서 물러나고자 하여, |
| 一昨方上書. | 어제 바로 글을 올렸네. |
| 上書未云幾, | 글을 올린 지 얼마 되지 않았는데, |
| 我馬忽然殂. | 나의 말이 갑작스럽게 죽었네. |
| 吾雖已莫騎, | 내 비록 말을 타지 않게 된 것이 좀 되었지만, |
| 棄去何早歟. | 어찌 이리도 일찍 나를 버리고 떠나는가. |
| 惻惻傷我懷, | 몹시 슬프니 내 마음이 상하였고, |
| 出門久踟躕. | 문을 나서도 오랫동안 서성이네. |
| 天以老佚我, | 하늘이 내가 나이 들어 안일安逸하니, |
| 奪我所曾跨. | 내가 일찍이 타던 것을 빼앗아 갔네. |
| 如今伏枕時, | 지금처럼 침상에 누워있을 때, |
| 捨爾亦或可. | 너를 버리고 또한 생활할 수 있을지 모르겠네. |
| 若也有所如, | 또한 가야 하는 곳이 생기게 되면, |
| 吾豈徒行者. | 내 어찌 걸어가는가. |
| 此生事可知, | 이 살아가는 일 어찌 알겠는가, |
| 老境反無馬. | 늘그막에 도리어 말이 없다네. |

현거懸車 수레를 폐기하고 집에서 쉰다는 것을 말한다. 벼슬에서 물러난 것을 말한다.

미기未幾 얼마 되지 않았다.

측측惻惻 몹시 슬퍼서 마음이 아프다.

지주踟躕 머뭇거리다.

복침伏枕 침상에 엎드려 누워있다.

도행徒行 걸어가다.

## 홍시를 동료 이 상국[인식]에게 보내다

紅柿寄同寮李相國[仁植]

| | |
|---|---|
| 赬肌雖爛味應麤, | 붉은 껍질 비록 고우나 맛은 떫을 것이니, |
| 爲問君侯一嚼無. | 그대에게 한번 먹어보지 않겠느냐고 물어보네. |
| 自昔同遊攀附久, | 예전부터 함께 노닐며 오랫동안 의지하여 따랐는데, |
| 知公嗜好莫如吾. | 공께서 좋아하는 것을 나보다 더 아는 사람이 없네. |

공이 유독 즐겼기 때문에, 보낸 것이다. [公偏嗜, 故寄之]

---

**정기赬肌** 붉은 껍질의 홍시

**군후君侯** 재상宰相을 말한다.

**반부攀附** 의지하여 따르다.

## 이불 속에서 웃다

衾中笑

| | |
|---|---|
| 人間可笑事頻生, | 세상은 웃을 만한 일 자주 생기니, |
| 晝日情多笑未遑. | 한낮에는 감정이 풍부하여 웃을 겨를이 없네. |
| 半夜衾中潛自笑, | 한밤중 이불속에서 숨어서 혼자 웃으니, |
| 殷於手拍口兼張. | 손뼉 치고 입 벌려 웃는 것보다 크네. |
| | |
| 衾中所笑雖非一, | 이불속에서 웃는 것은 비록 한가지가 아니지만, |
| 第一呵呵孰最先. | 첫 번째로 가장 먼저 웃는 일 무엇인가. |
| 文拙平時遲澁者, | 글이 서툴러 평소에 더디고 잘못하는 사람이, |
| 揮毫示捷貴人前. | 붓을 날리며 귀인貴人 앞에서 잘하는 것처럼 보이는 것이네. |
| | |
| 笑中第二又誰是, | 웃는 것 중에 두 번째는 다시 무엇인가, |
| 爲吏稍貪深自秘. | 관리가 되어 점점 욕심을 내어 알아서 깊이 숨기는 사람이네. |
| 一物入門人盡知, | 하나의 사물이라도 집에 들어오면 사람들이 모두 알게 되니, |
| 對人好說淸於水. | 마주하는 사람마다 물보다 맑다고 좋은 말로 떠들어 대네. |
| | |
| 笑中第三女不颺, | 웃는 것 중에 세 번째는 용모가 아름답지 못한 여인이, |

| | |
|---|---|
| 鏡裏自看難自識. | 거울 속 자신을 보면서 자신을 알지 못하는 것이네. |
| 有人報道你顔姝, | 사람들이 그녀의 얼굴이 곱다고 알려 주면, |
| 妄擬正姸多作色. | 정신이 흐려져 바로 곱다고 여겨 얼굴색을 바꾸는 것이네. |

작作이 희喜로 된 것도 있다. [作一作喜]

| | |
|---|---|
| 笑中第四是予身, | 웃는 것 중에 네 번째는 바로 내 자신이니, |
| 涉世無差僥倖耳. | 세상일을 겪고도 뜻밖에 어긋남이 없는 것이네. |
| 直方迂闊人皆知, | 올곧으며 세상 물정에 어두운 것을 사람들 모두 알고 있으니, |
| 自謂能圓登此位. | 스스로 원만하게 이 자리에 오를 수 있었다고 생각하네. |

| | |
|---|---|
| 笑中第五是浮屠, | 웃는 것 중에 다섯 번째는 승려이니, |
| 邂逅佳人心已寄. | 오랜만에 의도치 않게 미인을 만나자마자 마음이 먼저 움직이는 것이네. |
| 目送飛鴻佯不看, | 하늘 나는 기러기에 눈빛을 보내면서 못 본 척하고 있으니, |
| 故爲灰冷無心士. | 마음과는 다르게 불 꺼진 재와 같은 무심無心한 사람이 되었네. |

---

**정다情多** 감정이 풍부하다.

**가가呵呵** 웃는 소리

**지삽遲澁** 더디고 잘하지 못하다.

**초탐稍貪** 점점 욕심을 내다.

| | |
|---|---|
| 호세好說 | 좋은 말로 떠들어 대다. |
| 부양不颺 | 용모가 아름답지 못하다. |
| 섭세涉世 | 세상일을 겪다. |
| 무차無差 | 어긋남이 없다. |
| 요행僥倖 | 우연히 잘되다. |
| 직방直方 | 공정하고 바르다. |
| 우활迂闊 | 세상 물정에 어둡다. |
| 부도浮屠 | 스님 |
| 목송目送 | 눈빛으로 보내다. |

# IX

# 백성들의 생업生業에 대한 관심

## 동문 밖에서 벼를 보면서 짓다

東門外觀稼

| | |
|---|---|
| 乾塊化碧畦, | 메마른 땅이 푸른 논두렁으로 변했으니, |
| 費盡幾牛力. | 몇 마리 소의 힘을 써서 없앴는지. |
| 針芒到黃穗, | 날카로운 볏 잎이 누런 벼 이삭에 이르기까지, |
| 勞却萬人役. | 수많은 사람의 노력이 있어야 하네. |
| 幸免水旱災, | 다행히 홍수와 가뭄을 피한다면, |
| 萬一儻收得. | 혹시 모르는 상황이 발생해도 수확할 수 있으리라. |
| 見玆稼穡艱, | 이러한 농사의 어려움을 안다면, |
| 一粒何忍食. | 한 톨의 쌀을 어찌 차마 먹을 수 있겠는가. |
| 凡以祿代耕, | 농사를 대신하여 녹봉을 받으니, |
| 要當勖乃職. | 맡은 바 직분에 충실해야 하네. |

---

건괴乾塊　메마른 땅

벽휴碧畦　푸른 논두렁

비진費盡　써서 없애다.

침망針芒　끝이 날카로운 볏 잎

황수黃穗　누런 벼 이삭

가색稼穡　경작과 수확, 농사를 말한다.

이녹대경以祿代耕　농사를 대신하여 조정에서 일하며 녹봉을 받다.

## 선명도를 얻다

得蟬鳴稻

[早稻謂之蟬鳴稻. 이른 시기에 수확하는 벼를 선명도蟬鳴稻라고 한다.]

| | |
|---|---|
| 不欲負其名, | 그 이름을 어기지 않으려고, |
| 趁得蟬鳴日. | 매미 우는 날을 좇았네. |
| 眼見新穀升, | 눈으로 햅쌀 몇 되를 보니, |
| 今年事亦畢. | 올해의 일도 또한 마칠 수 있으리라. |

## 빗속에 밭 가는 사람을 보다

雨中觀耕者

[贈書記. 서기書記에게 보내다.]

| | |
|---|---|
| 一國瘠肥民力內, | 한 나라의 빈부貧富는 백성의 힘에 달렸고, |
| 萬人生死稻芽中. | 수많은 사람의 생사生死는 벼 싹 안에 있네. |
| 他時玉粒堆千廩, | 다른 때 옥 같은 쌀이 수많은 창고에 쌓이리니, |
| 請記今朝汗滴功. | 오늘 아침 땀방울의 공로를 기록하길 청하네. |

---

척비瘠肥　　잘 살고 못 사는 것

## 강촌의 길 가운데서 짓다

江村路中

| | |
|---|---|
| 野翁歸處牛將犢, | 시골 늙은이 돌아가는 시간에 소도 송아지를 데리고 가고, |
| 漁父眠時鷺得魚. | 어부가 잠잘 때 해오라기 물고기 잡아먹네. |
| 立岸貪看江浩浩, | 언덕에 서서 아득한 강을 자세히 보다가, |
| 隈松暫避雨疏疏. | 물굽이 소나무 아래에서 잠시 드문드문 내리는 비를 피하네. |
| | |
| 沙村計活付魚灘, | 모래톱 근처 마을의 생계는 여울의 고기잡이에 의지하니, |
| 任却膏田化葦萑. | 기름진 밭이 갈대와 억새로 뒤덮여 버렸네. |
| 唯有巖僧嫌地曠, | 산승山僧이 빈 땅을 싫어할 뿐이니, |
| 一肩高耒勉耕山. | 어깨 한쪽에 쟁기 들고 힘써서 산을 경작하네. |

어떤 본에는 면勉이 편遍으로 된 것도 있다. [勉一作遍]

---

**우독牛犢** 송아지

**호호浩浩** 헤아릴 수 없이 물이 가득한 모습을 말한다.

**탐간貪看** 자세히 보다.

**소소疏疏** 드문드문하다.

**사촌沙村** 모래톱 근처의 마을

**위환葦萑** 갈대와 억새

## 단비

喜雨

| | |
|---|---|
| 人皆新有田, | 사람들 모두 새로 밭을 구하였고, |

새 도읍에 들어가니, 서로 다투어 밭을 구하여 경작하였으나, 나만 홀로 아직 못하였다. [入新京, 爭求田以耕, 予獨未]

| | |
|---|---|
| 得雨抃不止. | 비 내리니 계속해서 손뼉을 치네. |
| 我無一畝地, | 나는 한 이랑의 땅도 없으나, |
| 爲國誠自喜. | 나라를 위해서 참으로 기뻐하네. |
| 國廩如有餘, | 나라의 곡식 창고 가득하다면, |
| 吾食何時匱. | 내 먹을 것이 어느 때인들 없겠는가. |
| 願天賜澤周, | 하늘이 은택을 두루 내려주시길 바라니, |
| 先自公田始. | 먼저 공전公田으로부터 시작해야 하네. |

---

| | |
|---|---|
| 변抃 | 손뼉을 치다. |
| 궤匱 | 모자라다. |
| 공전公田 | 국가 소유의 논밭 |

## 농부를 대신하여 읊다(2수)

代農夫吟(二首)

| | |
|---|---|
| 帶雨鋤禾伏畝中, | 밭 가운데 고개 숙이고 비 맞으며 호미로 김을 매니, |
| 形容醜黑豈人容. | 추하고 검은 몰골이 어찌 사람의 모습이겠는가. |
| 王孫公子休輕侮, | 왕손王孫과 공자公子는 업신여기지 말라, |
| 富貴豪奢出自儂. | 부귀富貴와 호사豪奢는 저들로부터 나온 것이네. |

| | |
|---|---|
| 新穀靑靑猶在畝, | 햇곡식 푸르게 여전히 밭에 있는데, |
| 縣胥官吏已徵租. | 고을의 서리와 관리는 벌써 세금을 징수하네. |
| 力耕富國關吾輩, | 힘써 경작하여 나라를 부유하게 함은 우리 때문인데, |
| 何苦相侵剝及膚. | 어찌 이리도 살갗을 벗기는 것과 같이 고되게 하는가. |

---

대우帶雨 비를 맞다.

서화鋤禾 호미로 김을 매다.

추흑醜黑 용모가 추하고 검다.

경모輕侮 업신여기고 모욕하다.

징조徵租 세금을 걷다.

박부剝膚 살갗을 벗기는 것과 같은 재난이 닥치다. 가혹하게 착취하다.

## 길가에서 두 수를 읊다

路傍二詠

### 큰 나무大樹

| | |
|---|---|
| 好是炎天憩, | 무더위에 쉬기 좋고, |
| 宜於急雨遮. | 소나기 피하기에도 적당하네. |
| 淸陰一傘許, | 일산日傘 정도의 맑은 그늘이니, |
| 爲貺亦云多. | 주는 것이 또한 많다고 할 수 있네. |

### 차가운 샘물寒泉

| | |
|---|---|
| 南北行人暍, | 남북으로 가는 사람들 더위에 지쳐가는데, |
| 寒漿當路傍. | 차가운 샘물 길옆에 있네. |
| 勺泉能潤國, | 작은 샘물이라도 나를 윤택하게 할 수 있으니, |
| 再拜迺堪嘗. | 두 번 절하고 바로 맛볼 만하네. |

---

황貺 주다.

갈暍 더위 먹다.

작천勺泉 작은 샘

## 길 위에 아이를 버리다

路上棄兒

| | |
|---|---|
| 虎狼雖虐不傷雛, | 호랑이와 이리가 비록 포학해도 새끼를 상하지 않게 하는데, |
| 何嫗將兒棄道途. | 어느 어미가 아이를 도로에 버렸는지. |
| 今歲稍穰非乏食, | 올해는 조금 풍년이어서 먹을 것이 적지 않은데, |
| 也應新嫁媚於夫. | 아마도 새로 결혼하여 남편에게 잘 보이려 함이겠지. |
| | |
| 若曰今年稍歉飢, | 올해 조금 흉년 들어 굶주렸다고 한들, |
| 提孩能喫幾多匙. | 아이 데리고 먹인다면 많아 봐야 몇 숟가락인가. |
| 母兒一旦成讎敵, | 어미와 아이가 하루아침에 원수 되었으니, |
| 世薄民漓已可知. | 세상의 각박한 인심 백성에게 스며들었음을 이미 알 수 있네. |

---

**호랑虎狼** 호랑이와 이리

**도도道途** 도로道路

**수적讎敵** 원수怨讎인 적敵

## 나라에서 농부들에게 청주와 흰 쌀밥을 금한다는 소식을 듣고 짓다

聞國令禁農餉淸酒白飯

| | |
|---|---|
| 長安豪俠家, | 장안長安의 잘 살고 잘 노는 집안에는, |
| 珠貝堆如阜. | 진주와 패물이 언덕처럼 쌓여 있네. |
| 舂粒瑩如珠, | 갓 찧은 쌀알이 진주처럼 반짝이고, |
| 或飼馬與狗. | 간혹 말과 강아지에게도 먹이로 주네. |
| 碧醪湛若油, | 맑은 술은 기름처럼 맑고, |
| 霑洽童僕咮. | 동복童僕도 맛보며 입술을 적시네. |
| 是皆出於農, | 이것은 모두 농부에게서 나온 것이니, |
| 非乃本所受. | 자신들 스스로 받은 것이 아니네. |
| 假他手上勞, | 다른 사람들 손의 수고를 빌린 것이니, |
| 妄謂能自富. | 망령되게 스스로 부유하다고 할 수 있겠는가. |
| 力穡奉君子, | 힘들게 농사지어 군자君子를 봉양하니, |
| 是之謂田父. | 이들을 전부田父라고 부르네. |
| 赤身掩短褐, | 벌거벗은 몸을 짧은 거친 베옷으로 가리고, |
| 一日耕幾畒. | 하루 동안 경작하는 밭이 얼마인가. |
| 才及稻芽靑, | 겨우 벼 싹이 푸르게 되면, |
| 辛苦鋤稂莠. | 힘들게 잡초를 제거하네. |
| 假饒得千鍾, | 넉넉하게 천종千鍾의 곡식을 얻으면, |
| 徒爲官家守. | 한갓 관가官家에서 거둘 뿐이네. |
| 無何遭奪歸, | 빼앗겨도 어찌할 도리가 없으니, |

| | |
|---|---|
| 一介非所有. | 한 개도 소유할 수 없게 되네. |
| 乃反掘梟茈, | 바로 도리어 검은 빛의 토란을 캐고, |
| 飢仆不自救. | 굶주려 쓰러져도 자신을 구제하지 못하네. |
| 除却作勞時, | 일할 때를 제외하고, |
| 何人餉汝厚. | 누가 농부에게 넉넉히 먹게 할까. |
| 所要賭其力, | 그 힘에 기대는 것만을 필요로 하니, |
| 非必愛爾口. | 농부의 입을 아끼기 때문이 아니네. |
| 粲粲白玉飯, | 곱게 찧은 쌀로 만든 흰 밥과, |
| 澄澄綠波酒. | 맑고 깨끗한 푸른 물결의 술. |
| 是汝力所生, | 이것은 너희의 힘으로 생겨난 것이니, |
| 天亦不之咎. | 하늘 또한 흠잡지 못하네. |
| 爲報勸農使, | 권농사勸農使에게 알리니, |
| 國令容或謬. | 나라 법령의 내용이 잘못된 것이 아닌가. |
| 可矣卿與相, | 재상들은, |
| 酒食猒腐朽. | 술과 음식 싫증 날 정도로 썩히네. |
| 野人亦有之, | 야인野人도 또한 그러하니, |
| 每飮必醇酎. | 마실 때마다 반드시 좋은 술로 하네. |
| 游手尙如此, | 빈둥거리는 사람도 오히려 이와 같은데, |
| 農餉安可後. | 농부에게 주는 것을 어찌 뒤로 할 수 있는가. |

---

호협豪俠　　호쾌하고 의협심이 있다.

진패珠貝　　진주와 패물

벽료碧醪　맑은 술, 좋은 술

점흡霑洽　적시다

동복童僕　사내아이 종

전부田父　농부

적신赤身　벌거벗은 몸

단갈短褐　굵은 베로 만든 짧은 옷

부차鳧茈　빛이 검은 토란을 말한다.

기부飢仆　굶주려 쓰러지다.

제각除却　제외하다, 제거하다.

찬찬옥반粲粲玉飯　곱게 잘 찧은 쌀로 만든 하얀 밥

징징澄澄　맑고 깨끗한 모습

권농사勸農使　고려시대 농업을 권장하고 빈민 구제를 담당하였음

부후腐朽　썩다.

순주醇酎　맑고 좋은 술

유수游手　하는 일 없이 빈둥거리다.

## 며칠 뒤에 일이 있어서 짓다

後數日有作

| | |
|---|---|
| 昔人有登山, | 옛날 어떠한 사람이 산에 오를 때, |
| 嗔猿耗秋果. | 가을 열매 따서 먹는 원숭이를 꾸짖었네. |
| 處山食山實, | 산에 있으면서 산의 열매를 먹는 것은, |
| 於理不甚左. | 이치에 크게 어긋나지 않는 것이네. |
| 翻思果之成, | 반대로 생각하면 열매가 만들어지는 것은, |
| 本非猿力借. | 본래 원숭이의 힘을 빌리지 않은 것이네. |
| 嗔之與不嗔, | 꾸짖고 꾸짖지 않는 것에 대하여, |
| 意在可不可. | 하거나 하지 않는 것은 마음에 달려 있는 것이네. |
| 穀則異於是, | 곡식은 이것과 다르니, |
| 農夫所自化. | 농부는 스스로 만드네. |
| 摠係力慢勤, | 모두 게으르고 부지런한 힘에 달려 있으니, |
| 不勤無可奈. | 부지런하지 못하다면 어찌할 도리가 없네. |
| 淸醪與白飯, | 맑은 술과 흰 쌀밥은, |
| 所以勸其稼. | 그 농사를 권장했기 때문에 얻은 것이네. |
| 口腹任爾爲, | 먹는 입과 배를 그들에게 맡기면 되는데, |
| 國禁何由下. | 무슨 이유로 나라에서 금지한다고 하였는가. |
| 議雖出朝廷, | 의논은 비록 조정에서 나왔으나, |
| 聖恩宜可赦. | 임금의 은혜로 마땅히 없애 줄 수 있네. |
| 反覆思其理, | 이리저리 그 이치를 생각하면, |

萬倍坐食者.　　　　　　그냥 먹는 사람보다 만 배는 더 먹어야 하네.

---

역차力借　힘을 빌려서 사용하다.

가불가可不可　옳은가 옳지 않은가. 할 수 있느냐 할 수 없느냐.

자화自化　스스로 만들다.

구복口腹　먹고 살기 위해 먹는 입과 배

## 햇곡식을 읊다

新穀行

| | |
|---|---|
| 一粒一粒安可輕, | 한알 한알 어찌 가볍게 여기겠는가, |
| 係人生死與富貧. | 사람의 생사生死와 빈부貧富와 관련 있네. |
| 我敬農夫如敬佛, | 나는 농부 공경을 부처 공경하듯이 하지만, |
| 佛猶難活已飢人. | 부처도 오히려 이미 굶주린 사람을 살리기 어렵네. |
| 可喜白首翁, | 흰 머리의 늙은이 기쁘니, |
| 又見今年稻穀新. | 다시 올해 새롭게 익은 벼를 보았네. |
| 雖死無所歉, | 비록 죽어도 남는 한이 없으니, |
| 東作餘膏及此身. | 농사의 남은 은택이 나에게까지 이르리라. |

---

**동작東作** 농사, 봄날의 밭갈이

**여고餘膏** 남은 은택

# X

# 가족과의 일상

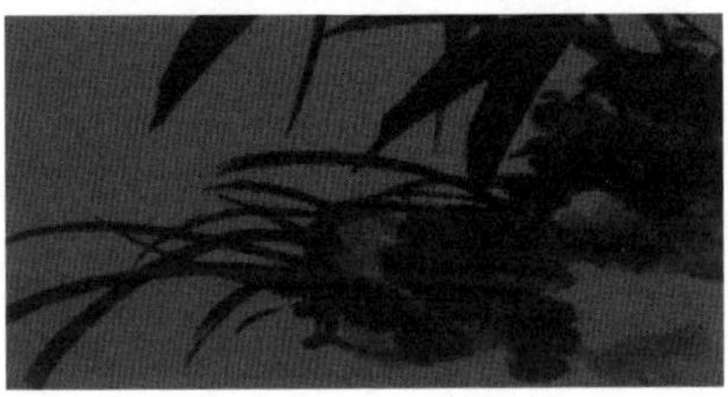

## 조강에서 이별하다

祖江別

| | |
|---|---|
| 婦去夫留是底由, | 아내는 떠나고 남편은 남았으니 무슨 이유인가, |
| 嬭無拘迫我如囚. | 아내는 자유롭고 나는 죄수와 같네. |
| 舟將人遠心隨去, | 배가 사람을 싣고 멀리 가니 마음도 따라가고, |
| 海送潮來淚共流. | 바다가 조수潮水를 보내오니 눈물도 함께 흐르네. |
| 只隔一江波浩浩, | 단지 드넓은 강 물결을 사이에 두었을 뿐인데, |
| 却同千里路悠悠. | 도리어 아득한 천 리 길과 같네. |
| 鵠山咫尺身難到, | 곡산鵠山과는 지척인데 몸은 이르기 어렵고, |
| 馬上佯眠怯轉頭. | 말 위에서 잠든 척하며 머리 돌리기 겁내네. |

---

**조강祖江** 한강 하류와 임진강이 만나서 바다로 흘러가는데, 만나는 지점이 조강祖江이다.

**구박拘迫** 얽매이다. 구속하다.

**호호浩浩** 헤아릴 수 없이 물이 가득한 모습을 말한다.

**유유悠悠** 아득하게 먼 모양

**곡산鵠山** 개경을 말한다.

**전두轉頭** 머리를 돌리다.

## 신 대장이 내 아들 징을 교육하는 것에 사례하다

謝申大丈敎授愚息澄

[申君年八十餘, 常集學子敎授. 신군申君은 나이가 80을 넘긴 나이인데, 항상 배우는 아이들을 모아서 교육하였다.]

| | |
|---|---|
| 我家第三兒曰澄, | 우리 집 셋째 아이는 이름이 징澄인데, |
| 性不可雕如朽木. | 성품이 썩은 나무와 같아서 어찌할 수가 없네. |
| 行年壯大不解書, | 나이가 다 큰 어른인데도 글을 이해하지 못하니, |
| 此是飯囊空貯粟. | 이는 바로 밥 주머니에 공허하게 곡식만 쌓아두는 것이네. |
| 易子而敎古所聞, | 자식을 바꾸어 가르친다는 옛말을 들은 바 있지만, |
| 無人爲發醯鷄覆. | 어떠한 사람도 초파리 같은 자식의 재능을 뒤집을 수 없네. |
| 大丈年耆學更精, | 신 대장申大丈은 나이 들수록 학문이 더욱 정밀하고, |
| 孝先經笥便便腹. | 경서에 능통한 효선孝先처럼 배가 뚱뚱하네. |
| 骨淸神朗眼如鏡, | 몸과 마음이 맑고 깨끗하며 눈은 거울과 같으니, |
| 五經寫作蠅頭讀. | 오경五經의 작은 글자를 읽고 베끼네. |
| 童蒙來求不敢拒, | 배움을 구하러 오는 어린아이들 감히 거부하지 못하고, |
| 學子成林家有塾. | 집에 있는 글방은 배우는 아이들로 숲을 이루네. |
| 鳥雀爭附鸞凰飛, | 참새는 다투어 난봉鸞鳳에 붙어서 날아가고, |
| 螟蛉幸逢蜾蠃祝. | 뽕나무벌레는 다행히 나나니벌을 만나 닮기를 기도하네. |
| 不嫌阿兒鋒刃鈍, | 내 아이들 칼날이 무딘 것처럼 우둔한 것을 싫어하지 않으나, |
| 着手磨礱期切玉. | 손으로 갈고 닦아서 옥玉이 되길 간절히 바라네. |
| 感君厚意何以報, | 그대의 후덕한 마음에 감사하니 어찌 갚아야 하는가, |
| 但願長生鬢還綠. | 다만 오래 살고 귀밑털 다시 검게 변하길 기원할 뿐이네. |

| | |
|---|---|
| 吾聞魯國有申公, | 나는 노魯나라에도 신공申公이 있다고 들었으니, |
| 居家教授老彌篤. | 집에서 가르치고 전수하는데 나이 들수록 더욱 정성을 다했다고 하네. |
| 虎皇重學蒲輪徵, | 호황虎皇이 학문을 중시하여 포륜蒲輪으로 초빙하였고, |
| 八十方食大夫祿. | 나이 팔십에 대부大夫 봉록俸祿을 받았네. |
| 先生家世豈其孫, | 선생도 집안 대대로 그 자손으로, |
| 欲振祖風將大復. | 조상의 유풍遺風을 일으켜 장차 크게 회복하려는 것인지. |
| 束帛加璧召未晩, | 현자를 초빙하는 예禮에 따라서 조만간 초빙받을 것이니, |
| 暮年榮貴行可卜. | 남은 생애 부귀영화를 장차 예측할 수 있네. |

---

대장大丈　고려시대 낮은 직책 중의 하나

교목朽木　썩은 나무를 말한다. 어떻게 할 수 없다는 것이다. 『논어論語·공야장公冶長』에, "재여宰予가 늘 낮잠을 자자, 공자가 다음과 같이 말하였다. '썩은 나무에는 조각할 수 없다[宰予晝寢, 子曰. '朽木不可雕也']'."

행년行年　나이

혜계醯鷄　초파리

경사經笥　경서에 능통한 사람을 말한다. 후한後漢의 변소邊韶는 자字가 효선孝先이다. 한 번은 효선이 낮잠을 잤는데, 제자가 배가 통통하여 잠만 자려고 한다는 말을 하였다. 여기에 대하여 효선은, 뚱뚱한 배는 오경의 상자이며 잠을 자는 것은 경서를 생각하는 것이라고 하였다.

변변便便　뚱뚱하다.

청랑淸朗　맑고 깨끗하다.

승두蠅頭　파리의 머리와 같이 작은 글자

난황鸞凰　난새와 봉황, 상서로운 새를 말한다.

명령螟蛉　뽕나무 벌레이며, 학생을 비유한다.

과나蜾蠃　나나니벌을 말한다. 『시경詩經·소아小雅·소완小宛』에, "뽕나무벌레 새끼 있는데, 나나니벌이 등에 업고 가네. 너도 자식을 잘 가르쳐서, 좋게 닮도록 하라[螟蛉有子. 蜾蠃負之. 教誨爾子, 式穀似之]"라고 하였다.

아아阿兒　내 아들

착수着手　손을 대기 시작하다.

후의厚意　깊이 생각해 주는 마음

신공申公　한漢나라 신공申公은 부구백浮丘伯에게 시를 배운 뒤, 평생 후학을 양성하였으며, 80세에 이르러 벼슬을 했다고 한다.

미독彌篤　마음과 정성을 다하여 깊이 있게 하다.

호황虎皇　한漢나라 무제武帝

포륜蒲輪　한漢나라 무제武帝가 어진 사람을 초빙할 때, 보냈던 수레를 말한다.

속백가벽束帛加璧　비단 묶음에 백옥白玉을 추가한 것으로, 현자를 초빙할 때 사용하는 예물이다.

영귀榮貴　부귀영화富貴榮華

## 아이들이 풍구를 나무에 걸어 놓았는데, 그 소리가 좋아서, 시를 지어서 묘사하다

兒輩以風甌掛樹, 其聲可愛, 以詩狀之

| | |
|---|---|
| 誰聯青玉片, | 누가 푸른 옥 조각을 이어서, |
| 高掛綠林梢. | 푸른 숲 나뭇가지 끝에 높이 걸어 놓았나. |
| 工席敲方響, | 악공이 자리에서 방향方響을 두드리는 듯하고, |
| 仙樓吸洞簫. | 신선이 누대에서 퉁소를 부는 듯하네. |
| 候風嫌暫靜, | 바람을 기다려 잠시도 조용함을 싫어하고, |
| 看樹喜頻搖. | 나무를 보면서 계속 흔들리는 것을 기뻐하네. |
| 莫較啼枝鳥, | 나뭇가지에서 지저귀는 새와 비교하지 말며, |
| 堪欺嘒葉蜩. | 잎에서 우는 매미보다 낫네. |
| 塔鈴終日語, | 탑의 방울 종일토록 울리고, |
| 天樂半空飄. | 하늘의 음악 공중에서 나부끼네. |
| 深苑凄涼景, | 깊은 정원의 풍경 처량하고, |
| 閑窓寂寞宵. | 한가한 창가의 밤 적막하네. |
| 亂棖全似競, | 어지럽게 부딪치면 꼭 다투는 듯 소리 내고, |
| 微動乍如遙. | 미세하게 움직이면 순간 멀리서 울리는 듯하네. |
| 休道聲無譜, | 소리에 악보 없다고 말하지 말라, |
| 分明曲自調. | 분명히 자연적인 곡조네. |

풍구風甌 흙으로 만든 작은 방울로, 탑의 사방 모퉁이에 단다.

방향方響 타악기의 일종으로, 16장의 얇은 장방형의 철편을 두 줄로 매어 단 것. 구리로 된 작은 망치로 쳐서 연주한다.

천악天樂 선악仙樂 혹은 자연 조화의 소리

처량凄涼 쓸쓸하다.

## 아들 함이 화답한 것을 보고, 다시 앞의 시운을 사용하여 짓다

兒子涵見和, 復用前韻

| | |
|---|---|
| 要輕懸細線, | 가볍게 가는 실로 걸어야 하고, |
| 期裊選長梢. | 간드러진 긴 나뭇가지를 골라야 하네. |
| 已弄無絃瑟, | 이미 줄이 없는 거문고를 희롱하는 듯하고, |
| 還吹比竹簫. | 다시 대나무피리를 부는 듯하네. |
| 壓旒珠穗動, | 깃대의 장식을 누르니 진주 구슬이 움직이는 듯하고, |
| 隨步佩環搖. | 걸음 걸으니 옥 장식이 흔들리는 듯하네. |
| 對舞雖無鶴, | 마주하여 춤추는 학이 비록 없으나, |
| 賡歌幸有蜩. | 노래 주고받는 매미가 다행히 있네. |
| 露叢淸共泣, | 이슬 맺힌 풀에서 맑게 함께 울고, |
| 風葉綠同飄. | 바람 부는 잎에서 푸르게 함께 나부끼네. |
| 愛欲聽終日, | 사랑스러워 종일토록 듣고 싶으며, |
| 眠嫌費一宵. | 잠자면서 하룻밤 보내는 것도 싫을 정도네. |
| 宛如當坐擊, | 앉아서 치는 듯 눈에 보이는 듯한데, |
| 誰謂掛林遙. | 누가 아득한 숲에 걸었다고 하겠는가. |
| 倡妓偏羞澁, | 기생은 유독 부끄러워 마음을 진정하지 못하는 듯, |
| 秦箏棄莫調. | 악기를 버리고 연주하지 못하네. |

죽소竹簫　대나무피리

패환佩環　옥으로 만든 장식

갱가賡歌　시가詩歌를 서로 주고받는 것을 말한다.

노총露叢　이슬이 맺힌 수풀

수삽羞澁　부끄러워 마음이 불안정한 모습

진쟁秦箏　진秦나라 사람이 연주하던 악기

## 아들들에게 보이다

示諸子

| | |
|---|---|
| 子若篤親天不知, | 자식이 부모에게 성실히 함을 하늘이 알지 못한다면, |
| 醴泉芝草何生地. | 감미로운 샘물과 신령스러운 풀은 어느 땅에서 생겨났는가. |
| 百家千史行自窮, | 제자서諸子書와 사서史書를 스스로 깊이 연구해야 하지만, |
| 先誦孝經深得旨. | 먼저 효경孝經을 외워 깊은 뜻을 얻어야 하네. |

---

독친篤親　친족(어버이)을 돈독히 여기는 것을 말한다.

예천醴泉　감미로운 샘물

지초芝草　신령스러운 풀을 말한다. 예천醴泉과 지초芝草는 모두 근원이 있다는 것이며, 훌륭한 사람은 훌륭한 조상에게서 나온다는 것을 강조하였다.

득지得旨　취지를 얻다.

## 계사년 6월 모일에 아들 함이 한림을 제수받아 기쁘다

癸巳六月日喜兒子涵拜翰林

| | |
|---|---|
| 我踰強仕入花甎, | 내가 사십이 넘어 한림원에 들어갔는데, |
| 今到黃樞亞相聯. | 지금은 아상亞相과 같은 추밀원부사에 이르렀네. |

나는 아들이 제수받은 날에, 추밀樞密에 들어갔다. [予於兒拜日, 入樞密]

| | |
|---|---|
| 計爾得除先七歲, | 생각해보니 네가 일곱 살 먼저 제수받았으니, |
| 好將長翮上鵬天. | 기분 좋게 긴 날개로 붕새처럼 하늘 위로 올라가리라. |

---

계사년癸巳年 1233년(고종 20년), 공의 나이 66세. 이때 이규보는 추밀원부사樞密院副使(정3품)가 되었다. 아들이 직한림원直翰林院이 되어 아들과 친혐親嫌을 위해 한림학사翰林學士에서 보문각학사寶文閣學士로 바꾸었다.

강사強仕 나이 사십을 가리키는 말이다.

화전花甎 꽃무늬 벽돌. 당나라 때 한림원 앞길이 화전花甎으로 되어 있었다고 한다.

황추黃樞 추밀원樞密院

아상亞相 재상에 버금가는 직책

장핵長翮 긴 날개

## 아들 함이 내 시문을 편집하였기 때문에, 그 위에 쓰다

兒子涵編予詩文, 因題其上

| | |
|---|---|
| 雕刻心肝作一家, | 마음에 글을 새겨 경지에 이르렀지만, |
| 於韓於杜可堪過. | 한유와 두보를 어찌 넘을 수 있겠는가. |
| 假敎百世行之盛, | 만일 오랜 세월 뒤 성행하게 된다면, |
| 身後浮名奈我何. | 죽은 뒤 헛된 명성 내 어찌하겠는가. |

| | |
|---|---|
| 草木同枯是我徒, | 우리도 초목과 함께 시드니, |
| 區區詩卷不如無. | 구차스러운 시권詩卷 없는 것보다 못하네. |
| 茫然千載能知不, | 아득히 천년 뒤 알 수 없으니, |
| 姓李人生東海隅. | 이씨 성의 사람이 동해 한구석에 살았다는 것을. |

---

심간心肝　　마음, 정화精華를 비유한다.

행성行盛　　성행盛行하다.

아도我徒　　우리

망연茫然　　아득히 끝없는 모습

# XI

# 시詩에 대한 생각

## 시에 대해서 논하다

論詩

| | |
|---|---|
| 作詩尤所難, | 시 짓는 일 더욱 어려우니, |
| 語意得雙美. | 말과 뜻 모두 아름다워야 하네. |
| 含蓄意苟深, | 함축하는 뜻은 참으로 깊어야, |
| 咀嚼味愈粹. | 씹을수록 맛이 더욱 순수하네. |
| 意立語不圓, | 뜻을 세웠으나 말이 원숙하지 못하면, |
| 澁莫行其意. | 어려워 그 뜻을 드러내기 어렵네. |
| 就中所可後, | 이 중에서 나중에 해야 하는 것은, |
| 雕刻華艶耳. | 문장을 화려하게 꾸미는 것이네. |
| 華艶豈必排, | 화려한 표현을 어찌 반드시 물리치겠는가, |
| 頗亦費精思. | 이 또한 생각을 매우 정밀하게 해야 하네. |
| 攬華遺其實, | 화려함을 잡고 그 열매를 놓치면, |
| 所以失詩旨. | 시의 본래 취지를 잃게 되는 이유이네. |
| 邇來作者輩, | 요사이 시 짓는 사람들은, |
| 不思風雅義. | 풍아風雅의 뜻을 생각하지 못하네. |
| 外飾假丹靑, | 외형을 꾸미는데 단청을 빌리고, |
| 求中一時嗜. | 한때의 유행에 잘 들어맞길 구하네. |
| 意本得於天, | 뜻은 본래 하늘에서 얻는 것이니, |
| 難可率爾致. | 쉽게 이에 이르기 어렵네. |
| 自揣得之難, | 스스로 생각하여 얻는 것이 어려우니, |

| | |
|---|---|
| 因之事綺靡. | 이러한 이유로 화려하게 꾸미기를 일삼네. |
| 以此眩諸人, | 이것으로 여러 사람을 현혹하여, |
| 欲掩意所匱. | 모자란 뜻을 가리고자 하네. |
| 此俗寖已成, | 이러한 풍속 벌써 스며들어, |
| 斯文垂墮地. | 사문斯文이 땅에 떨어져 버렸네. |
| 李杜不復生, | 이백과 두보는 다시 나오지 않으니, |
| 誰與辨眞僞. | 누구와 함께 참과 거짓을 분별하겠는가. |
| 我欲築頹基, | 내가 무너진 기반을 다지고자 하는데, |
| 無人助一簣. | 한 삼태기의 흙조차 도와주는 사람 없네. |
| 誦詩三百篇, | 시 삼백 편을 외운다고 한들, |
| 何處補諷刺. | 어느 곳을 풍자諷刺하여 도움이 되게 하겠는가. |
| 自行亦云可, | 혼자서 하는 것은 또한 가능하겠지만, |
| 孤唱人必戲. | 홀로 노래하면 사람들이 반드시 희롱하리라. |

---

저작咀嚼 씹다. 음미하다.

전각화염雕刻華艶 문장을 화려하게 꾸미는 것을 말한다.

풍아風雅 『시경詩經』의 「국풍國風」과 「소아小雅」를 말하고, 교화와 규범의 뜻을 담은 시詩이다.

기미綺靡 겉만 화려하게 하다.

사문斯文 유학의 도의

퇴기頹基 무너진 기반

일궤一簣 얼마 안 되는 흙의 양

## 시벽

詩癖

[自知漸作痼疾, 猶不能自止, 故作詩傷之.　스스로 점점 고치지 못하는 병이라는 것을 알았으나, 여전히 그만둘 수 없었다. 그러므로 그 우울함을 시로 지었다.]

| | |
|---|---|
| 年已涉縱心, | 나이는 이미 칠십을 넘었고, |
| 位亦登台司. | 지위는 또한 재상에 올랐네. |
| 始可放雕篆, | 비로소 손에서 붓을 놓을 만한데, |
| 胡爲不能辭. | 무엇 때문에 그만두지 못하는가. |
| 朝吟類螗蜩, | 아침에 귀뚜라미처럼 읊다가, |
| 暮嘯如鳶鴟. | 해 질 무렵에는 솔개처럼 노래하네. |
| 無奈有魔者, | 시마詩魔를 어찌할 도리가 없는데, |
| 夙夜潛相隨. | 아침저녁으로 몰래 따르네. |
| 一着不暫捨, | 한 번 붙으면 잠시도 버리지 못하니, |
| 使我至於斯. | 나를 여기에 이르도록 하였네. |
| 日日剝心肝, | 날마다 마음을 괴롭히며, |
| 汁出幾篇詩. | 몇 편의 시를 짜내었는가. |
| 滋膏與脂液, | 피땀과 진액, |
| 不復留膚肌. | 다시는 살갗에 남지 않았네. |
| 骨立苦吟哦, | 앙상한 몸 괴롭게 읊조리고 있으니, |
| 此狀良可嗤. | 이 모습 참으로 비웃을 만하네. |
| 亦無驚人語, | 또한 사람을 놀라게 할 시어詩語 없는데, |
| 足爲千載貽. | 천년 뒤까지 남기기에 충분하겠는가. |
| 撫掌自大笑, | 스스로 손뼉 치며 크게 웃다가, |

| | |
|---|---|
| 笑罷復吟之. | 웃음 그치고 다시 읊조리네. |
| 生死必由是, | 삶과 죽음은 반드시 이 때문이니, |
| 此病醫難醫. | 이 병은 의원도 고치기 어려울 것이네. |

---

고질痼疾　오래도록 고치지 못하는 병

대사台司　삼공三公의 재상宰相을 말한다.

조전雕篆　글을 쓰는 것, 여기에서는 시詩를 말한다.

청렬蜻蛚　귀뚜라미

연치鳶鴟　솔개

심간心肝　마음, 정화精華를 비유한다.

자고滋膏　지방脂肪, 피땀

지액脂液　진액津液을 말한다.

골립骨立　뼈가 앙상하여 마른 모습을 말한다.

음아吟哦　시가를 짓다. 소리 높여 노래하다.

**이희영** 李喜榮

상명대학교 국어국문학과 졸업(문학사)

고려대학교 대학원 국어국문학과 한문학 전공 석사과정 졸업(문학석사)

고려대학교 대학원 국어국문학과 한문학 전공 박사과정 졸업(문학박사)

고려대학교 BK21+ 한국어문학사업단 연구교수

고려대학교 민족문화연구원 선임연구원

현재, 상명대학교 글로벌지역학부 한국언어문화전공 조교수

이규보 시선 2 : 관인 활동 시기

1판 1쇄 발행 2024년 2월 26일

역　주 : 이희영
펴낸이 : 김병환
펴낸곳 : 학자원
편　집 : 조혜민
주　소 : 서울시 강동구 천호대로 1121 일성하이츠오피스텔
전　화 : 02-6403-1000
팩　스 : 02-6338-1001
전자우편 : hakjaone@daum.net
출판등록 : 2011년 3월 24일 제2011-14호

ISBN 979-11-6247-324-5 93810
값 30,000원



본 저서는 2022학년도 상명대학교 교내연구비를 지원받아 수행하였음